多因素影响的
产销系统博弈策略
及其动力学行为研究

司凤山 ◎ 著

中国财经出版传媒集团

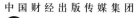

经济科学出版社
Economic Science Press

图书在版编目（CIP）数据

多因素影响的产销系统博弈策略及其动力学行为研究/
司凤山著 . -- 北京：经济科学出版社，2023.5
ISBN 978 - 7 - 5218 - 4713 - 0

Ⅰ . ①多…　Ⅱ . ①司…　Ⅲ . ①产品销售 – 研究　Ⅳ .
①F713.3

中国国家版本馆 CIP 数据核字（2023）第 068018 号

责任编辑：程辛宁
责任校对：徐　昕
责任印制：张佳裕

多因素影响的产销系统博弈策略及其动力学行为研究
司凤山　著
经济科学出版社出版、发行　新华书店经销
社址：北京市海淀区阜成路甲 28 号　邮编：100142
总编部电话：010 - 88191217　发行部电话：010 - 88191522
网址：www. esp. com. cn
电子邮箱：esp@ esp. com. cn
天猫网店：经济科学出版社旗舰店
网址：http：//jjkxcbs. tmall. com
固安华明印业有限公司印装
710 × 1000　16 开　15 印张　240000 字
2023 年 5 月第 1 版　2023 年 5 月第 1 次印刷
ISBN 978 - 7 - 5218 - 4713 - 0　定价：89.00 元
（图书出现印装问题，本社负责调换。电话：010 - 88191545）
（版权所有　侵权必究　打击盗版　举报热线：010 - 88191661
QQ：2242791300　营销中心电话：010 - 88191537
电子邮箱：dbts@ esp. com. cn）

序　言

　　随着生态文明建设和人们环保意识的增强，低碳运营和激烈的市场竞争使企业决策面临严峻挑战。在国内外学者对企业低碳运营研究的基础上，本书基于延迟策略构建企业在产品生产和销售两阶段的博弈模型，运用博弈论、混沌理论和时滞微分方程的分支理论等相关理论，分析低碳产能分享、低碳技术分享、产品绿色度、延保绿色度、延迟策略等多因素的交互作用对产销系统最优策略及其动态演化行为的影响，探究系统的稳定性对其演化轨迹的影响。本书研究多因素影响下的企业产品产销博弈系统的动力学行为：一方面，是对现有博弈系统研究工作的有效补充，能为同行的研究提供参考价值，具有重要的理论意义；另一方面，也可以更好地刻画出系统中产品价格和产量的策略调整过程，能为企业的产销决策提供借鉴价值，具有重要的现实意义。本书具体研究工作如下：

　　（1）在分析企业低碳产能差异性的基础上，研究了具有竞合关系的两企业在低碳产能分享和碳排放约束下的产品定价策略。对比分析了有无产能分享下的斯坦科尔伯格两企业的最优定价策略和产能匹配度。构建时滞微分价格博弈模型，重点分析了产能匹配度、碳限额、碳交易、碳税、延迟策略等因素对最优策略和系统稳定性的影响，借助分岔图、李雅普诺夫指数图等工具刻画了博弈系统的混沌特性。研究发现，低碳产能分享能够实现企业共赢，系统的状态能够影响价格和利润的演化轨迹。

　　（2）在分析企业低碳技术差异性的基础上，研究了两企业在低碳技术研发和分享中的产品定价策略。对比分析了有无低碳技术研发和分享、是否采取延迟策略下的最优定价。基于有限理性预期规则构建了斯坦科尔伯格两企业时滞微分价格博弈模型，重点探究了技术分享比例、单位技术分享费等因素对最优定价和系统稳定性的影响，利用吸引子图、熵图等工具描述了博弈系统的混沌特性对定价策略带来的危害。研究发现，低碳技术分享同样能够实现企业共赢，系统的稳定性与系统的复杂性具有同步的变化趋势。

（3）在考虑产品绿色度对产品需求具有正向作用的基础上，对比分析了基于产品绿色度的无干预机制、补贴机制、奖惩机制和税收机制下的最优博弈策略。构建了纳什博弈的三企业时滞微分产量博弈模型，研究了在有限理性预期规则下的产品绿色度、产量调整速度、决策权重等因素对博弈均衡解、系统稳定性和系统复杂性的影响，尤其分析了双延迟变量的交互作用与系统动态演化行为的关系。对混沌系统提出了有效的变量反馈控制方法。研究发现，在稳定的系统中，有限理性预期下的演化均衡状态无限逼近于完全理性下的最优策略，是否采取延迟策略并不影响博弈系统的均衡解。

（4）在研究通过资源分享提升产品制造绿色度的基础上，研究了销售过程中企业为消费者提供延保服务时的定价策略，对比分析了基于延保绿色度的固定延保期、可变延保期和可变质保期下的最优价格和最优利润。构建了纳什博弈的三企业时滞微分价格博弈模型，重点分析了延保价格和延保绿色度的敏感性、决策权重、延迟策略等因素对系统分岔和混沌等复杂特性的影响，提出采取延迟反馈控制法实现对混沌系统的有效控制。研究发现，混沌系统导致产品价格上涨，提高价格敏感性能够扩大系统的稳定域并引起价格降低，决策变量的调整区间存在约束。

由于水平和条件有限，书中难免有错误或不足之处，敬请同行专家和广大读者批评指正。在本书出版之际，衷心感谢安徽财经大学和经济科学出版社对本书顺利出版给予的大量支持和帮助。

安徽财经大学　司凤山

2023 年 2 月

目　录

绪 论

1.1 研究背景

随着经济的快速发展和人们环保意识的增强，发展绿色经济、循环经济、低碳经济已成为社会共识，低碳生活已成为人们的美好向往。

碳排放和废旧产品的不科学处理是造成环境污染的重要原因。碳排放直接导致了温室气体效应，造成了全球气温的逐年升高，将会给地球和人类带来不可预知的灾难，因此减少碳排放已成为制造业企业必须要解决的问题。企业要在产品生产、运输、销售、回收等过程中积极实施节能减排，主动采取技术创新和设备升级等措施降低碳排放量，努力提高产品的绿色水平。另外，为了减少废旧产品对环境的污染破坏：一是可以加大对废品的回收力度，在有效措施的干预下增强企业再制造的动力和水平；二是企业在制造过程中努力提高产品的质量，并提供合理的保质期以便确保产品具有较长的使用寿命；三是企业还可以提供延保服务，进一步拓展产品的生命周期，减缓产品由于损坏而遭淘汰的频率。这些都对制造企业在生产和销售两方面提出了更高的要求。

同时，企业在市场中的发展规模和效益不尽相同，这就造成行业内在产品定价、行业规则制定等方面存在着激烈的竞争。企业都在努力提升自己在行业中的话语权和产品的市场占有率，以便实现各自利益最大化。但是由于每个企业都拥有自己的核心竞争力，企业间不可避免地存在着一定的合作关系。需要注意的是，企业间的这种竞合关系都是以各自利润最大化作为决策目标的。

企业为了减少对环境的破坏和满足消费者对绿色产品的需求，会千方百计地降低产品制造过程中的碳排放量。但是由于企业在发展规模、经济效益、发展战略、技术研发等方面存在着差异，所以低碳生产能力也不尽相同。这就引起存在竞合关系的两企业会通过多余低碳产能的有偿分享和低碳技术的有偿分享共同实现收益的提升。一方面，低碳生产能力相对强的企业通过产能分享和技术分享可以获得相应收益；另一方面，低碳生产能力相对弱的企业可以借助这两种措施提升自身产品生产的绿色水平。重要的是产能分享和技术分享还能够有效巩固两企业间的合作关系，实现双赢。

产品的绿色水平已成为企业在价格制定、产量决策、经营获利等方面的重要影响因素。企业之间无论是低碳产能分享还是低碳技术分享，最终目的都是提高产品生产的绿色水平，减少碳排放对环境的污染，实现企业产品的绿色经营。与此同时，延长绿色产品的使用寿命不但能够增强产品的市场占有率，而且能够提升企业的声誉和消费者对绿色产品的信心。为此，企业有必要在质保期之外为消费者提供绿色产品的延保服务，对产品进行专业的绿色维护，进一步延长产品的使用寿命。虽然消费者可以依据个人需求自愿决定是否购买延保服务，但是延保服务的价格和绿色度是影响消费者购买延保服务的关键因素。

在激烈的市场竞争中，市场行情千变万化，企业需要根据实际情况对产品的产量和售价做出及时的调整，使之在市场中处于有利的地位。由于市场内外部环境的不确定性、产品需求的不确定性、市场竞争信息的不透明性等因素的存在，导致企业在决策时难以准确把握市场的发展趋势，在定量和定价方面可能存在较大的偏差。为此，企业在进行下一期决策时不但会参照当前期市场的产量和价格，而且还会参照往期的历史产量和价格，通过综合分析制定出相对科学的策略。所以企业采取这种延迟决策可以提升决策的准确性和科学性，降低决策风险。

由于企业受到内外部环境的影响以及盲目追求利润的驱动，会造成产量市场或者价格市场的不稳定，这对自身和整个行业的发展不利。所以有必要对以下问题进行分析：企业在发展过程中延迟决策等变量如何影响决策目标？决策变量的调整如何影响系统的稳定性和复杂性？系统的稳定性如何影响博弈过程的演化趋势？失稳的系统如何才能得到有效的控制？等等。这些问题的解决有助于企业在不同情形下制定更加科学有效的博弈策略，在实现各自利润最大化的基础上保持市场的稳定和行业的健康发展。

本书正是基于以上背景，在考虑企业采取延迟决策的基础上，分析存在竞合关系的企业在低碳产能分享、低碳技术分享、产品绿色度提升、产品延保服务等方面的博弈最优策略，探讨多因素影响下的决策变量对企业最优策略的影响。从系统稳定性和复杂性的角度探究决策变量的调整给系统带来的分岔、混沌等动力学特性，研究系统的状态对博弈系统演化行为的影响，并对混沌系统进行有效控制。本书的研究为企业在多因素影响下制定最优策略和规避决策风险等方面提供一定的借鉴作用。

1.2　研究目的和意义

1.2.1　研究目的

本书针对企业在低碳产能分享、低碳技术分享、产品绿色水平提升、产品延保服务增强等方面的博弈策略问题展开研究，分析企业在有无低碳产能分享、有无低碳技术研发、有无低碳技术分享，基于产品绿色度的补贴机制、奖惩机制、税收机制，基于延保服务绿色度的固定延保期、可变延保期、可变质保期等多因素影响下的最优博弈策略，探究关键决策变量对最优博弈策略的影响。针对多周期情形下的企业动态策略调整过程，构建带时滞的斯坦科尔伯格（Stackelberg）博弈模型，给出博弈系统 Hopf 分岔的存在性及局部渐近稳定性的条件，探究博弈系统从初始状态到均衡状态的演化行为，探讨系统的稳定性对演化趋势和演化结果的影响，从系统稳定性和系统复杂性的视角分析企业策略与系统状态之间的关系。本书的研究目的是帮助存在竞合关系的企业在多因素影响下，明确关键决策变量对企业最优策略和系统复杂性的影响，对优化企业间的资源配置、提升产品的绿色水平、增强延保服务的能力等方面给出可行性建议。

1.2.2 研究意义

生产同质产品的企业在绿色经营过程中存在诸多差异。一是由于产品需求的不确定性造成了企业低碳产能的过剩，而此时有些企业则低碳产能不足，这使得多余产能分享成为可能。二是由于企业间低碳技术研发水平的不同，以及低碳研发的高投入和长周期性，这都提高了企业间低碳技术分享的可行性。三是企业通过技术创新和设备的升级改造提升产品的绿色水平已成为其重要的发展目标，产品的绿色水平也已成为影响产品定价和产量决策的关键因素。四是为了延长绿色产品的生命周期，企业为消费者提供延保服务推迟产品的淘汰时间，努力以优良的延保价格、延保绿色度、延保周期和质保周期增强绿色产品的推广和销售。五是由于企业经营环境的不确定性，造成了企业在价格和产量决策上存在一定的决策偏差风险，这势必迫使企业综合考虑当前价格和产量与历史价格和产量进行决策，这种延迟决策方法可以有效规避决策风险。

本书以企业产品的绿色经营为主线，以多因素影响为背景，在构建和求解模型的基础上对博弈双方企业的最优策略和演化行为进行对比研究。首先，证实低碳产能分享和低碳技术分享能够实现供需企业的双赢，从而解决产能和技术需求与企业低碳发展不匹配的问题，实现资源的优化配置。其次，为企业提高产品的绿色水平提供可行性的方法，使产品的绿色水平与资源分享策略相匹配。再其次，为企业进行延保价格、延保绿色度、延保期和质保期的决策提供参考，使产品的延保服务切实能够为消费者和企业的低碳发展带来好处。最后，大多数已有文献的研究是以企业作为完全理性的决策者为基础的，而本书则考虑企业难以获取全部市场信息这一现状，探究有限理性下的延迟决策博弈策略问题，对比分析企业决策的演化结果与均衡策略的关系，以及系统的稳定性与系统演化趋势的关系。本书的研究明确了企业价格博弈和产量博弈的调整过程和演化轨迹，给出了双方企业从初始状态到均衡状态的演化条件，阐明了确保市场的稳定是企业正确决策的基础和前提。总之，本书力争为企业在多因素影响下的低碳发展提供决策参考。

1.3　国内外研究现状

随着经济的快速发展和人们追求绿色生活目标的提高，企业低碳发展中遇到了如何实现资源共享、如何提高产品的绿色水平、怎样更好地推广和销售绿色产品等问题。本书针对这些问题在考虑延迟决策的基础上，分析了低碳产能分享、低碳技术分享、产品绿色水平提升、延保服务增强等多因素对企业博弈策略、博弈演化行为、博弈系统稳定性和复杂性的影响。

1.3.1　延迟决策在经济领域中的应用

延迟现象不可避免地出现在系统性问题中，国内外学者已将延迟效应考虑进经济博弈模型中。马军海和涂洪亮（2014）将复杂动力学应用到带时滞的宏观经济模型中，研究发现了时滞参数变化对系统稳定性和 Hopf 分岔的影响。马军海和吴可菲（2013）建立了三企业价格博弈模型，分析了时滞决策者的数量与系统稳定性的关系，以及探究了时滞参数对系统稳定性的影响。于维生等（2013）通过构建两企业的斯坦科尔伯格产量博弈模型，以延迟有限理性预期为基础分析了系统的分岔和混沌等复杂特性。彻恩等（Chern et al.，2014）考虑了延迟对需求的正向作用，以及对成本和违约风险的负向作用，得到了供需双方纳什均衡最优解的充要条件。李亭和马军海（2014）考虑了双渠道零售商通过网络渠道和传统渠道进行价格决策问题，分析了双渠道零售商作出延迟决策对整个系统的影响。丁占文等（2014）、松本等（Matsu-moto et al.，2015）建立了基于有限理性的非线性时滞动力学古诺博弈模型，研究了边界平衡的稳定性，发现恰当的时滞参数对系统的局部和全局稳定性起着重要作用。罗建强等（2018）在考虑延迟决策的基础上，通过构建服务型规划模型研究了制造系统的最优订货量、最优服务水平和最优客户参与度，明确了他们之间相互制约的关系。张克勇等（2014）研究了面对不确定需求时供应链企业的延迟定价策略。马军海和吴可菲（2013）研究了啤酒市场中四企业基于延迟决策的动态博弈模型，分析了博弈系统的复杂特性。暴斌硕和马军海（2017）研究了考虑延迟决策和产品质量的企业博弈的复杂动力学特性，给出了企业可行的运营策略。戈里等（Gori et al.，2015）研究了带延迟策略的两企业产量博弈模型，分析了延迟决策对企业博弈策略的影响。徐伟和马军海（2012）研究了保险市场中两企业价格博弈模型的稳定性，分析了延迟变量等参数对博弈系统稳定性的影响。高登等（2014）考虑了无时间限制下的随机需求的供应链协调问题，提出了一个延迟付款契约协调供应链实现帕累托最优。萨卡尔等（Sarker et al.，2000）建立了通货膨胀、允许延期付款和允许短缺条件下变质物品的最优订货决策模型，利用搜索过程得到最优订货量和最大允许短缺量。吉里和梅蒂（Giri & Maiti，2013）建立了单制造商和单零售商的供应链模型，该模型在允许支付延迟的两级情形下，制造商根据零售商的需求采取批量对批量的策略，并通过数值算例验证了供应链的协调策略以及关键参数的敏感性。

1.3.2 企业产品低碳经营研究现状

企业要实现低碳发展，设计、生产和销售绿色产品是大势所趋，国内外学者对此展开了深入研究。针对发展绿色产品受到多种因素的影响，哈菲兹和左法加里尼亚（Hafezi & Zolfagharinia，2018）研究了政策对绿色产品开发驱动力的影响，明确了企业可能会选择降低环境效益以换取利润的最大化。斯图基等（Stucki et al.，2018）分析了税收、补贴等政策对绿色产品创新力的影响，给出了产品提高绿色水平的可行性渠道。洪兆富和郭晓龙（2019）研究了多个合作合同对绿色供应链环境效益的影响，分析了制造商、零售商和消费者对绿色产品推广的作用。金智昊和金钟秀（Jiseong Noh & Jong Soo Kim，2019）研究了绿色供应链管理合同，提出了一种遗传算法和混合遗传算法来求解非线性整数规划模型，并对两种算法进行了对比分析。刘盼和易树平（2017）针对大数据环境下的绿色产品广告投入和产品绿色度对产品定价的影响展开研究，给出了斯坦科尔伯格和纳什博弈模式下的最优策略。贾马里和莫特扎（Jamali & Morteza，2018）研究了双渠道供应链中绿色产品在与非绿色产品竞争中的定价问题，考虑了环保因素在斯坦科尔伯格博弈中对定价策略的影响。高竟喆等（2018）探究了政策干预下的制造商生产和销售两种绿色产品的博弈策略，给出了在考虑提高社会福利下的最优税收、最优绿色度和最优价格。陈彦铭和许钜秉（2017）研究了偏好不确定性、损失规避、投资成本和竞争强度等综合因素对企业参与绿色产品策略的影响。洪兆富等（2018）探讨了环保意识、参考非绿色产品对绿色产品定价策略的影响，给出了单产品、双产品、信息不对称三种情形下的定价策略。张玉行和王英（2018）研究了两家公司是否采取无差异定价和歧视定价的问题，分析了采取这两种定价策略的时机以及消费者的产品绿色敏感度对定价策略的影响。田虹和陈柔霖（2018）通过构建绿色产品创新模型研究了企业提升绿色综合竞争力的途径，明确了绿色产品创新作为增强企业绿色竞争力和提升企业绿色形象驱动力的可行性。陈庆佳等（Hing Kai Chan，2016）研究了绿色产品创新对环境压力与企业绩效之间关系的影响，评估了环境压力对绿色生产创新与企业绩效之间关系的调节作用。法希姆尼亚等（Fahimnia et al.，2015）通过构建绿色供应链规划模型，研究了碳排放、能源消耗和废品产生之间的权衡关系。洪兆富等（2018）分析了绿色供应链的配置问题，在考虑服务时间和碳排放约束的基础上通过建立成本控制模型，优化了服务时间和决策，进而最大限度地降低了供应链成本。马鹏等（2018）研究了两阶段供应链的定价策略，分析了不同模式下供应链组成单元和供应链整体的最优制造水平、零售价格、批发价格和利润。沃尔莎等（Waltho et al.，2019）针对绿色供应链的网络设计，提出了碳上限、碳补偿、碳限额、碳税四项政策，分析了不同政策对碳排放的影响。拉里等（Laari et al.，2017）、李波等（2016）和赵锐等（2017）提出了制造商生产绿色产品的双渠道供应链的竞争方法和绿色供应链管理的多目标优化策略。杨德彦和肖条军（2017）、哈菲扎科托布（Hafezalkotob，2015）、许钜秉和陈彦铭（2012）、田一辉等（2014）讨论了财政干预和补贴政策下的绿色供应链竞争博弈模型，分析了基于关税和补贴下的企业和消费者之间的关系。卡津斯基等（Kadziński et al.，2017）研究了绿色供应链设计中的多目标优化方法的评价问题，通过案例分析得到策略的帕累托最优。司凤山和马军海（2018）在考虑延迟决策和产品绿色水平的基础上，分析了变量对博弈系统稳定性和复杂性的影响，给出了三企业的产量博弈策略。

针对消费者购买绿色产品的行为，可汗和穆赫辛（Khan & Mohsin，2017）、梅代罗斯等（Medeiros et al.，2016）分析了消费者基于功能价值、社会价值、条件价值、认识价值、情感价值、感知价值、消费者知识、承诺、一般意识、主观规范和环境意识选择绿色产品的行为，研究了消费者在购买绿色产品时如何权衡环境和经济效益，针对产品绿色水平的提高提出了一系列重要的政策建议。王大海等（2018）研究了影响消费者重复购买绿色产品的因素，提出了消费者的绿色感知价值、印象管理动机、广告诉求方式等因素对消费者重复购买绿色产品的促进作用和调节作用。郑君君等（2018）基于消费者的环保意识和排污权的交易机制，对比分析了企业在完全理性和有限理性、联合生产和单独生产下的传统产品与绿色产品的生产策略。孙迪和余玉苗（2018）在考虑消费者偏好和产品绿色度的基础上，研究了绿色供应链中补贴生产和补贴消费者的两阶段博弈模型，对比分析了两种补贴的差异。洪兆富等（2019）分析了两级供应链中税收法规、消费者环保意识、消费者的偏好对绿色产品设计和定价策略的影响，给出了不同情形下绿色产品设计和定价的最优策略。马尼亚蒂斯（Maniatis，2016）研究了消费者的认知、承诺、对绿色产品的意识等因素对消费者是否购买绿色产品的影响，通过构建模型分析了消费者如何在衡量环境和经济效益的同时选择绿色产品。张文和何毅（2019）分析了由一个制造商和一个零售商组成的供应链对回收产品进行绿色再制造和销售的问题，通过消费者效用模型研究了消费者选择新产品和绿色再制造产品的策略。李真等（2018）在考虑消费者群体特征的基础上研究了消费者互动影响下的绿色产品竞争扩散绩效问题，给出了企业提高绿色产品竞争力的策略。苏姬（Suki，2016）讨论了环境问题对消费者购买绿色产品的影响，分析了社会价值在消费者购买绿色产品时的作用，明确了企业要增加绿色产品的利润需要预测消费者购买绿色产品的意愿。

1.3.3 资源分享和延保服务研究现状

1.3.3.1 资源分享研究现状

为了更好地实施供给侧结构性改革，实现资源的优化配置和提升经济发展的质量，企业之间的资源分享对优化产业结构有促进作用。以下为与本书内容相关的产能分享和技术分享的研究现状。

关于产能分享的研究，阿洛伊和杰布斯（Aloui & Jebsi，2016）研究了第三方业务平台根据企业需求分配资源的问题，资源共享不仅取决于企业的参与度而且还受到其外部性的影响。瑟勒比等（Çelebi et al.，2018）在考虑位置和通行能力的基础上，设计了自行车共享系统实现自行车使用和归还的不确定位置问题。塞克和希蒙（Seok & Shimon，2014）设计了一种协调产品需求和产能共享的协议，能够通过分布式策略为每个制造商提供长期的、有利可图的最佳合作。周永务等（2018）设计了共享平台中的多种业务共享合同，以实现利润最大化。尹基元和希蒙（Sang WonYoon & Shimon，2011）研究了企业合作网络的关联决策和绩效，分析了企业合作网络与企业合作网络成员的分离决策需求满足率和总利润。俞益民等（2015）在产能共享企业间构建了具有有限服务速率的排队系统，探究了企业具有异构工作内容和服务可变性时的企业获利条件。里特尔和尚茨（Ritter & Schanz，2019）提出了一个综合性的共享经济业务分类框架，分析了四种共享经济模型，挖掘了共享经济在可持续发展中的潜力。古勒尔和卡西迪（Guler & Cassidy，2012）研究了公共汽车专用道的共享策略，解决了专用车道浪费的问题。杰克逊和蒙森（Jackson & Munson，2016）分析了多种产品储存容量的共享策略，提出了一种算法可以同时为多种产品提供存储能力的分配。

关于技术分享的研究现状，普鲁德曼等（Prud'homme et al.，2018）评估了"强制技术转让"政策的能力，确定了战略性新兴产业中的三类强制技术转让政策："失去市场""别无选择""违法政策"。赫莫西拉和吴雨霏（Hermosilla & Wu，2018）提出较大的下游市场能够使企业加大研发投入从而推动技术创新，明确了较大的市场能够增加上游创新者和下游商业者之间基于技术分享的合作程度，提高了企业的互补能力。范翠红等（2018）研究了企业面对多个竞争对手时的最佳技术许可问题，设计了一个动态机制实现许可证拍卖。高希和萨哈（Ghosh & Saha，2015）分析了两个企业在第三国进行价格竞争的策略问题，给出了两个企业在考虑技术许可基础上的最优政策。吴承汉（2018）探讨了动态两企业价格博弈模型中非创新型企业通过技术许可获得创新技术，给出了纳什均衡策略以及技术许可对消费者感知的影响。黄艳婷和王宗军（2017）分析了在技术许可下制造商、分销商和第三方在闭环供应链中信息共享的益处，采用斯坦科尔伯格博弈得到在信息是否共享下的均衡策略。布洛姆克（Blohmke，2014）将技术许可与可持续发展结合起来，提出将技术复杂性评估纳入技术转移机制中。范蒂和梅切里（Fanti & Meccheri，2014）研究了具有产品差异的两企业竞争模式中替代技术对企业利润的影响。陈怡文等（2014）构建了由一家公营企业和两家私营企业组成的混合模型，探讨了创新型私营企业所考虑的许可策略，分析了专利权人与上市企业、公共企业、私营企业的专利许可关系。陈秀丽等（2016）建立了一个涉及两国的古诺两企业博弈模型，探讨了关税高低对国际技术许可的影响。博尔顿等（Bolatan et al.，2016）研究了技术转移绩效的关键因素，探究了其对质量绩效及全面质量管理的影响。彼得罗尼等（Petroni et al.，2013）分析了2008年以来空间技术转移战略和决定因素方面的研究成果，探究航天机构采用技术转让的政策和策略，探讨了运行机制和向其他工业部门转让空间技术的决定性因素。戈达尼尔和苗春晖（Gordanier & Miao，2011）在具有潜在未来创新和技术转移不可逆性的多阶段许可博弈中，将创新者支付方式和持续时间的选择模型化为了联合决策。张芳和加拉赫（Zhang & Gallagher，2016）通过研究太阳能光伏产业案例，确定了影响光伏技术转移和扩散的主要因素。赵丹等（2014）研究了具有网络效应的最佳技术许可合同，分析了当产品创新者作为博弈的领导者时对社会福利的影响。黄艳婷和王宗军（2017）研究了由一个制造商、分销商和第三方组成的闭环供应链模型，通过构建三种混合再制造模型讨论了再制造能力对供应链成员和环境可持续性的影响，分析了再制造过程中节约单位成本的作用。

1.3.3.2 延保服务研究现状

企业产品绿色经营的竞争不仅涉及低碳生产阶段，还涉及绿色产品的销售和推广阶段，而延保服务则可以有效促进绿色产品的销售。布盖拉等（Bouguerra et al.，2012）通过建立数学模型研究了提供延保服务制造商的价格博弈策略，给出了延保服务的最优价格。荣格等（Jung et al.，2015）研究了延保服务模型，分析了延保服务的最佳期限。张文亮和林俊宏（2012）分析了消费者购买延保服务的价格折扣问题，通过构建利润数学模型讨论了最佳维修策略和最佳保修期。卢震和詹妮弗（Lu & Jennifer，2019）分析了第三方延保供应商预期维修成本与旧产品质量信息准确性的关系，提出了一种模型描述第三方延保供应商与互联网零售商之间的关系。陈成康等（2017）针对保修产品的售价不合理问题，提出数学模型确定了最优的生产运行时间和延保期使得总利润最大。梅等（Mai et al.，2017）讨论了三种延保合同：固定成本、比例分摊和制造商直销，研究发现三种合同都可以激励制造商提高产品质量。吴绍民和隆赫斯特（Wu & Longhurst，2011）分析了基本保修期和延期策略对设备周期成本的影响，发现存在最佳的更换和延长保修策略。沙哈纳吉等（Shahanaghi et al.，2013）建立二维保修产品的数学优化模型，得到了最佳的保修数量和预防性维修水平。黄宇翔等（2017）针对不同类型的客户提出了不同的预防性维护方案。苏春和王晓林（2016）研究了消费者购买二维延保服务的时机，并对预防维修的不完善性进行了优化，提出了一种二维维修策略。

1.3.4　复杂性理论在企业博弈中的应用

系统复杂性理论已广泛应用于经济领域中，关于古诺博弈模型和伯川德博弈模型的研究，于维生和于羽（2018）、叶俊雅等（2014）、阿斯卡尔等（Askar et al.，2014，2017）、张芳和王聪（2018）建立了离散型古诺两企业及三企业博弈模型，以产量作为决策参数，在考虑线性成本函数、非线性二次成本函数、线性需求函数、多种策略对比、多博弈者等因素的基础上，分析了系统在均衡点的稳定性，通过分岔图、李雅普诺夫指数图、混沌吸引子等手段描述了系统的分岔行为和混沌特性。埃尔萨达尼（Elsadany，2017）研究了具有利润最大化和外部性成本函数的古诺两企业博弈模型的动力学特征，分析了均衡点的存在性和稳定性。安达卢兹等（Andaluz et al.，2017）、丁占文等（2015）、阿格利亚里等（Agliari et al.，2016）讨论了具有异质性的离散博弈模型的动力学行为，主要对产量和价格博弈策略的调整过程及趋势进行复杂性分析，明确了产品差异化程度与市场演化趋势及均衡点的关系。艾特里比（Elettreby，2016）通过两种不同机制研究了一个同质的古诺两企业博弈问题，分析了基于两种不同机制的均衡点的稳定性，以及系数调整对系统复杂特性的影响。巴科和西蒙（Bakó & Simon，2012）、凡蒂等（Fanti et al.，2015）、张艳芳和高星（2019）讨论了具有价格歧视和需求价格弹性的非线性古诺两企业博弈模型的动力学行为，理清了价格歧视与平均价格之间的关系。斯奈德等（Snyder et al.，2013）研究了动力学古诺博弈模型，给出了系统局部渐近稳定的条件，讨论了税收和补贴对系统均衡策略的影响。马军海和郭战兵（2016）、马军海和司凤山（2016）通过构建动态伯川德价格博弈模型研究了信息、两阶段延迟策略对博弈模型复杂动力学特性的影响，分析了信息量和延迟调整幅度对系统稳定性的影响。

关于混合博弈模型的研究，王洪武和马军海（2014）、卞俊松等（2018）、奈姆扎达和特拉蒙塔纳（Naimzada & Tramontana，2012）、马军海和浦小松（2013）研究了具有有限信息、产品差异化、不同期望和线性需求函数的古诺 - 伯川德混合两企业博弈模型，分析了纳什均衡点的存在性和局部渐近稳定性，探究了最佳响应策略和自适应调整策略对系统均衡点的影响，描述了分岔、混沌等系统的复杂动力学行为。

1.3.5　现有研究评述

（1）现有文献关于延迟决策的研究和应用有待加强。已有研究成果大多把延迟决策应用于离散博弈系统中，只是考虑企业参照上一期的决策行为制定下一期的决策策略，没有把延迟参数作为系统分岔和混沌的关键对象进行研究。另外，在多因素影响下、多企业产品绿色经营中的应用更是少见，尤其是在连续微分价格和产量博弈系统中，分析多延迟变量的交互作用以及延迟变量对系统复杂性和演化行为的影响等方面更需要深入研究。

（2）现有文献关于企业博弈的假设基础有待完善。已有研究成果绝大多数都是以企业完全理性为基础的，假定了企业能够获取全部的市场信息，并在确保企业各自利润最大化的前提下，通过运筹的方法得到博弈的最优策略。但是由于信息获取技术、企业的自我保护意识、政策法规的约束等因素的影响，企业往往难以获得决策所需的全部市场信息，对竞争对手的决策行为更是难以准确全面预知，这严重影响了企业决策的准确性和科学性。所以本书基于企业的有限理性预期假设展开研究，分析企业在低碳产能分享、低碳技术分享、绿色产品生产、绿色产品延保服务等方面的演化博弈行为和低碳经营策略。

（3）现有文献关于产能和技术分享的研究有待扩充。关于产能分享的文献中极少涉及低碳产能的分享，也就是鲜有文献研究在产能分享中考虑干预下的碳排放约束问题。关于技术分享的文献中很少涉及具体的技术类型，尤其是综合考虑低碳技术研发、低碳技术分享、技术分享下的成本动态调整机制的研究更是少见。为此，本书不但研究产能的分享，而且在此过程中综合考虑碳税、碳限额、碳交易等政策的约束作用。在分析技术分享时，重点以单位产品的碳减排量作为衡量企业低碳技术水平的标准，提出了低碳技术分享程度对单位产品制造成本的动态调整机制。

（4）现有文献关于企业博弈行为的研究有待补充。已有研究成果大多集中在给出单周期静态博弈下的企业最优策略，以及分析决策变量对最优策略的影响。但是企业的价格或产量博弈是一个多周期、反复策略调整的过程，是博弈双方从博弈初始状态随着时间的推移，经过长期迭代逐渐收敛于均衡状态的过程，所以有必要对动态博弈过程进行分析，明确博弈轨迹的演化趋势，理清企业博弈过程中产生分岔和混沌等现象的原因，这是对现有文献研究的一种有效补充。

（5）现有文献关于企业产品绿色经营影响因素的研究有待拓展。已有研究成果对企业产品的绿色经营大多集中在生产阶段中的节能减排、绿色产品的设计、绿色产品的定价、消费者购买绿色产品的行为等方面。但是随着共享经济的发展和人们环保意识的增强，有必要在此过程中考虑低碳产能分享、碳约束政策、低碳技术研发和分享、产品绿色度、绿色产品的补贴机制、奖惩机制、税收机制、延保价格、延保绿色度、延保期、质保期、延迟策略等多因素对企业低碳产品运营策略或博弈系统复杂动力学特性的影响。

1.4　研究内容和思路

实现企业的低碳发展能够有效降低生产中的碳排放量，能够有效提高产品的绿色水平，能够有效延长产品的使用周期，能够有效促进经济与环境的和谐发展。为此，本书借助博弈论和混沌理论，构建了多因素影响下的、单周期或多周期的、两企业或三企业的、价格博弈模型或产量博弈模型，分别从低碳产能分享、低碳技术分享、产品绿色水平提升、延保服务等四个方面分析了企业在价格或产量方面的博弈最优策略和博弈演化行为，以及博弈系统的复杂动力学特性。考虑延迟决策、博弈权利结构等因素对企业决策行为的影响，基于有限理性的决策预期，通过构建连续的、带时滞的微分博弈模型，探讨了博弈系统在均衡点处 Hopf 分岔的存在性，给出了其局部渐近稳定性的条件。本书通过研究企业价格和产量的动态策略调整机制，为企业的科学决策提供帮助。

第 3~6 章所涉及的博弈模型都考虑了多因素影响和产品的绿色经营，其中存在三条具有递进关系的研究思路。一是研究对象方面，本书分别从低碳产能分享、低碳技术分享、产品绿色度提升、延保服务等角度对博弈模型的均衡策略及其稳定性和复杂性进行研究；二是决策主体方面，本书在考虑企业间竞合关系的基础上，研究了两企业间的价格博弈模型、三企业间的价格博弈模型和产量博弈模型、企业间的价格与产能和技术分享程度的混合博弈模型；三是决策行为方面，本书分别研究了企业在完全理性下的单周期中的最优策略，以及企业在有限理性下的多周期中的动态演化博弈行为，对比分析了系统的稳定性对博弈模型演化趋势的影响。

基于以上描述，本书各章的主要研究内容如下：

第 1 章首先介绍了本书的研究背景、研究目的和研究意义，阐明了企业实施低碳生产的重要性，指明了存在竞合关系的企业间进行低碳产能和低碳技术分享的重要性和可行性。其次，分别从延迟决策、产品低碳经营、资源分享、延保服务、系统复杂性理论等方面对已有相关文献进行了述评，阐明了本书研究的价值。再其次，找出企业低碳经营在研究对象、研究内容、研究方法等方面存在的不足之处，尤其是在综合考虑延迟决策、产能和技术分享、博弈系统的稳定性和演化行为等方面的缺失。最后，确定了本书的主要研究内容和各章节的内容分布，给出了全文的研究思路和主要的创新点。

第 2 章介绍了本书研究所涉及的相关基础理论和方法，主要包括时滞微分方程、系统的稳定性及其判定、博弈论和混沌理论的相关内容。博弈论的介绍包括专业术语和博弈预期理论两方面；混沌理论包括混沌特性和混沌控制两方面，这些基础知识的介绍可以为后续章节的阅读和理解奠定基础。

第 3 章在碳排放约束的背景下，研究了处于竞合状态的两企业由于低碳生产能力的差异，而存在的多余产能分享博弈问题。在考虑低碳产能分享对博弈双方正向效应的基础上，对比分析了有无产能分享情形下的企业博弈的最优策略，并通过数值仿真探究了单位产品碳排放量、碳税、碳限额、产能分享服务费、产能分享匹配度等决策变量对最优策略的影响。构建基于延迟决策和产能分享的微分价格博弈模型，分析了企业决策从初始状态到均衡状态的演化过程，明确了企业取得最优策略所经历的博弈路径。同时，本章还给出了博弈系统均衡策略的稳定性存在条件，进而分析了延迟参数、价格调整速度、决策权重等决策变量对博弈系统稳定性的影响，并探讨了系统的稳定性对博弈演化趋势的影响，进一步明确了企业博弈收敛于均衡策略的过程和管理学启示。

第 4 章研究了基于低碳技术研发和低碳技术分享的两企业的价格博弈问题。以单位产品的碳排放量作为衡量企业低碳技术水平的标准，分析了技术供给方企业通过技术研发实现低碳生产，进而通过技术分享达到供需双方共赢的局面。在考虑低碳技术水平对产品需求正向效应的基础上，分别研究了斯坦科尔伯格博弈下技术供给企业无技术研发和无技术分享、有技术研发和无技术分享、有技术研发和有技术分享三种情形下的最优定价策略和最优低碳技术水平，并对三种情形下的最优价格、最优低碳技术水平和最优利润进行了对比分析。利用分岔图、吸引子图等工具分析了技术供给企业的低碳技术水平、单位技术分享费、低碳技术分享比例等决策变量对最优策略的影响。通过构建时滞微分价格博弈模型，研究了技术供需企业价格竞争的均衡策略，以及博弈系统在均衡点处的局部渐近稳定性。此外，本章还探究了是否采取延迟策略对博弈均衡策略的影响、延迟等变量的调整程度对博弈系统稳定性的影响、博弈系统的稳定性对博弈演化趋势的影响。通过对比分析企业在稳定系统和不稳定系统中的博弈结果，证明了系统失稳通常情况会给企业带来严重的危害。

第 5 章研究的产品绿色水平是第 3 章低碳产能分享和第 4 章低碳技术分享在产品生产中的最终体现，也是在企业节能减排和消费者追求低碳生活背景下的必然选择。本章分析了三企业的产量博弈模型，探讨了基于产品绿色度的无干预机制、补贴机制、奖惩机制和税收机制对两企业产量博弈策略的影响，并对不同机制下的最优策略进行了对比分析。构建了基于产品绿色度竞争的、多延迟三企业微分产量博弈模型，通过分析企业纳什博弈情形下的均衡点处 Hopf 分岔的存在性和局部渐近稳定性，探讨了两企业各自延迟参数的交互作用对系统稳定性和复杂性的影响。借助分岔图、吸引子图、李雅普诺夫指数图、四维图形等方法描述了博弈系统演化过程中的动力学特性，如分岔、混沌等。通过博弈系统演化轨迹的变化趋势，发现了延迟变量的调整范围与企业博弈趋势和博弈结果之间的关系。同时，也证明了系统的稳定状态是企业达到均衡策略的基础和前提。另外，针对失稳系统对博弈企业带来的危害，提出了变量反馈控制法使其重返稳定状态。

第 6 章在第 3 章至第 5 章企业低碳生产阶段的基础上，研究了三企业为消费者提供绿色产品延保服务时的定价策略，分析了延保价格、延保绿色度、可变延保期、可变质保期等决策因素对企业最优策略和博弈系统复杂机理的影响。探讨了纳什博弈下的最优策略，并对三种情形下的最优策略进行了对比分析。基于决策者的决策行为和市场信息获取的全面程度，综合考虑企业采取自适应预期的价格调整机制和有限理性预期的价格调整机制，构建了三企业双时滞的微分价格博弈模型，明确了企业间的博弈是一个价格不断调整直至达到均衡策略的过程，进而给出了博弈系统在均衡策略处的局部渐近稳定性条件。此外，还探讨了延迟参数、延保价格、延保绿色度、价格调整速度等决策因素对演化博弈系统稳定性和复杂性的影响，分析了延迟决策下的系统分岔和混沌等特性，证实了系统混沌并不是对所有决策者都有害，采用延迟反馈控制法对失稳系统进行了有效控制。

第 7 章总结全书的研究内容，明确已取得的成果和存在的不足，并对后续研究进行了展望。

基于上述研究内容，本书的研究思路如图 1.1 所示。

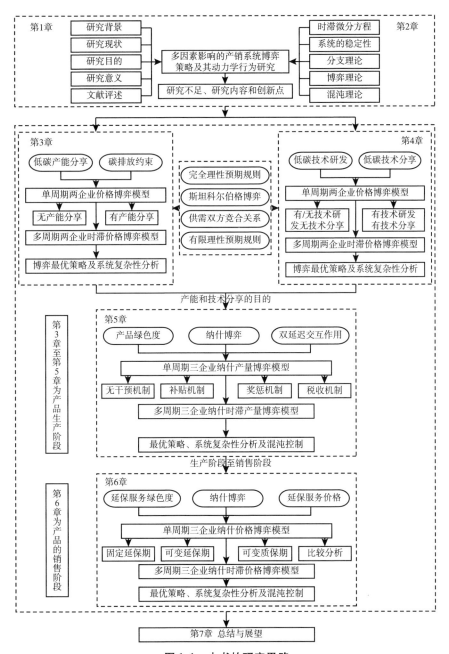

图 1.1 本书的研究思路

1.5　本书的创新点

相对于已有研究文献，本书的主要创新点总结如下：

（1）通过企业间的低碳产能分享和低碳技术分享实现产品的低碳生产。现有文献对企业发展低碳产品的研究大多集中在考虑干预政策、绿色产品设计、消费者绿色产品的购买行为、绿色产品定价策略、绿色再制造等方面。然而，企业之间通过资源共享依然能够提高产品的绿色水平，但相关文献较少同时涉及产能和技术分享。本书基于共享经济的发展理念，研究具有竞合关系的企业之间，通过低碳产能分享和低碳技术分享实现产品的低碳生产。这种研究企业间的、资源共享情形下的博弈演化行为和系统复杂特性更符合共享发现新理念，有助于推动供给侧结构性改革的发展，具有重要的实际意义。

（2）通过资源分享的低碳生产阶段和提供延保服务的销售阶段实现企业产品的绿色经营。现有文献对企业产品绿色经营的研究一般集中于低碳生产阶段，通过企业的转型升级和技术创新提高产品的低碳生产水平，从而减少碳排放量。但是，企业为消费者提供延保服务能够有效促进绿色产品的推广和销售，对企业绿色经营同样重要。因此，本书不但研究企业间通过低碳产能分享和低碳技术分享提高产品的绿色水平，而且还分析企业通过为消费者提供绿色延保服务增加绿色产品的销量和企业利润。

（3）通过延迟决策提高企业决策的科学性和准确性。现有文献大多研究完全理性下的企业博弈的最优策略，即使有些文献研究了考虑延迟效应的企业博弈行为，但基本局限于离散的博弈系统，只是分析了企业的动态博弈行为，极少关注不同企业延迟变量之间的交互作用对博弈策略的影响。基于此，本书分析了连续博弈系统中两企业和三企业的价格及产量的演化博弈行为，综合考虑不同企业延迟变量的交互作用对系统稳定性和复杂性的影响，给出了有参考价值的历史价格和历史产量的稳定域。延迟决策的研究贯穿于本书始终，是本书的一个研究特色。

（4）通过多种决策因素的结合提高研究结论的科学性。本书将碳排放约束政策与低碳产能分享相结合，将低碳技术分享程度与企业的生产成本动态调整机制相结合，将基于产品绿色度的补贴机制、奖惩机制和税收机制与企业的产量决策相结合，将基于延保服务绿色度的固定延保期、可变延保期和可变质保期与产品的定价策略相结合，研究了多种情形下多种因素对企业最优博弈策略和博弈演化行为的影响，能够帮助企业理清决策变量之间以及决策变量与系统之间的交互关系，提高企业决策的准确性。

（5）构建有限理性下的微分时滞博弈模型，从系统演化、系统稳定性和系统复杂性的角度研究决策变量对企业博弈行为的影响，对比分析完全理性预期规则下企业的最优博弈策略与有限理性预期规则下企业博弈演化结果之间的关系。本书综合运用混沌理论、复杂性理论、博弈理论和分支理论，描述了企业作为有限理性决策主体长期反复的动态策略调整过程。通过分岔图、吸引子图、时间序列图、最大李雅普诺夫指数图等工具刻画了系统的混沌状态、描述了系统失稳的危害性、分析了系统稳定性与系统演化行为的关系，系统的复杂特性和演化博弈行为分析是本书独特的研究视角。

第2章
相关理论基础

2.1　时滞微分方程

现实世界中，客观事物的发展是一个相对复杂的状态调整过程，在此过程中时间滞后现象普遍存在，例如，病毒的潜伏期，即此刻发作的病毒是历史某个时刻就已经存在的，只是当前时刻满足了病毒发作的条件而暴露出来。也就是说，事物当前时刻的行为状态不仅与当前时刻的状况有关，而且还受到历史状态的影响。学者们使用时滞微分方程来描述这种时间滞后现象，它又被称作泛函微分方程。时滞微分方程克服了常微分方程描述该类问题不准确的情况，其已被广泛应用传染病模型、生态模型、人口动力学等研究领域，并取得了丰富的研究成果。

时滞微分方程的概念：

定义2.1（赛德尔，1994）：如果 $\sigma \in \mathbb{R}$（σ 表示初始时刻），$A \geq 0$ 且 $x \in C([\sigma - r, \ \sigma + A], \ \mathbb{R}^n)$，则对于任意 $t \in [\sigma, \ \sigma + A]$，定义 $x_t \in C$ 为 $x_t(\theta) = x(t + \theta)$，$-r \leq \theta \leq 0$。若 $D \subseteq \mathbb{R} \times C$，$f: D \to \mathbb{R}^n$ 是给定的泛函，"·"为右导数，此时关系式 $\dot{x}(t) = f(t, x_t)$ 为集合 D 上的滞后型泛函微分方程，也称为时滞微分方程（或称延迟微分方程）。

通常情况下，用如下的表达式刻画时滞微分方程（魏俊杰等，2012）：

$$\dot{x}(t) = f(t, x(t), x(t-\tau)), \ t > t_0 \tag{2.1}$$

$$x(t) = \varphi(t), \; t \in [t_0 - \tau, \; t_0] \tag{2.2}$$

其中，$\tau(\tau > 0)$ 为时滞变量，$\varphi: [t_0 - \tau, \; t_0] \to \mathbb{R}^d$ 是连续函数，$f: [t_0, +\infty) \times \mathbb{R}^d \times \mathbb{R}^d \to \mathbb{R}^d$ 是有界且光滑的函数。该时滞微分方程表示系统在 $t > t_0$ 之后的状态由 t_0 时刻的状态和 $[t_0 - \tau, \; t_0]$ 时间段的状态共同决定。此外，如果事物当前时刻的状态受到历史多个时刻状态的影响，则可以构建如下多时滞的微分方程：

$$\begin{cases} \dot{x}(t) = f(t, \; x(t), \; x(t - \tau_1), \; x(t - \tau_2), \; \cdots, \; x(t - \tau_n)), \; t > t_0, \; n \in Z^+ \\ x(t) = \varphi(t), \; t \in [t_0 - \tau, \; t_0] \end{cases}$$

$$\tag{2.3}$$

其中，$\tau_n(\tau_n > 0, \; n \in Z^+)$ 为时滞变量。

时滞微分方程又分为时滞常微分方程和时滞偏微分方程，其中时滞常微分方程已经广泛应用且比较成熟，所以本书采用时滞常微分方程对经济问题进行建模分析。另外，从以上时滞微分方程的定义可以看出，它描述的事物状态与时间变化有关，即相对于常微分方程增加了时滞项，这必将增加时滞微分方程的分析难度。假如时滞项较小，当满足一定条件时也可以考虑忽略此项，此时的时滞微分方程就变成了常微分方程；但这是不可靠的，因为时滞微分方程经历 Hopf 分岔时，忽略时滞项后的常微分方程则不会同步经历分岔。尤其在军事、航天等高精尖领域，忽略时滞项会产生分析精度降低等不良影响，所以很多领域和条件下时滞项不能忽略。

2.2 系统的稳定性

2.2.1 渐近稳定性

稳定性是系统正常工作的基础，也是对系统进行分析和研究的前提，它是系统的重要特性。系统的稳定性是指当系统受到外界干扰而发生一定的状态变化，从而使其偏离了正常的工作状态，但是当外界干扰去除后系统仍然能够恢复到先前的正常状态，此时称作系统是稳定的，否则称系统是不稳定的。当使用时滞微分方程对现实中的事物演化进行建模时，如果模型受到外界的干扰可能会导致微分方程的解发生较大的偏离，此时的研究结果将会变得毫无价值，这就是由于模型受到外界干扰而失去稳定造成的。所以，稳定性问题是时滞微分方程研究的重要基础。本书将研究时滞微分方程在均衡点处的局部渐近稳定性。

定义 2.2（魏俊杰等，2012）：如果 $x_0 \in R^n$ 使得方程（2.1）中 $f(t, x_0) = 0$，则称 x_0 为方程（2.1）的均衡点。

定义 2.3（廖晓昕，2010）：假设 x_0 是方程（2.1）的均衡点，如果对任意的 $\varepsilon > 0$，使得 $\delta > 0$ 总存在，那么当 $\|x(t_0) - x_0\| < \delta$ 时，对所有的 $t > t_0$ 则有 $\|x(t) - x_0\| < \varepsilon$，此时称均衡点 x_0 是稳定的；如果还满足条件 $\lim\limits_{t \to +\infty} \|x(t_0) - x_0\| = 0$，则称均衡点 x_0 是渐近稳定的。

定义 2.4（廖晓昕，2010）：对于方程（2.2）在初始条件下的解 $\varphi(t)$，如果对任意的 $\varepsilon > 0$，使得 $\delta > 0$ 总存在，那么当 $\|x(t_0) - \varphi(t_0)\| < \delta$ 时，对所有的 $t > t_0$ 则有 $\|x(t) - \varphi(t)\| < \varepsilon$，此时称 $\varphi(t)$ 是稳定的；如果还满足条件 $\lim\limits_{t \to +\infty} \|x(t) - \varphi(t)\| = 0$，则称均衡点 $\varphi(t)$ 是渐近稳定的。

2.2.2 分支理论

分支理论是微分方程的一个重要特性，它主要描述了系统中某个参数的持续调整所引起的系统特性的根本性改变。分支理论中常见的是 Hopf 分岔，它描述了系统由于参数的改变而影响了系统的稳定性状态，即系统从稳定状态经分岔变为不稳定状态，系统在该参数两侧的状态截然相反（罗定军等，2001；库兹涅佐夫，1998）。针对时滞微分方程中的 Hopf 分岔，主要研究其在均衡点处的稳定性，当系统在均衡点处的稳定状态发生了改变，则意味着系统在此处产生了 Hopf 分岔。

定义 2.5（博兹库尔特，2013；祝本木，2008）：有以下时滞微分方程：

$$\begin{cases} \dot{x}(t) = f(t, x(t), x(t-\tau), \lambda) \\ x(t) = \varphi(t), \ t \leq t_0 \end{cases} \tag{2.4}$$

其中，λ 为实参数。假定 $x(t) \equiv 0 \in R^n$ 为均衡解，即 $f(0, 0, \lambda) \equiv 0$。当满足如下条件①～条件④时，方程（2.4）在 $\lambda = \lambda^*$ 处产生 Hopf 分岔。

①f 在 $\lambda = \lambda^*$ 的一个领域 $\Lambda \subset R$ 内是一个光滑的连续映射，且有 $f(0, 0, \lambda) \equiv 0$。

②时滞微分方程在点 $(0, 0, \lambda)$ 处展开的泰勒式中线性部分的系数为

$$\frac{\partial}{\partial x} f(0, 0, \lambda) = \alpha(\lambda), \quad \frac{\partial}{\partial y} f(0, 0, \lambda) = \beta(\lambda)。$$

③时滞微分方程的特征方程为 $e^{\mu\tau}[\mu - \alpha(\lambda)] - \beta(\lambda) = 0$。在参数 $\Lambda \in R$ 内有一对共轭复根 $\mu(\lambda)$ 和 $\overline{\mu(\lambda)}$，其中 $\mu(\lambda) = \eta(\lambda) + i\omega(\lambda)$，$\eta(\lambda^*) = 0$，$\dfrac{\mathrm{d}}{\mathrm{d}\lambda}\eta(\lambda^*) \neq 0$，$\omega(\lambda^*) > 0$，$\lambda \in \Lambda$。

④时滞微分方程在参数 $\lambda \in \Lambda$ 内的特征根都有负实部。

2.2.3　判定方法

既然微分方程的稳定性至关重要，那么有必要对其稳定状况进行判定，从而明确 Hopf 分岔发生的条件。本书通过坐标变换把强非线性系统变换为弱非线性系统，进而得到非线性系统在均衡点处的线性近似方程，然后求得该近似方程的特征方程，最后依据如下的方法实现对非线性系统稳定性的判定。

方法一：求线性近似方程所对应特征方程的所有特征根，如果全部的特征根都具有负实部或者是实部为负的复数，此时该非线性系统的均衡点是局部渐近稳定的；如果至少有一个特征根具有正实部，则该均衡点是不稳定的。换言之，非线性系统稳定的充要条件是线性化后系统特征方程的所有特征根都位于复平面的左半平面。

对于一个维数不高的简单系统，可以直接求得系统的所有特征根，再依据方法一进行系统的稳定性判定。如果系统的维数较大，特征方程的次数较高，则很难求得全部的特征根，更难以判定特征根是否都具有负实部。此种情况可以采用如下的方法二进行系统稳定性的判定。

方法二：对于一个较为复杂的系统，例如，四阶以上的特征方程，其根

不易求得，此时一般采用劳斯－赫尔维茨（Routh-Hurwitz）判据依据特征方程的系数进行稳定性判定。

（1）劳斯（Routh）判据：1877 年劳斯（Routh）提出了如下判定系统稳定性的方法，故命名劳斯判据。假定得到的特征方程如下：

$$a_n s^n + a_{n-1} s^{n-1} + \cdots + a_1 s + a_0 = 0 \tag{2.5}$$

系统稳定的充要条件为：特征方程的各项系数都为正，且劳斯表的第一列各元素都为正，即特征方程的所有根都在左半平面。所以可以先根据特征方程的系数作出初步判断，当至少有一个系数为负数或零时，则出现符号变化的次数与在右半平面上出现的特征方程根的个数相同，此时可以直接判定系统是不稳定的。而如果特征方程的所有系数都为正，则还需要根据劳斯表中的第一列元素符号确定，因为系数都为正只是确定系统稳定的必要条件。

（2）赫尔维茨（Hurwitz）判据：1895 年赫尔维茨（Hurwitz）提出了判定系统稳定性的方法，故命名为赫尔维茨判据。假定得到的特征方程为：

$$a_0 s^n + a_1 s^{n-1} + \cdots + a_{n-1} s + a_n = 0 \tag{2.6}$$

如果系统在六阶以下（$n < 6$），那么分析该系统的稳定性可以采用赫尔维茨判据；若 $n \geq 6$ 时可以采用劳斯判据，否则会增加计算困难。

系统稳定的充要条件为：最高阶系数大于零（$a_0 > 0$），且对角线上所有子行列式 Δ_i 都大于零（$\Delta_i > 0$，$i = 1$，2，$\cdots$，n）。

行列式的构建方法为：行列式主对角线元素从左上角到右下角依次为 a_1，a_2，$\cdots$，a_n；行列式每一行元素的组成以该行主对角线上的元素为基准，向左系数的脚标依次递增，向右系数的脚标依次递减，在此过程中如果系数的脚码大于 n 或者小于零，则该位置元素直接设定为零。

$$\Delta_1 = a_1$$

$$\Delta_2 = \begin{vmatrix} a_1 & a_0 \\ a_3 & a_2 \end{vmatrix}$$

$$\Delta_3 = \begin{vmatrix} a_1 & a_0 & a_0 \\ a_3 & a_2 & a_1 \\ a_5 & a_4 & a_3 \end{vmatrix}$$

$$\cdots$$

$$\Delta_n = \begin{vmatrix} a_1 & a_0 & 0 & 0 & \cdots & 0 \\ a_3 & a_2 & a_1 & a_0 & \cdots & 0 \\ \vdots & \vdots & \vdots & \vdots & & \vdots \\ a_{2n-1} & a_{2n-2} & a_{2n-3} & a_{2n-4} & \cdots & a_n \end{vmatrix}$$

如果 $a_1 > 0$，$\Delta_2 > 0$，$\cdots$，$\Delta_n > 0$ 同时成立，则系统是稳定的，否则系统是不稳定的。

对于时滞微分非线性系统，它在均衡点处线性化后所对应的特征方程包含有时滞项，此时可以对时滞项是否为零进行讨论。下面以得到的二次特征方程为例，分析不同情形下系统局部渐近稳定性的条件。

方法三： 假定时滞微分方程在均衡点处线性化后的特征方程为：

$$\lambda^2 + A_1\lambda + A_0 + (B_1\lambda + B_0)e^{-\lambda\tau} = 0 \qquad (2.7)$$

此时得到系统在均衡点处稳定的结论如下（乐成，2016）：

（1）当 $\tau = 0$ 时，如果满足 $A_1 + B_1 > 0$ 且 $A_0 + B_0 > 0$，特征方程的根都有负实部，此时系统在均衡点处是局部渐近稳定的。

（2）当 $\tau \neq 0$ 时，如果满足 $A_1 + B_1 > 0$ 且 $A_0 + B_0 > 0$，并且还至少满足如下一个条件时，系统在均衡点处是局部渐近稳定的。

① $(B_1^2 - A_1^2 + 2A_0)^2 < 4(A_0^2 - B_0^2)$；② $B_1^2 - A_1^2 + 2A_0 < 0$，$A_0^2 - B_0^2 > 0$。

（3）当 $\tau \neq 0$ 时，如果满足 $A_1 + B_1 > 0$ 且 $A_0 + B_0 > 0$，并且至少满足下列一个条件时，系统在均衡点处是不稳定的。

① $B_1^2 - A_1^2 + 2A_0 > 0$；② $A_0^2 - B_0^2 < 0$。

此外，判定系统稳定性的方法还有奈奎斯特判据、根轨迹法等，这些方法本书没有用到，故不做介绍。

2.3 博 弈 理 论

2.3.1 专业术语介绍

博弈论又称对策论，1928 年冯·诺依曼证明了博弈论的基本原理，这标志着博弈论的正式诞生。博弈论是一种数学理论和方法，它是专门研究存在利益冲突的决策者在竞争过程中胜出时所采取的最优策略。博弈中决策者选择的策略是相互影响和相互制约的，每个决策者都是根据对方的策略来选择自己的策略。基于此，博弈论中需要至少两个决策者，他们都以各自的利益最大化为决策目标；参与决策的主体之间需要存在利益竞争关系；决策者是完全理性的，能够在对方决策的基础上作出正确的判断。

下面介绍本书用到的几个专业术语：纳什博弈、斯坦科尔伯格博弈、纳什均衡、演化博弈、完全理性、有限理性、伯川德模型、古诺模型。

（1）纳什博弈：博弈者同时作出决策，或者存在先后顺序，但是后决策者并不知道先决策者采取的策略。

（2）斯坦科尔伯格博弈：决策存在先后顺序，处于主导地位的决策者先决策，处于跟随地位的决策者在此基础上再决策。

（3）纳什均衡：在某一种博弈情形下，博弈者都不愿意主动采取策略通过改变现状而从中受益，则此时博弈者所采取的策略组合即称为纳什均衡，经典案例如囚徒困境、智猪博弈等。

（4）演化博弈：借鉴了生物进化论的思想，抛弃了完全理性的假设，把博弈行为看作是一个动态调整的过程。在演化博弈中，博弈者按照既定的博弈规则对博弈策略持续不断地进行调整、完善和优化，直至达到满意的策略结果。这属于重复的动态博弈，前一期的博弈行为会影响后期的博弈结果（胡默特等，2014）。

（5）完全理性：决策者能够及时掌握全部的市场信息，具备完全的计算和推理能力，能够预测未来，能够推知不确定事件发生的概率。

（6）有限理性：决策者不能掌握决策所需的全部信息，在决策能力和经验等方面都存在局限性，只能在确保自身收益最大化和尽量规避风险的情形下做出较为满意的策略。

（7）伯川德模型：1883 年法国经济学家伯川德（Bertrand）创立了伯川德模型，研究生产和销售同质产品的企业间的价格竞争行为和博弈策略。

（8）古诺模型：1838 年法国经济学家古诺（Cournot）创立了古诺模型，研究生产和销售同质产品的企业间的产量博弈行为和博弈策略。

本书第 3 章、第 4 章和第 6 章所构建的完全理性下的单周期价格博弈模型都是基于伯川德模型的，第 5 章所构建的完全理性下的单周期产量博弈模型是基于古诺模型的。

2.3.2 博弈预期理论

在现实市场中，价格和产量的博弈是一个随时间不断调整、动态变化的迭代过程。决策者会依据一定的规则制定下一期的价格和产量。本书将会用到有限理性预期和自适应性预期两种预期理论。

2.3.2.1 有限理性预期

$$q_t^* = q_{t-1} + \alpha q_{t-1} \frac{\partial \pi_{t-1}}{\partial q_{t-1}} \tag{2.8}$$

式（2.8）为产量的有限理性预期动态调整模型，其中上标 * 表示预期的产量。企业会根据上一期的边际利润来制定本期的产量，当上一期的边际利润为正时，企业会提高产量，否则会降低产量。本书构建的大多数微分博弈模型都是采用的有限理性预期规则。

2.3.2.2 自适应性预期

$$q_t^* = q_{t-1} + \beta(q_{t-1} - q_{t-1}^*) \tag{2.9}$$

式（2.9）为产量的自适应预期动态调整模型，企业会综合上一期的产量和上一期产量与上一期预期产量的差值，来制定本期的产量调整策略。本书第 6 章构建的时滞微分博弈模型中就采用了此种预期规则。

2.4 混沌理论

2.4.1 混沌特性

混沌理论是非线性科学的重要组成部分，它是一门新兴的交叉科学，是非线性系统特有的行为状态。学者庞加莱（Poincare）、科尔莫戈罗夫（Kol-mogorov）、洛伦兹（Lorentz）等都推动了混沌理论的发展。其中，洛伦兹第一次提出了 Lorenz 吸引子的概念，并发现了"蝴蝶效应"，因此他被称为"混沌之父"。混沌理论广泛应用于气象学、保密通信等领域。有关混沌的定义至今没有统一，1975 年美籍华人李天岩与导师约克（Yorke）在文章《周期三意味着混沌》（*Period three implies chaos*）中首次提出了"chaos"的混沌名称，并第一次给出了混沌的定义。

定义 2.6（李天岩和约克，1975）：若在闭区间 $I \subseteq R$ 上的连续映射 F 满足以下条件，则称 F 为混沌的。

①对于任意的自然数 k，映射 F 有周期为 k 的周期点。

②映射 F 的周期点不在集合 $S \subset I$ 内，存在 $q \in S$，$\forall p \neq q$，则有 $\limsup\limits_{n \to \infty} |F^n(p) - F^n(q)| > 0$，$\liminf\limits_{n \to \infty} |F^n(p) - F^n(q)| = 0$。

③$\forall p \in S$ 和周期点 $q \in I$，则都满足 $\limsup\limits_{n \to \infty} |F^n(p) - F^n(q)| > 0$。

除此之外，学者们还给出了其他关于混沌的定义，这里不再一一描述。虽然学者们给出定义的方式不同，但对混沌本质的理解是一致的，都体现了混沌的内在随机性、混沌的分形特性、混沌的初值敏感性、混沌的标度不变性等特性。换言之，混沌可以理解为在确定性非线性系统中，所出现的表象上的非周期运动的混乱状态。混沌具有如下特性：

（1）吸引子。在某一点临近区域内，相体积随时间的增加而缩小。假定有如下的连续系统：

$$\begin{cases} \dot{x} = F(x, y, z) \\ \dot{y} = G(x, y, z) \\ \dot{z} = H(x, y, z) \end{cases} \tag{2.10}$$

如果该系统可以在均衡点 (x^*, y^*, z^*) 处展开为：

$$\begin{bmatrix} \dot{\xi} \\ \dot{\eta} \\ \dot{\zeta} \end{bmatrix} = \begin{bmatrix} \partial F/\partial x & \partial F/\partial y & \partial F/\partial z \\ \partial G/\partial x & \partial G/\partial y & \partial G/\partial z \\ \partial H/\partial x & \partial H/\partial y & \partial H/\partial z \end{bmatrix} \begin{bmatrix} \xi \\ \eta \\ \zeta \end{bmatrix} \tag{2.11}$$

其中，$\xi = x - x^*$，$\eta = y - y^*$，$\zeta = z - z^*$。此时得到的特征根和特征方向为：(λ_i, n_i)，$i = 1, 2, 3$，如果满足 $\dfrac{d\alpha}{dt} = \text{Re}(\lambda_1) + \text{Re}(\lambda_2) + \text{Re}(\lambda_3) = \dfrac{\partial F}{\partial x} + \dfrac{\partial G}{\partial y} +$

$\dfrac{\partial H}{\partial z}$，那么该均衡点为吸引子。具体分类如下：

①定常吸引子。$\text{Re}(\lambda_i) < 0$，$i = 1$，2，3，即所有的方向都是收敛的。

②周期吸引子。$\text{Re}(\lambda_1) = 0$，$\text{Re}(\lambda_2) < 0$，$\text{Re}(\lambda_3) < 0$，这表明在 n_1 方向上呈现周期运动状态，而在其他方向上都是收敛的。

③准周期吸引子。$\text{Re}(\lambda_1) = \text{Re}(\lambda_2) = 0$，$\text{Re}(\lambda_3) < 0$，这表明在 n_1 方向和 n_2 方向上呈现周期运动状态，而在 n_3 方向上是收敛的。

④混沌吸引子。$\text{Re}(\lambda_1) > 0$，$\text{Re}(\lambda_2) = 0$，$\text{Re}(\lambda_3) < 0$，或者 $\text{Re}(\lambda_1) > 0$，$\text{Re}(\lambda_2) > 0$，$\text{Re}(\lambda_3) < 0$，或者 $\text{Re}(\lambda_1) > 0$，$\text{Re}(\lambda_2) < 0$，$\text{Re}(\lambda_3) < 0$，此时系统是全局稳定的，但是局部不稳定。

其中，周期吸引子是一条简单明了的闭环曲线，而混沌吸引子是一条具有非周期性和随机性，且与之前轨迹不完全重合的、复杂的、反复交叉和折叠的非周期曲线，如洛伦兹系统。具有这种复杂结构的吸引子也称为奇异吸引子。

（2）初值敏感性：是指在不稳定的系统中，初值的任何微小改变所造成的系统偏离现象，并且这种偏离效果会随着时间的推移而逐渐被放大。

（3）李雅普诺夫（Lyapunov）指数：用以描述时序数据所产生的相空间中两个临近轨道之间随时间推移发散或者收敛的平均变化率。如果一个系统中至少有一个李雅普洛夫指数大于零，则该系统便是混沌系统。有以下连续的系统：

$$\frac{\mathrm{d}x}{\mathrm{d}t} = F(x) \tag{2.12}$$

两个临近轨道 $x(t)$ 和 $x(t) + \delta x(t)$，则有 $\dfrac{\mathrm{d}\delta x}{\mathrm{d}t} = F(x + \delta x) - F(x) \approx F'(x)\delta x$。相对变化率为 $\dfrac{1}{\delta x}\dfrac{\mathrm{d}\delta x}{\mathrm{d}t} = F'(x) \Rightarrow \ln\dfrac{\delta x(t)}{\delta x(0)} = \displaystyle\int_0^t F'(x)\mathrm{d}t$。那么连续系统的李雅普洛夫指数为：$\lambda(x) = \lim\limits_{t \to \infty} \dfrac{1}{t} \ln\left|\dfrac{\delta x(t)}{\delta x(0)}\right| = \lim\limits_{t \to \infty} \dfrac{1}{t} \displaystyle\int_0^t \text{Re}[F'(x)]\mathrm{d}t$。

$\lim\limits_{t \to \infty}\left|\dfrac{\delta x(t)}{\delta x(0)}\right| = e^{\lambda(x)t}$ 表明，如果 $\lambda(x) < 0$ 意味着两个临近轨道之间的距离趋于零；如果 $\lambda(x) > 0$ 意味着两个临近轨道之间的距离越拉越大。李雅普诺

夫指数与轨道自身直接相关，每个轨道的李雅普洛夫指数并不相同。均衡点处的李雅普洛夫指数为：

$$\lambda(x^*) = \lim_{t \to \infty} \frac{1}{t} \int_0^t \mathrm{Re}(F'(x))\,\mathrm{d}t = \mathrm{Re}(F')\big|_{x=x^*} = \mathrm{Re}(F'(x^*))$$

(2.13)

李雅普洛夫指数所描述的收敛和发散速率不是指轨道本身，而是指两个轨道之间的相应速率。

（4）经典混沌示例（谌龙和王德石，2007）：1999 年美国休斯敦大学的陈关荣教授发现了陈氏混沌系统，它是一个类似于 Lorenz 系统的新的混沌吸引子，简称 Chen 系统。Chen 系统描述如下：

$$\begin{cases} \dot{x} = a(y-x) \\ \dot{y} = (c-a)x - xz + cy \\ \dot{z} = xy - bz \end{cases}$$

(2.14)

当参数取值为 $a=35$，$b=3$，$c=28$，初始值为 $x(0)=6$，$y(0)=8$，$z(0)=10$ 时 Chen 系统的混沌吸引子如图 2.1 所示。

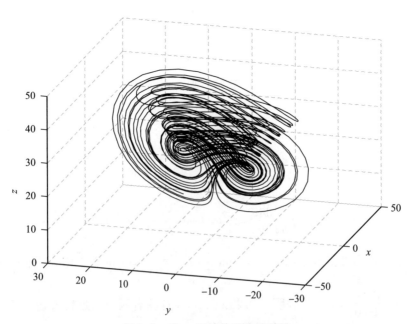

图 2.1　Chen 系统的混沌吸引子

若令初始值 $x(0) = 6.001$ ，其他参数保持不变，则 Chen 系统的初值敏感性如图 2.2 所示。

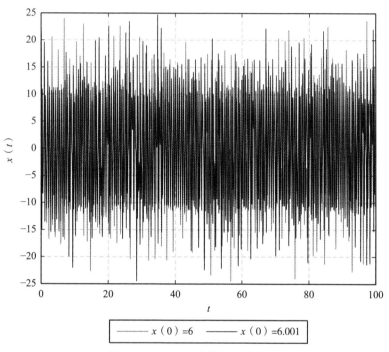

图 2.2　Chen 系统的初值敏感性

图 2.2 中展现了当 x 的初值发生微小变化时， x 取值随之变化的情况。这表明，随着时间增加 x 从最初的短暂吻合到偏差越拉越大，也就是 x 受初值变化的影响被逐渐放大，这便是混沌系统的初值敏感性。

2.4.2　混沌控制

稳定的系统经过倍周期分岔、阵发混沌、准周期、KAM 环面破裂等途径进入混沌状态后，系统所展现出来的随机和无序的特性有时会对系统造成危害，例如，在经济博弈系统中，会给价格或产量市场带来不稳定和持续震荡。但是有的混沌行为也会带来好处，例如，可以利用混沌对数据进行加密等。

针对有害的混沌行为可以采取措施对混沌的内在随机性和不稳定性进行控制，使其恢复稳定的运动状态。下面介绍本书用到的两种控制方法：

（1）变量反馈控制法：是将系统的一部分输出信号作为控制信号反馈到系统本身，以此实现对系统的混沌控制。控制过程可以描述为：

$$\dot{y} = f(x(t),\ y(t)) + ky(t)$$

其中，k 为控制变量，调节该变量实现混沌系统的控制。

（2）延迟反馈控制法：是将系统的输出信号通过延迟处理后再与原输出信号求差值，然后再将一部分差值信号反馈至系统本身，以此实现对混沌系统的控制（中岛等，1997）。控制过程可以描述为：

$$\dot{y} = f(x(t),\ y(t)) + k[y(t-\tau) - y(t)]$$

其中，τ 为延迟反馈时间变量；k 为控制变量，调节 k 实现混沌系统的控制。

第 3 章

基于低碳产能分享的两企业价格
博弈特性研究

分享经济将会给传统的企业运营模式带来新的机遇和挑战，企业往往通过产能分享提升竞争力。随着环境治理和消费者环保意识的增强，企业实施产品的低碳运营已是大势所趋，因此减少碳排放量和提高产品的绿色水平已是企业不可推卸的社会责任。在此过程中企业通常会受到碳限额（国家信息中心分享经济研究中心，2018；李果等，2018；王永健等，2017；徐健腾等，2018）、碳税（孟晓阁等，2018；何平等，2015）、碳交易（张丽蓉等，2018；柴强飞等，2018）、碳排放奖惩（金智昊和金钟秀，2019；娄万东和马军海，2018）等政策对其低碳经营的有效干预，督促其不断加强技术创新和生产流程的升级改造。但是由于企业实力和发展理念的不同，导致企业间的低碳生产能力存在差异，这种低碳生产的不平衡性为企业间多余产能的分享奠定了基础。

专门研究资源分享或者碳排放的文献已不在少数，但是有关在低碳产能分享中综合考虑多种碳排放约束政策的研究并不多见。已有文献绝大多数都是把企业作为能够掌握全部市场信息的完全理性决策主体去研究，通过单周期的博弈分析和运筹的方法计算得到最优的博弈策略。但在实际经济市场中，企业无法及时准确地获取决策所需要的全部信息，他们只能作为有限理性的决策者，根据自身当前期的边际利润或者综合参照某历史时刻的边际利润制定下一期的策略。企业的决策是一个长期的、反复的、策略不断调整的过程，这种动态的博弈行为在演化过程中虽然存在暂时的震荡，但是在稳定的系统中最终会收敛于最优策略。为此，本章在综合考虑延迟决策、低碳产能分享和多种碳排放约束政策的基础上，不但对比分析完全信息下的多种情形的博弈最优策略，而且重点分析延迟策略、产能分享匹配度、碳排放限额、碳税、碳交易等决策因素对企业定价策略和演化行为的影响。

3.1 问题描述

在激烈的市场竞争中，假定存在生产同质产品的两家企业，记为企业 1 和企业 2，其中企业 1 的低碳生产能力强于企业 2。由于产品需求的不确定性导致企业 1 在某段时间内会存在多余产能，此时企业 1 可以将多余产能分享给企业 2，这样企业 1 不但可以获得分享收益，而且能够巩固两企业间的合作关系。

如果消费者获知企业 1 有能力为其他企业提供低碳产能，会据此判定企业 1 具有较强的经济实力和生产工艺，能够增强消费者购买企业 1 产品的信心。同时，由于企业 1 参与了企业 2 产品的生产，凭借企业 1 良好的形象，消费者对企业 2 产品的信赖度也会不断增强。由此可见，多余低碳产能的分享对企业 1 和企业 2 产品的需求都具有正向作用，因此两企业都愿意参与其中以实现双赢。

由于两企业生产同质产品且都以各自利润最大化为决策目标，所以在产品销售中存在着价格竞争关系。企业 i 的产品（称为产品 i）单位生产成本为 c_i，单位产品 i 的售价为 p_i，市场需求量为 $q_i(i=1, 2)$。

因为企业 1 和企业 2 的生产流程或生产工艺不一定完全匹配，这导致产能分享是一个设备调试、技术参数设置等相对复杂的过程。假定企业 1 可以分享给企业 2 的潜在多余低碳产能为 $\varphi(\varphi \geq 0)$，产能分享的匹配度为 $\theta(0 \leq \theta \leq 1)$，那么企业 1 分享给企业 2 的有效产能为 $\theta\varphi(\theta\varphi \leq q_2)$，即企业 1 可以为企业 2 生产的产品数量为 $\theta\varphi$。$\theta=0$ 表示企业 1 的多余产能无法生产产品 2；$\theta=1$ 表示两企业的生产工艺和技术参数等无缝对接，企业 1 分享的产能全部可以用来生产产品 2。在产能分享过程中企业 1 依据生产产品 2 的数量收取产能分享费（设备损耗等费用），单位产品 2 的分享费为 p_s，那么企业 1 收取的

分享费总额为 $\theta\varphi p_s$。

另外，企业低碳运营会受到碳排放限额和碳税等政策的干预，这就要求两企业在生产过程中都要考虑碳排放问题。企业 1 的碳排放限额为 E_1，单位产品 1 的碳排放量为 e_1，则企业 1 生产产品 1 的碳排放总量为 q_1e_1。企业 2 的碳排放限额为 E_2，单位产品 2 的碳排放量为 e_2，则企业 2 的碳排放总量为 $(q_2-\theta\varphi)e_2$。企业 1 生产单位产品 2 的碳排放量为 e_3，则企业 1 分享产能生产产品 2 的碳排放总量为 $\theta\varphi e_3$。若企业的碳排放量超出了规定的碳排放限额，则需要交纳碳税；否则，企业可以将多余的碳排放额度进行交易。设单位碳排放量的税额和单位碳排放额度的交易价格均为 p_e，那么企业 1 分享产能产生的碳税为 $\theta\varphi e_3 p_e$，其由企业 2 承担。企业 1 应缴纳的碳税或者碳额度交易的收益为 $(q_1e_1-E_1)p_e$，企业 2 应缴纳的碳税或碳额度交易的收益为 $[(q_2-\theta\varphi)e_2+\theta\varphi e_3-E_2]p_e$。

为了提高研究的便利性和科学性，结合实际情况作出如下假设：

（1）企业 1 为了获得更多的分享收益，会努力提高产能的匹配度，为此需要承担的匹配成本为 $\eta\theta^2/2$，η 为成本系数（约根森等，2000）。

（2）为了简化运算，假定两企业所使用的原材料相同；主要是由于低碳生产能力的不同所导致的单位产品的碳排放量存在差异，所以忽略企业 1 生产单位产品 1 和生产单位产品 2 的碳排放量差异，即 $e_2>e_1=e_3>0$。

（3）假定企业 1 生产单位产品 2 的成本 c_2' 等于 c_1，并由企业 2 承担；这是因为企业 1 可以通过单位产品 2 的产能分享费 p_s 进行调节，如果 $c_2'>c_1$，则企业 1 会提高 p_s 进行补偿，否则会降低 p_s。

3.2　单周期两企业斯坦科尔伯格价格博弈特性研究

因为企业 1 具有较强的低碳生产能力，在产能分享中处于主导地位，而企业 2 处于跟随者地位，所以本章考虑两企业博弈权利不对等的情形，即斯坦科尔伯格博弈。在一个博弈周期内，斯坦科尔伯格博弈中的主从双方各自做出一次决策。低碳产能供给方企业 1 作为领导者，首先制定产品 1 的销售价格 p_1 和产能分享匹配度 θ。然后，低碳产能需求方企业 2 作为跟随者，在前者决策的基础上制定产品 2 的销售价格 p_2。

基于伯川德（Bertrand）模型，企业 1 和企业 2 都采用如下的线性需求函数（陈旭等，2017；潘新宇，2016；多明格斯等，2018）：

$$q_i = a - \alpha_i p_i + \beta_i p_{3-i} + \gamma_i \theta \varphi, \quad (i = 1, 2) \tag{3.1}$$

其中，a（$a > 0$）为产品的最大需求量；α_i 为产品 i 需求量对价格的敏感系数；β_i 为产品 i 需求量对竞争产品价格的敏感系数；γ_i 为产品 i 需求量对产能分享的敏感系数。依据价格和产能分享对产品需求量的影响程度，则有 $\alpha_i > \beta_i > \gamma_i > 0$（洪兆富和郭晓龙，2019；罗政等，2016）。

为便于计算，令 $\alpha_1 = \alpha_2 = \alpha$，$\beta_1 = \beta_2 = \beta$，$\gamma_1 = \gamma_2 = \gamma$，且 $\alpha > \beta > \gamma > 0$（齐奇等，2017）。此时，企业 1 和企业 2 的需求函数分别为：

$$q_1 = a - \alpha p_1 + \beta p_2 + \gamma \theta \varphi \tag{3.2}$$

$$q_2 = a - \alpha p_2 + \beta p_1 + \gamma \theta \varphi \tag{3.3}$$

企业 1 的利润 π_1 和企业 2 的利润 π_2 分别为：

$$\pi_1 = (p_1 - c_1) q_1 + \theta \varphi p_s - (q_1 e_1 - E_1) p_e - \frac{1}{2} \eta \theta^2 \tag{3.4}$$

$$\pi_2 = p_2 q_2 - (q_2 - \theta \varphi) c_2 - (c_1 + p_s) \theta \varphi - \left[(q_2 - \theta \varphi) e_2 + \theta \varphi e_1 - E_2 \right] p_e \tag{3.5}$$

假定企业是完全理性的决策者，能够掌握全部的市场信息，这也是大多数文献研究的基础。本节在此背景下，对比分析有无产能分享情形下的最优策略，以及探究决策变量对最优策略的影响。下列命题中，下标 n 表示无产能分享情形下的策略，下标 s 表示产能分享情形下的策略，上标 $*$ 表示最优策略。

3.2.1 无产能分享

两企业间无产能分享，也就是企业 1 没有多余产能（$\varphi = 0$）或者多余产能匹配不成功（$\theta = 0$）。此时，两企业产品的需求函数分别为：

$$q_1 = a - \alpha p_1 + \beta p_2 \tag{3.6}$$

$$q_2 = a - \alpha p_2 + \beta p_1 \tag{3.7}$$

两企业的利润函数分别为：

$$\pi_1(p_1,\ p_2) = (p_1 - c_1)q_1 - (q_1e_1 - E_1)p_e \tag{3.8}$$

$$\pi_2(p_1,\ p_2) = (p_2 - c_2)q_2 - (q_2e_2 - E_2)p_e \tag{3.9}$$

命题 3.1 无产能分享情形下，存在唯一的最优价格 $p_{1.n}^*$ 和 $p_{2.n}^*$ 使得企业 1 和企业 2 的各自利润最大。

证明： 根据逆向求解法，$\pi_2(p_1,\ p_2)$ 关于 p_2 的二阶偏导数为 $\dfrac{\partial^2 \pi_2(p_1,\ p_2)}{\partial p_2^2} = -2\alpha < 0$，所以 $\pi_2(p_1,\ p_2)$ 是关于 p_2 的严格凹函数，即存在最优价格 p_2 使得 π_2 最大。求解 $\dfrac{\partial \pi_2(p_1,\ p_2)}{\partial p_2} = 0$ 得到：

$$p_2(p_1) = \frac{a + \alpha c_2 + \beta p_1 + \alpha e_2 p_e}{2\alpha} \tag{3.10}$$

将式（3.10）代入式（3.8），则有 $\dfrac{\partial^2 \pi_1(p_1,\ p_2)}{\partial p_1^2} = -2\alpha + \dfrac{\beta^2}{\alpha} < 0$，同理得到产品 1 的最优价格为：

$$p_{1.n}^* = \frac{a(2\alpha + \beta) + (2\alpha^2 - \beta^2)c_1 + \alpha\beta c_2 + [(2\alpha^2 - \beta^2)e_1 + \alpha\beta e_2]p_e}{4\alpha^2 - 2\beta^2} \tag{3.11}$$

将式（3.11）代入式（3.10）得到产品 2 的最优价格为：

$$p_{2.n}^* = \frac{\begin{aligned}&\{a(4\alpha^2 + 2\alpha\beta - \beta^2) + (2\alpha^2\beta - \beta^3)c_1 + (4\alpha^3 - \alpha\beta^2)c_2 \\ &\quad + [\alpha(4\alpha^2 - \beta^2)e_2 - \beta(\beta^2 - 2\alpha^2)e_1]p_e\}\end{aligned}}{8\alpha^3 - 4\alpha\beta^2} \tag{3.12}$$

至此，命题 3.1 **证毕**。

基于命题 3.1 得到如下推论：

推论 3.1 在无产能分享情形下，单位碳排放量税额 p_e、单位产品 1 的碳排放量 e_1、单位产品 2 的碳排放量 e_2 均与 $p_{1.n}^*$ 和 $p_{2.n}^*$ 正相关；并且 e_1 增加 1 个单位，$p_{1.n}^*$ 增加 $p_e/2$ 个单位，$p_{2.n}^*$ 增加小于 $p_e/4$ 个单位；e_i 对 $p_{i.n}^*$ 的影响力大于 $p_{3-i.n}^*$，$i=1,\ 2$。

由于 $\dfrac{\partial p_{i.n}^*}{\partial p_e} > 0$，$\dfrac{\partial p_{i.n}^*}{\partial e_2} > 0$，$\dfrac{\partial p_{1.n}^*}{\partial e_1} = \dfrac{p_e}{2} > 0$，$\dfrac{\partial p_{2.n}^*}{\partial e_1} = \dfrac{\beta p_e}{4\alpha} > 0$，$i = 1,\ 2$，所以可得推论 3.1。推论 3.1 表明，如果提高碳税单价或者企业的低碳生产能力较弱都会导致产品的价格上涨。任意一个企业单位产品碳排放量的增加都会引

起两产品价格的同步上涨，但对自身产品价格的影响最显著。因此，企业想通过降低售价提升产品的市场占有率，就必须采取技术创新、设备更新、产能分享等措施切实降低单位产品的碳排放量。

推论 3.2 产品 1 和产品 2 的最优价格都与碳排放限额无关。

根据式（3.11）和式（3.12）可以验证推论 3.2 的正确性。再结合式（3.8）和式（3.9）不难看出，在其他条件不变的情形下，企业争取较大的碳排放限额能够增加企业利润，但最优定价不受影响。

3.2.2 有产能分享

在两企业实施产能分享的情形下，产品的需求量不仅与产品的价格有关，而且还与产能分享有关。根据式（3.2）～式（3.5）可以得到命题 3.2。

命题 3.2 在有产能分享情形下，当 $8\alpha^3\eta - 4\alpha\beta^2\eta - (2\alpha+\beta)^2\gamma^2\varphi^2 > 0$ 时，存在唯一的最优价格 $p_{1,s}^*$、$p_{2,s}^*$ 和最优产能分享匹配度 θ_s^* 使得企业 1 和企业 2 各自利润最大。

证明： 证明过程与命题 3.1 类似，因为 $\pi_2(p_2)$ 关于价格 p_2 的二阶偏导数 $\frac{\partial^2\pi_2(p_2)}{\partial p_2^2} = -2\alpha < 0$，显然 $\pi_2(p_2)$ 是关于 p_2 的严格凹函数，即存在最优解使得 π_2 最大，求解 $\frac{\partial\pi_2(p_2)}{\partial p_2} = 0$ 得到：

$$p_2(p_1, \theta) = \frac{a + \gamma\theta\varphi + \alpha c_2 + \beta p_1 + \alpha e_2 p_e}{2\alpha} \tag{3.13}$$

将式（3.13）代入式（3.4），则 $\pi_1(p_1, \theta)$ 关于 p_1 和 θ 的海塞矩阵为 $H = \begin{vmatrix} J_{11} & J_{12} \\ J_{21} & J_{22} \end{vmatrix}$，其中，$J_{11} = -2\alpha + \frac{\beta^2}{\alpha}$，$J_{12} = \gamma\varphi + \frac{\beta\gamma\varphi}{2\alpha}$，$J_{21} = \gamma\varphi + \frac{\beta\gamma\varphi}{2\alpha}$，$J_{22} = -\eta$。海塞矩阵 H 的一阶顺序主子式 $\mathrm{Det}(H_1) = J_{11} < 0$；当 $8\alpha^3\eta - 4\alpha\beta^2\eta - (2\alpha+\beta)^2\gamma^2\varphi^2 > 0$ 时，二阶顺序主子式 $\mathrm{Det}(H_2) > 0$，所以海塞矩阵 H 是负定的，故 $\pi_1(p_1, \theta)$ 是关于 p_1 和 θ 的严格凹函数，即存在唯一的最优解使得 π_1 最大。联立 $\frac{\partial\pi_1(p_1, \theta)}{\partial p_1} = 0$ 和 $\frac{\partial\pi_1(p_1, \theta)}{\partial\theta} = 0$ 得到：

$$p_{1.s}^* = \frac{\begin{bmatrix} 2a\alpha(2\alpha+\beta)\eta + [4\alpha^3\eta - 2\alpha\beta^2\eta - (2\alpha+\beta)^2\gamma^2\varphi^2]c_1 + 2\alpha^2\beta\eta c_2 + \{[4\alpha^3\eta \\ -2\alpha\beta^2\eta - (2\alpha+\beta)^2\gamma^2\varphi^2]e_1 + 2\alpha^2\beta\eta e_2\}p_e + 2\alpha(2\alpha+\beta)\gamma\varphi^2 p_s] \end{bmatrix}}{8\alpha^3\eta - 4\alpha\beta^2\eta - (2\alpha+\beta)^2\gamma^2\varphi^2}$$

$$\tag{3.14}$$

$$\theta_s^* = \frac{\begin{bmatrix} (2\alpha+\beta)\gamma\varphi\{a(2\alpha+\beta) + (\beta^2-2\alpha^2)c_1 + \alpha\beta c_2 \\ + [(\beta^2-2\alpha^2)e_1 + \alpha\beta e_2]p_e\} - 4\alpha(\beta^2-2\alpha^2)\varphi p_s] \end{bmatrix}}{8\alpha^3\eta - 4\alpha\beta^2\eta - (2\alpha+\beta)^2\gamma^2\varphi^2} \tag{3.15}$$

将式（3.14）和式（3.15）代入式（3.13）得到产品 2 的最优价格为：

$$p_{2.s}^* = \frac{\begin{bmatrix} a(4\alpha^2+2\alpha\beta-\beta^2)\eta - [\beta(\beta^2-2\alpha^2)\eta + (\alpha+\beta)(2\alpha+\beta)\gamma^2\varphi^2]c_1 \\ + \{[-\beta(\beta^2-2\alpha^2)\eta - (\alpha+\beta)(2\alpha+\beta)\gamma^2\varphi^2]e_1 + \alpha(2\alpha+\beta)(2\alpha\eta-\beta\eta \\ -\gamma^2\varphi^2)e_2\}p_e + (4\alpha^2+2\alpha\beta-\beta^2)\gamma\varphi^2 p_s + \alpha(2\alpha+\beta)(2\alpha\eta-\beta\eta-\gamma^2\varphi^2)c_2] \end{bmatrix}}{8\alpha^3\eta - 4\alpha\beta^2\eta - (2\alpha+\beta)^2\gamma^2\varphi^2}$$

$$\tag{3.16}$$

至此，命题 3.2 **证毕**。

本书后续章节中类似命题的证明将省略。根据命题 3.2 得到如下推论：

推论 3.3 产能分享情形下，单位产品 2 的碳排放量 e_2、单位产品 2 的分享费 p_s 均与单位产品 1 的价格 $p_{1.s}^*$、单位产品 2 的价格 $p_{2.s}^*$ 和产能匹配度 θ_s^* 正相关；产能匹配度 θ_s^* 与产品的最大需求量 a 正相关。

因为 $\frac{\partial p_{i.s}}{\partial e_2} > 0$，$\frac{\partial \theta_s^*}{\partial e_2} > 0$，$\frac{\partial p_{i.s}}{\partial p_s} > 0$，$\frac{\partial \theta_s^*}{\partial p_s} > 0$，$\frac{\partial \theta_s^*}{\partial a} > 0$，$i = 1$，2，所以可以得到推论 3.3。推论 3.3 表明，企业 2 的低碳生产能力越弱，则接受多余产能的意愿越强烈，越有利于企业 1 提高产能分享的匹配度。另外，高额的产能分享费会促使企业 1 加大设备的调整和优化，力争最大限度地与产品 2 的生产流程相匹配。这说明，两企业的低碳生产能力差异越大、分享费越高，则双方对产能分享的意愿越强烈，分享产能的匹配度越高；但是这会引起双方产品价格的上涨，对消费者是不利的。此外，市场对绿色产品的需求量越大越有助于企业间的产能分享。

基于命题 3.1 和命题 3.2 得到如下推论：

推论 3.4 无论是否存在产能分享，产品 1 的最优价格 p_1^* 和产品 2 的最优价格 p_2^* 都与产品的最大需求量 a 和竞争产品的价格敏感系数 β 正相关，与自身价格的敏感系数 α 负相关。

通过求解最优价格关于决策变量的一阶偏导数可得推论 3.4。推论 3.4 表明，无论是否存在产能分享，增加产品的需求量都会引起价格的上涨，这符合供小于求价格上涨的经济规律。消费者对企业自身产品价格敏感度的增强，会促使其通过降价获取更多利润。消费者对竞争产品价格敏感度的增强，在其他条件不变时，企业自身的产品需求量会增加，此时企业即使适当提高价格依然能够获利。

3.2.3　数值模拟分析

由于企业最优策略的表达式过于复杂，为了分析决策变量对最优策略的影响，以及对比分析不同情形下两企业最优策略的差异，在满足命题中条件的基础上参数取值为：$a=2$，$\alpha=0.6$，$\beta=0.3$，$\gamma=0.1$，$c_1=0.2$，$c_2=0.4$，$e_1=0.1$，$e_2=0.3$，$p_e=0.05$，$p_s=0.1$，$\eta=0.2$，$E_1=1$，$E_2=1$，$\varphi=0.2$。

经计算，满足命题 3.2 中的条件 $8\alpha^3\eta-4\alpha\beta^2\eta-(2\alpha+\beta)^2\gamma^2\varphi^2=0.3015>0$。根据式（3.15），由 $0\leqslant\theta_s^*\leqslant1$ 可以得到 $0\leqslant\varphi\leqslant0.5004$。

3.2.3.1　最优策略对比分析

有无产能分享情形下，企业的最优策略如表 3.1 所示。

表 3.1　　　　　不同情形下两企业的最优策略

项目	p_1	p_2	θ	π_1	π_2	$\pi_1+\pi_2$
无产能分享	2.5427	2.5099	—	2.9191	2.6830	5.6022
有产能分享	2.5521	2.5188	0.3934	2.9346	2.7141	5.6487

对于表 3.1，横向比较可知，无论是否存在产能分享，产品 1 的价格都高于产品 2 的价格，企业 1 的利润都高于企业 2 的利润。这是由于企业 1 的低碳生产能力较强，产品 1 的绿色程度较高，这符合发展低碳经济的市场需求，迎合了消费者的低碳偏好。同时，企业 1 受制于生产成本的增加

导致了价格上涨。纵向比较发现，同一产品在产能分享下的价格高于无分享时的情形；同一企业的利润和两企业的总利润也是在产能分享下更高。因此，产能分享对企业 1 和企业 2 都有利，然而分享引起的价格上涨对消费者不利。

3.2.3.2　产能分享情形下，决策变量对最优策略的影响

（1）单位产品 1 的碳排放量 e_1 对最优策略的影响如图 3.1 所示。

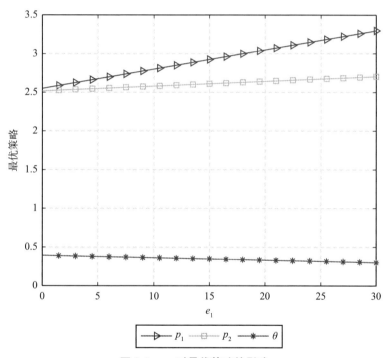

图 3.1　e_1 对最优策略的影响

图 3.1 表明，随着单位产品 1 碳排放量的增加，企业 1 承担的碳税额度将随之增加，因此产品 1 的价格呈显著上涨趋势。根据趋同效应，企业 2 为了获得更多利润同样会跟随涨价。企业 1 低碳生产能力的降低，必然导致企业 2 分享其多余产能的意愿大幅降低，因此产能分享的匹配度下降。结合推论 3.3 可知，增加单位产品 1 和单位产品 2 的碳排放量都能够引起两种产品

价格的上涨，但是它们对产能分享匹配度的影响恰恰相反。因此，企业 1 只有努力提高低碳生产能力，尽量拉大企业间的低碳差距，才能通过产能分享获得更大的利润。

（2）产能分享敏感度 γ 对最优策略的影响如图 3.2 所示。

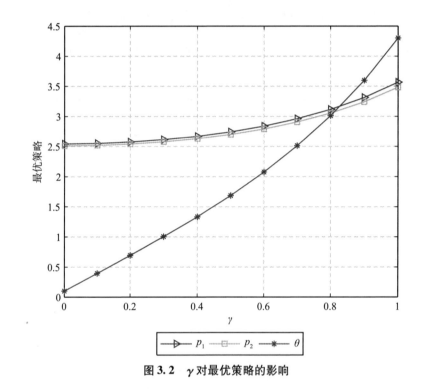

图 3.2　γ 对最优策略的影响

图 3.2 表明，最优价格和最优匹配度都是关于产能分享敏感度的增函数。这说明，如果低碳产能分享对两企业产品销售的正向作用越明显，则产品需求量的增加势必引起销售价格的上涨和企业间产能分享意愿的增强，因而产能分享匹配度也会相应提高。总之，消费者对企业的低碳生产能力认可度越高，越有助于企业间的产能分享，同时也推动了产品价格的上涨。

3.2.3.3　决策变量对最优利润的影响

此处探讨产能分享情形下单位产品 1 的碳排放量 e_1、单位产品 2 的碳排

放量 e_2、单位碳排放量的税额 p_e、碳排放限额 E_1/E_2、单位产品 2 的分享费 p_s 和产能分享匹配度 θ 对企业利润的影响。

（1）碳排放量 e_1 和 e_2 对企业利润的影响如图 3.3 所示；碳排放限额 E_1 和碳税 p_e 对企业 1 利润的影响如图 3.4 所示。

从图 3.3 看出，增加单位产品 i 的碳排放量 $e_i(i=1,2)$，企业 i 的利润会降低，但企业 $3-i$ 的利润将会增加，显然两企业的利润变化趋势相反。尤其当企业自身的单位产品碳排放量较低时，竞争产品碳排放量的增加会引起本企业利润的显著提升。总之，企业只有增强自身的低碳生产能力，主动采取措施降低单位产品的碳排放量才能有效增加收益，从而在博弈中处于优势地位。

图 3.4 表明，当企业 1 的碳排放限额较小时（如 $E_1=0.1$），此时企业 1 的碳排放总量大于碳排放限额，企业处于缴纳碳税的状态，所以单位碳排放量税额的增加必然导致碳税总额的增长，势必引起企业 1 利润的下降。而当企业 1 的碳排放限额较大时（如 $E_1=1$），此时企业的碳排放总量小于碳排放

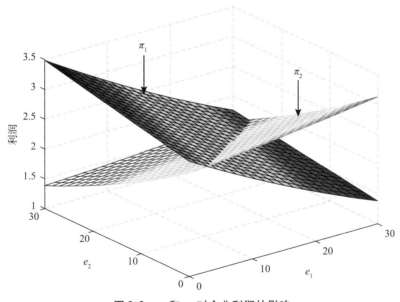

图 3.3　e_1 和 e_2 对企业利润的影响

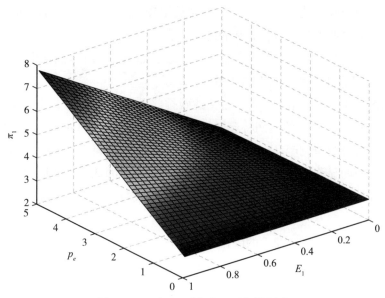

图 3.4　E_1 和 p_e 对企业 1 利润的影响

限额，那么企业 1 可以将多余的碳限额通过交易获利，因此限额交易价格的增加会给企业带来额外的收益，从而引起企业 1 利润的明显增长。总之，企业 1 为了利润最大化，一方面可以尽量降低自身单位产品的碳排放量，另一方面可以申请较大的碳排放限额，这两种措施都能较好地减少碳税成本。E_2 和 p_e 对企业 2 利润的影响与图 3.4 类似，此处不再赘述。

（2）产能分享费 p_s 和产能匹配度 θ 对企业利润的影响如图 3.5 和图 3.6 所示。

图 3.5 表明，企业 2 向企业 1 支付的产能分享费 p_s 越高，企业 1 的利润就越大，而企业 2 的利润则越低。显然，高额的分享费始终对企业 1 有利，但是过高（过低）的费用会挫伤企业 2（企业 1）参与产能分享的积极性。总之，产能分享费存在最优值使得企业 2 的利润最大，即当 $p_s = 0.1$ 时企业 2 的利润最大为 $\pi_2 = 2.714$，此时企业 1 的利润为 $\pi_1 = 2.935$，这与表 3.1 中的最优利润相一致。

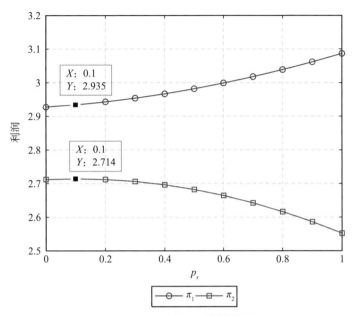

图 3.5 p_s 对企业利润的影响

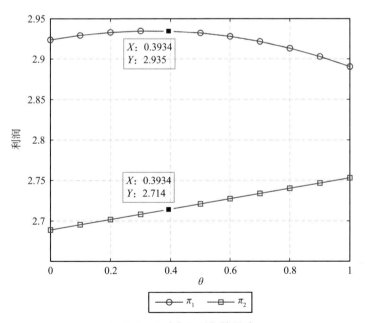

图 3.6 θ 对企业利润的影响

图 3.6 描述了产能分享匹配度的增加会引起企业 2 利润的明显增长，但是企业 1 的利润呈现先增大后减小的趋势。因为企业 1 提高匹配度会增加产能分享量，从而利润会增加。同时企业 1 为了提高匹配度会付出较高的成本，所以匹配度存在最优值使得企业 1 的利润最大。当 $\theta = 0.3934$ 时企业 1 存在最大利润为 $\pi_1 = 2.935$，此时企业 2 的利润为 $\pi_2 = 2.714$。总之，从图 3.5 和图 3.6 发现，产能分享费和产能分享匹配度都不能盲目提高，都存在最优值使得企业 2 或企业 1 的利润最大。

（3）价格敏感度系数 α 和 β 对企业利润的影响如图 3.7 所示。

图 3.7（a）表明，消费者对企业自身产品价格敏感度 α 处于 $[0, 0.3)$ 区间时，两企业利润都不稳定，而当 $\alpha \in [0.3, 1]$ 时两企业利润处于相对稳定的状态。另外，当消费者对竞争企业产品的价格敏感度 β 处于 $[0, 0.7]$ 区间时，两企业利润处于相对稳定的状态，而当 $\beta \in (0.7, 1]$ 时两企业利润处于盈亏交替状态。这说明，如果两企业想要相对稳定的获利，则必须确保消费者对产品价格的敏感度处于合理的区间内，即 $\alpha, \beta \in [0.3, 0.7]$。图 3.7（b）表明，提高消费者对产品价格的敏感度会引起企业利润的下降，但是消费者对竞争产品价格敏感度的增加会导致企业利润的上升。总之，这就要求企业采取多种措施降低消费者对自身产品价格的敏感度，例如，采取提高产品质量、提升服务水平、提供延保服务等措施，让消费者在选择购买产品时有更多的决策空间，摆脱单一价格因素的制约，从而增强企业获利的稳定性。

（4）最大需求量 a 和产能分享敏感度 γ 对企业利润的影响如图 3.8 所示。

图 3.8 表明，两企业的利润都是关于产品的最大需求量 a 和产能分享敏感度 γ 的增函数。当需求量增加时两企业利润同步增加，并且企业 1 作为低碳产能的供给方，在增加过程中企业 1 的利润始终大于企业 2 的利润，且两者差距呈现逐渐拉大的趋势。当产能分享敏感度增加时，两企业利润的大小关系呈现出不确定性。具体而言，$\gamma \in [0, 0.45)$ 时企业 1 的利润大于企业 2 的利润，而当 $\gamma \in (0.45, 1]$ 时企业 2 的利润则大于企业 1 的利润，$\gamma = 0.45$ 时两企业利润相等。这说明，产能分享对产品需求的正向作用对产能供需双方都有利，但是正向作用越明显产能需求方获益越明显。

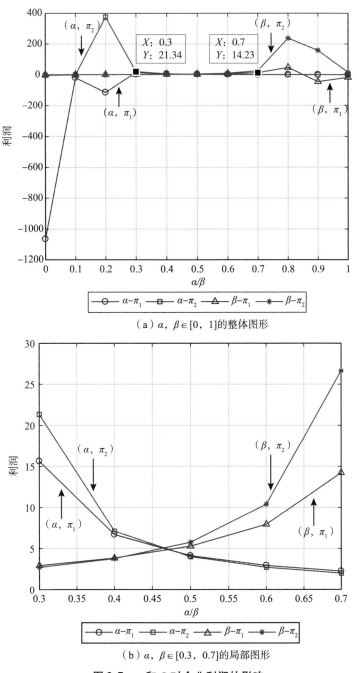

（a）α, $\beta \in [0, 1]$的整体图形

（b）α, $\beta \in [0.3, 0.7]$的局部图形

图 3.7　α 和 β 对企业利润的影响

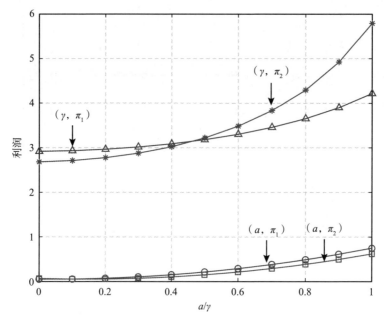

图 3.8　a 和 γ 对企业利润的影响

3.3　多周期两企业斯坦科尔伯格
时滞价格博弈特性研究

　　命题 3.2 给出了两企业在产能分享情形下的最优策略，但这是基于完全理性预期规则的单周期博弈结果。现实中，企业无法预知全部的决策信息，最优策略需要博弈双方经过长期的、反复多次的策略调整才能取得。基于此，本节针对产能分享情形下的企业博弈过程，通过建立多周期的、带时滞的微分价格博弈模型分析博弈策略的演化过程，展现两企业从博弈初始态到逐渐收敛于博弈均衡态的演化轨迹，探究时滞变量、价格调整速度、决策权重等决策因素对博弈系统稳定性的影响，以及系统稳定性对博弈演化趋势的影响。无产能分享情形下，博弈系统复杂性的分析过程与之类似，限于篇幅本章不再赘述。

3.3.1 博弈模型构建

对于产能分享情形下的斯坦科尔伯格博弈，根据式（3.5）得到企业 2 关于价格 p_2 的边际利润；将式（3.13）代入式（3.4）得到企业 1 关于价格 p_1 和分享匹配度 θ 的边际利润，联立得到边际利润为：

$$
\begin{cases}
\dfrac{\partial \pi_1(p_1, \theta)}{\partial p_1} = \Delta_5 p_1 + \Delta_4 \theta + \Delta_1 \\[2mm]
\dfrac{\partial \pi_2(p_2)}{\partial p_2} = \beta p_1 - 2\alpha p_2 + \gamma\varphi\theta + \Delta_2 \\[2mm]
\dfrac{\partial \pi_1(p_1, \theta)}{\partial \theta} = \Delta_4 p_1 - \eta\theta + \Delta_3
\end{cases}
\tag{3.17}
$$

其中，$\Delta_1 = \dfrac{a(2\alpha + \beta) + (2\alpha^2 - \beta^2)c_1 + \alpha\beta c_2 + \left[(2\alpha^2 - \beta^2)e_1 + \alpha\beta e_2\right]p_e}{2\alpha}$，$\Delta_2 = a +$

$\alpha c_2 + \alpha e_2 p_e$，$\Delta_3 = -\dfrac{(2\alpha + \beta)\gamma\varphi(c_1 + e_1 p_e)}{2\alpha} + \varphi p_s$，$\Delta_4 = \gamma\varphi + \dfrac{\beta\gamma\varphi}{2\alpha}$，$\Delta_5 = \dfrac{\beta^2}{\alpha} - 2\alpha$。

两企业都是有限理性的决策者，他们会根据各自的边际利润进行决策。产品 1 的价格 p_1、产品 2 的价格 p_2、产能分享匹配度 θ 的动态调整过程为（徐伟和马军海，2012）：

$$
\begin{cases}
\dot{p}_1 = k_1 p_1 (\Delta_5 p_1 + \Delta_4 \theta + \Delta_1) \\[1mm]
\dot{p}_2 = k_2 p_2 (\beta p_1 - 2\alpha p_2 + \gamma\varphi\theta + \Delta_2) \\[1mm]
\dot{\theta} = k_3 \theta (\Delta_4 p_1 - \eta\theta + \Delta_3)
\end{cases}
\tag{3.18}
$$

其中，$k_i p_i$ 为企业 i 的价格调整程度，$i = 1, 2$；$k_3 \theta$ 为产能匹配度的调整程度；k_i 为价格和匹配度的调整速度，$i = 1, 2, 3$。

企业为了提高决策的科学性和准确性，企业 1 决策时不但参照当前期的价格 $p_1(t)$，而且还参照 τ_1 之前时刻的历史价格 $p_1(t - \tau_1)$，两者的参照权重分别为 w_1 和 $1 - w_1$。同理，企业 2 分别参照价格 $p_2(t)$ 和价格 $p_2(t - \tau_2)$ 进行决策，参照权重分别为 w_2 和 $1 - w_2$。依据以上描述，两企业的延迟价格分别为：

$$
\begin{cases}
p_1^d = w_1 p_1(t) + (1 - w_1) p_1(t - \tau_1) \\[1mm]
p_2^d = w_2 p_2(t) + (1 - w_2) p_2(t - \tau_2)
\end{cases}
\tag{3.19}
$$

其中，τ_1 和 τ_2 称为时滞参数；上标 d 表示采取延迟策略的价格。将式 (3.19) 代入式 (3.18)，则有：

$$\begin{cases} \dot{p}_1 = k_1 p_1 \{\Delta_5 [w_1 p_1(t) + (1-w_1)p_1(t-\tau_1)] + \Delta_4 \theta + \Delta_1\} \\ \dot{p}_2 = k_2 p_2 \{\beta [w_1 p_1(t) + (1-w_1)p_1(t-\tau_1)] - 2\alpha [w_2 p_2(t) \\ \qquad + (1-w_2)p_2(t-\tau_2)] + \gamma\varphi\theta + \Delta_2\} \\ \dot{\theta} = k_3 \theta \{\Delta_4 [w_1 p_1(t) + (1-w_1)p_1(t-\tau_1)] - \eta\theta + \Delta_3\} \end{cases} \quad (3.20)$$

为了简化运算，假定企业 1 和企业 2 参照同期的历史价格，即 $\tau_1 = \tau_2 = \tau$，则最终的时滞微分博弈系统为：

$$\begin{cases} \dot{p}_1 = k_1 p_1 \{\Delta_5 [w_1 p_1(t) + (1-w_1)p_1(t-\tau)] + \Delta_4 \theta + \Delta_1\} \\ \dot{p}_2 = k_2 p_2 \{\beta [w_1 p_1(t) + (1-w_1)p_1(t-\tau)] - 2\alpha [w_2 p_2(t) \\ \qquad + (1-w_2)p_2(t-\tau)] + \gamma\varphi\theta + \Delta_2\} \\ \dot{\theta} = k_3 \theta \{\Delta_4 [w_1 p_1(t) + (1-w_1)p_1(t-\tau)] - \eta\theta + \Delta_3\} \end{cases} \quad (3.21)$$

3.3.2　均衡点的局部渐近稳定性

经计算，系统 (3.21) 的均衡点见附录 A 中的式 (A.1)。根据实际经济意义，只有正的均衡点 $E_8(p_1^*, p_2^*, \theta^*)$ 才有意义，这意味着企业经过长期博弈后会收敛于该均衡点。其他均衡点中，$E_1 - E_6$ 中至少有一个产品的价格为零，这说明至少存在一个企业无利可图，那么该企业必会被迫退出市场。而均衡点 E_7 中产能匹配度为零，这说明两企业间不存在产能分享，与本节要研究的产能分享情形下的系统复杂性相矛盾。因此，只分析系统在正均衡点 E_8 处的局部渐近稳定性。

命题 3.3　系统 (3.21) 在均衡点 $E_8(p_1^*, p_2^*, \theta^*)$ 处的特征方程为：

$$\lambda^3 + A_2\lambda^2 + A_1\lambda + A_0 + (B_2\lambda^2 + B_1\lambda + B_0)e^{-\lambda\tau} + (C_1\lambda + C_0)e^{-2\lambda\tau} = 0$$

证明：系统 (3.21) 在均衡点 $E_8(p_1^*, p_2^*, \theta^*)$ 处进行线性化，设 $u_1(t) = p_1(t) - p_1^*$，$u_2(t) = p_2(t) - p_2^*$，$u_3(t) = \theta(t) - \theta^*$，将其代入系统 (3.21) 中，通过求解雅克比矩阵能够得到系统 (3.21) 的近似线性化部分，然后再分别以 p_1，p_2 和 θ 表示。此时研究系统 (3.21) 在均衡点 $E_8(p_1^*, p_2^*, \theta^*)$ 处的稳定性就转变为研究 $(0, 0, 0)$ 点处的稳定性。线性化后的

系统为：

$$\begin{cases} \dot{p}_1 = k_1 p_1^* \Delta_5 w_1 p_1(t) + k_1 p_1^* \Delta_5 (1-w_1) p_1(t-\tau) + k_1 p_1^* \Delta_4 \theta(t) \\ \dot{p}_2 = k_2 p_2^* \beta w_1 p_1(t) + k_2 p_2^* \beta(1-w_1) p_1(t-\tau) - k_2 p_2^* 2\alpha w_2 p_2(t) \\ \qquad - k_2 p_2^* 2\alpha(1-w_2) p_2(t-\tau) + k_2 p_2^* \gamma\varphi\theta(t) \\ \dot{\theta} = k_3 \theta^* \Delta_4 w_1 p_1(t) + k_3 \theta^* \Delta_4 (1-w_1) p_1(t-\tau) - k_3 \theta^* \eta\theta(t) \end{cases} \quad (3.22)$$

系统（3.22）的特征方程为：

$$\begin{vmatrix} J_{11} & 0 & J_{13} \\ J_{21} & J_{22} & J_{23} \\ J_{31} & 0 & J_{33} \end{vmatrix} = 0 \quad (3.23)$$

其中，$J_{11} = \lambda - k_1 p_1^* \Delta_5 w_1 - k_1 p_1^* \Delta_5 (1-w_1) e^{-\lambda\tau}$，$J_{13} = -k_1 p_1^* \Delta_4$，$J_{21} = -k_2 p_2^* \beta w_1 - k_2 p_2^* \beta k_2 p_2^* (1-w_1) e^{-\lambda\tau}$，$J_{22} = \lambda + k_2 p_2^* 2\alpha w_2 + k_2 p_2^* 2\alpha(1-w_2) e^{-\lambda\tau}$，$J_{23} = -k_2 p_2^* \gamma\varphi$，$J_{31} = -k_3 \theta^* \Delta_4 w_1 - k_3 \theta^* \Delta_4 (1-w_1) e^{-\lambda\tau}$，$J_{33} = \lambda + k_3 \theta^* \eta$。

整理得：

$$\lambda^3 + A_2 \lambda^2 + A_1 \lambda + A_0 + (B_2 \lambda^2 + B_1 \lambda + B_0) e^{-\lambda\tau} + (C_1 \lambda + C_0) e^{-2\lambda\tau} = 0 \quad (3.24)$$

其中，$A_2 - A_0$，$B_2 - B_0$，$C_1 - C_0$ 见附录 A 中的式（A.2）。

至此，命题 3.3 **证毕**。

命题 3.4 当 $\tau = 0$ 且满足一定条件时，系统（3.21）是稳定的。

证明： 当 $\tau = 0$ 时，特征方程式（3.24）简化为：

$$\lambda^3 + (A_2 + B_2)\lambda^2 + (A_1 + B_1 + C_1)\lambda + A_0 + B_0 + C_0 = 0 \quad (3.25)$$

根据劳斯判据可知，系统（3.21）稳定的前提是满足如下条件：$A_2 + B_2 > 0$，$A_1 + B_1 + C_1 > 0$，$A_0 + B_0 + C_0 > 0$，$(A_2 + B_2)(A_1 + B_1 + C_1) > A_0 + B_0 + C_0$。

至此，命题 3.4 **证毕**。

命题 3.5 当 $\tau = \tau_0 > 0$ 且满足一定条件时，特征方程式（3.24）有一对纯虚根 $\pm i\omega_0$。

证明： 当 $\tau > 0$ 时，式（3.24）两边同乘以 $e^{\lambda\tau}$ 为：

$$(\lambda^3 + A_2 \lambda^2 + A_1 \lambda + A_0) e^{\lambda\tau} + (C_1 \lambda + C_0) e^{-\lambda\tau} + B_2 \lambda^2 + B_1 \lambda + B_0 = 0 \quad (3.26)$$

令 $\lambda = i\omega\,(\omega > 0)$ 是式（3.26）的一个根，将其代入并分离实部和虚部得：

$$\begin{cases} (-A_2\omega^2 + A_0 - C_0)\sin(\omega\tau) + (A_1\omega - \omega^3 + C_1\omega)\cos(\omega\tau) = -B_1\omega \\ (-A_2\omega^2 + A_0 + C_0)\cos(\omega\tau) + (-A_1\omega + \omega^3 + C_1\omega)\sin(\omega\tau) = B_2\omega^2 - B_0 \end{cases}$$

$$(3.27)$$

进而得：

$$\begin{cases} \sin(\omega\tau) = \dfrac{(B_0 - \omega^2 B_2)(-\omega^3 + \omega A_1 + \omega C_1) - \omega B_1(A_0 - \omega^2 A_2 + C_0)}{\omega^6 + A_0^2 - 2\omega^4 A_1 + \omega^2 A_1^2 - 2\omega^2 A_0 A_2 + \omega^4 A_2^2 - C_0^2 - \omega^2 C_1^2} \\ \cos(\omega\tau) = \dfrac{-\left[(A_2 B_2 - B_1)\omega^4 + (A_1 B_1 - A_0 B_2 - A_2 B_0 + B_2 C_0 - B_1 C_1)\omega^2 - B_0 C_0 + A_0 B_0\right]}{\omega^6 + (A_2^2 - 2A_1)\omega^4 + (A_1^2 - 2A_0 A_2 - C_1^2)\omega^2 + A_0^2 - C_0^2} \end{cases}$$

$$(3.28)$$

则有：

$$\omega^{12} + D_{10}\omega^{10} + D_8\omega^8 + D_6\omega^6 + D_4\omega^4 + D_2\omega^2 + D_0 = 0 \qquad (3.29)$$

其中，$D_{10} - D_0$ 见附录 A 中的式（A.3）。令 $s = \omega^2$，式（3.29）简化为：

$$s^6 + D_{10}s^5 + D_8 s^4 + D_6 s^3 + D_4 s^2 + D_2 s + D_0 = 0 \qquad (3.30)$$

在数值模拟部分，通过给模型中的参数赋值后可以求得式（3.30）的所有特征根。不失一般性地，假设式（3.30）有 6 个正根，分别为 s_k，$k = 1$，2，…，6。那么式（3.29）同样有 6 个正根，分别为 $\omega_k = \sqrt{s_k}$。对于每一个 ω_k 都存在一系列的 $\{\tau_k^{(j)} \mid k = 1, 2, \cdots, 6; j = 0, 1, \cdots\}$ 满足式（3.29），其中 j 表示 τ_k 的周期解。因而得到：

$$\tau_k^{(j)} = \frac{1}{\omega_k}\arccos\left\{\frac{\begin{array}{c}-\left[(A_2 B_2 - B_1)\omega_k^4 + (A_1 B_1 - A_0 B_2 - A_2 B_0\right.\\ \left. + B_2 C_0 - B_1 C_1)\omega_k^2 - B_0 C_0 + A_0 B_0\right]\end{array}}{\omega_k^6 + (A_2^2 - 2A_1)\omega_k^4 + (A_1^2 - 2A_0 A_2 - C_1^2)\omega_k^2 + A_0^2 - C_0^2}\right\} + \frac{2j\pi}{\omega_k},$$

$$(k = 1, 2, \cdots, 6; j = 0, 1, \cdots) \qquad (3.31)$$

令 $\tau_0 = \min\{\tau_k^{(j)} \mid k = 1, 2, \cdots, 6; j = 0, 1, \cdots\} = \min\{\tau_k^{(0)} \mid k = 1, 2, \cdots, 6\} = \tau_{k_0}$，$\omega_0 = \omega_{k_0}$，即得：

$$\tau_0 = \frac{1}{\omega_0}\arccos\frac{-\left[(A_2 B_2 - B_1)\omega_0^4 + (A_1 B_1 - A_0 B_2 - A_2 B_0 + B_2 C_0 - B_1 C_1)\omega_0^2 - B_0 C_0 + A_0 B_0\right]}{\omega_0^6 + (A_2^2 - 2A_1)\omega_0^4 + (A_1^2 - 2A_0 A_2 - C_1^2)\omega_0^2 + A_0^2 - C_0^2}$$

$$(3.32)$$

即当 $\tau = \tau_0$ 时，式（3.24）有一对纯虚根 $\pm i\omega_0$。

至此，命题 3.5 **证毕**。

命题 3.6 当 $\tau = \tau_0 > 0$ 且满足一定条件时，系统（3.21）满足 Hopf 分岔的横截性条件。

证明：对式（3.24）求 λ 关于 τ 的偏导数得：

$$\left[\frac{\mathrm{d}\lambda}{\mathrm{d}\tau}\right]^{-1} = -\frac{(3\lambda^2 + 2A_2\lambda + A_1)e^{\lambda\tau} + C_1 e^{-\lambda\tau} + 2B_2\lambda + B_1}{(\lambda^4 + A_2\lambda^3 + A_1\lambda^2 + A_0\lambda)e^{\lambda\tau} - (C_1\lambda^2 + C_0\lambda)e^{-\lambda\tau}} - \frac{\tau}{\lambda}$$

(3.33)

当 $\lambda = i\omega_0$ 时，式（3.33）取实部为：

$$\mathrm{Re}\left[\frac{\mathrm{d}\lambda}{\mathrm{d}\tau}\right]^{-1}_{\lambda = i\omega_0} = \mathrm{Re}\left[\frac{G_R + iG_I}{D_R + iD_I}\right] = \frac{G_R D_R + G_I D_I}{D_R^2 + D_I^2}$$

(3.34)

其中，G_R，G_I，D_R，D_I 见附录 A 中的式（A.4）。如果 $G_R D_R + G_I D_I \neq 0$，则系统（3.21）满足 Hopf 分岔的横截性条件。

至此，命题 3.6 **证毕**。

基于命题 3.4 ~ 命题 3.6 得到如下结论（库兹涅佐夫，1998；哈萨德等，1981）：

定理 3.1 如果命题 3.4 ~ 命题 3.6 都成立，那么当 $\tau \in [0, \tau_0)$ 时，系统（3.21）在均衡点 $E_8(p_1^*, p_2^*, \theta^*)$ 处是局部渐近稳定的；当 $\tau = \tau_0$ 时系统（3.21）产生 Hopf 分岔；当 $\tau > \tau_0$ 时系统（3.21）不稳定。

3.3.3 动态博弈特性分析

为了刻画系统的演化轨迹和描述系统的复杂特征，在满足命题约束条件的基础上参数取值为：$w_1 = 0.5$，$w_2 = 0.5$，$k_1 = 0.5$，$k_2 = 0.5$，$k_3 = 0.5$，其余参数取值保持不变。经计算，系统（3.21）的均衡点为 $E_8(p_1^*, p_2^*, \theta^*) = E_8(2.5521, 2.5188, 0.3934)$，这与表 3.1 中产能分享情形下的最优策略相同。

3.3.3.1 不采用延迟策略

当 $\tau = 0$ 时，经计算得 $A_2 + B_2 = 2.8904 > 0$，$A_1 + B_1 + C_1 = 2.1369 > 0$，$A_0 +$

$B_0 + C_0 = 0.0794 > 0$，$(A_2 + B_2)(A_1 + B_1 + C_1) = 6.1765 > A_0 + B_0 + C_0$。根据命题 3.4 可知，系统（3.21）是局部渐近稳定的。此种情形下，产品价格 p_1 和 p_2，以及匹配度 θ 随时间的演化行为如图 3.9 和图 3.10 所示，两企业的利润演化行为如图 3.11 所示。

图 3.9 表明，系统由初始状态 $(p_1, p_2, \theta) = (0.8, 0.6, 0.2)$ 经短暂调整后稳定在了均衡状态，在此过程中系统没有出现异常波动，所以当 $\tau = 0$ 时系统是稳定的，这与命题 3.4 的结论一致。这说明，企业仅参照当前期价格进行决策，且满足命题 3.4 中的条件时系统是稳定的。

图 3.10 描述了在稳定的系统中，两企业从 3 种不同的博弈初始态，经过策略调整而趋于均衡态的过程。无论初始态价格 p_1 和 p_2 以及产能分享匹配度 θ 如何变化，经过长期反复博弈后都会收敛于均衡态。显然，不同的初始状态会导致企业双方策略调整的轨迹不同，但演化趋势的最终结果相同。这说明，如果市场是稳定的，即使产品价格出现了暂时的波动，经过博弈双方

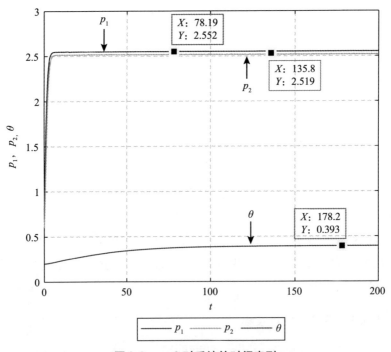

图 3.9 $\tau = 0$ 时系统的时间序列

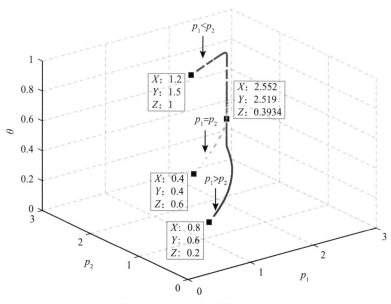

图 3.10　$\tau=0$ 时系统的吸引子

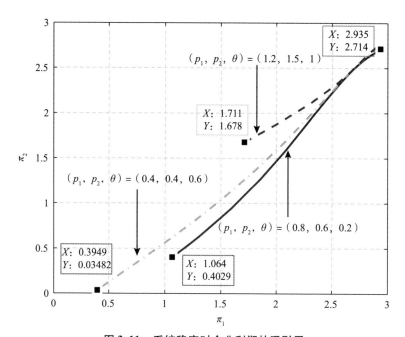

图 3.11　系统稳定时企业利润的吸引子

的不断调整最终会达到彼此都满意的策略，此时博弈双方都实现了各自利润最大化，都不愿主动做出策略调整来打破这种均衡。

图 3.11 描述了企业 1 的利润 π_1 和企业 2 的利润 π_2 从 3 种初始利润经长期博弈后趋于均衡利润的过程。两企业经过多次博弈最终达成双方都能接受的最优利润值。总之，当企业不采用延迟决策时，在系统稳定的状态下企业双方从不同的初始状态经博弈后都能达到博弈策略的均衡态，且其无限逼近于完全理性决策下的最优策略值。

3.3.3.2 采用延迟策略

当 $\tau > 0$ 时，经计算得 $\omega_0 = 0.529$，$\tau_0 = 5.2$，$G_R D_R + G_I D_I = -0.0240 \neq 0$。根据定理 3.1 可知，当 $\tau = 5.2$ 时系统（3.21）产生 Hopf 分岔；当 $\tau \in [0, 5.2)$ 时系统（3.21）是局部渐近稳定的；当 $\tau > 5.2$ 时系统（3.21）是不稳定的。

（1）系统关于时滞参数 τ 的分岔图和最大李雅普诺夫指数图如图 3.12 所示。

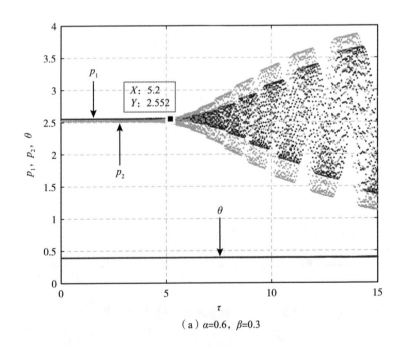

（a）$\alpha = 0.6$，$\beta = 0.3$

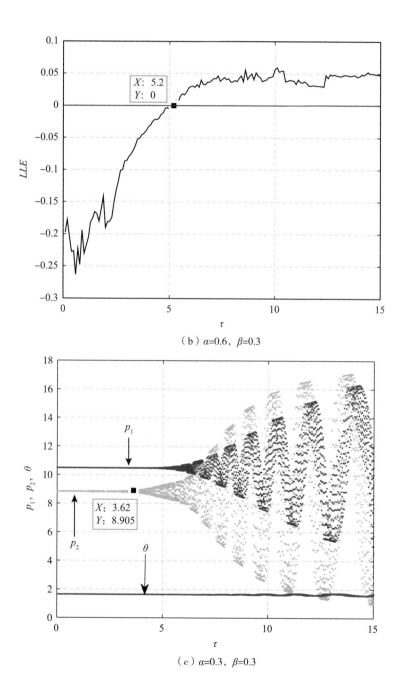

（b）α=0.6，β=0.3

（c）α=0.3，β=0.3

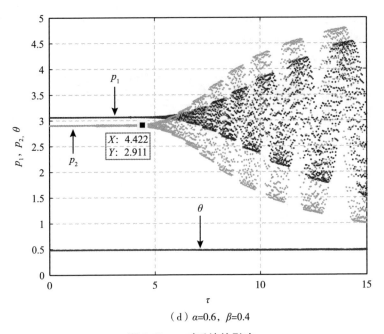

（d）$\alpha=0.6$，$\beta=0.4$

图 3.12　τ 对系统的影响

注：（a）（c）（d）为分岔图，（b）为最大李雅普诺夫指数图。

图 3.12（a）描述了系统随 τ 的增加由稳定状态经分岔转变为不稳定状态的过程。当 τ 超越分岔临界值 $\tau_0 = 5.2$ 时价格出现波动，并且 τ 越大系统震荡越明显，系统的稳定性就越差。所以企业参照的历史价格不宜太早，参照距离当前时刻越近的历史价格系统的稳定性越好。若 $\tau = 0$ 则转化为仅参照当前时刻的价格进行决策，这类似于完全信息下的决策预期规则，此时系统的稳定性最好，博弈双方比较容易达到策略均衡。另外，产能分享匹配度不受时滞参数变化的影响。

最大李雅普诺夫指数（Largest Lyapunov Exponent，LLE）是判断系统稳定性的一种有效方法，当指数值等于零时意味着系统此时产生分岔；当指数值小于零时表明系统是稳定的；当指数值大于零时表明系统是不稳定（苏扎和高本，2019）。本书采用 Wolf 重构法计算系统的最大李雅普诺夫指数值，图 3.12（b）直观地给出 $\tau = 5.2$ 是系统的分岔临界值，在该值两侧系统的状态截然相反。

保持其他参数不变，将需求对价格的敏感系数由 0.6 降为 0.3，系统关于 τ 的稳定域在减小，而且系统的混沌程度在增加。如果将需求对竞争产品价格的敏感度由 0.3 提高为 0.4 时，系统关于 τ 的稳定域也有所减小。比较分析图 3.12 （a）（c）（d）发现，提高需求对产品价格的敏感度或者降低需求对竞争产品价格的敏感度，都会增加系统的稳定域和降低系统的混沌程度，而且时滞参数的变化对产能需求方的产品价格影响最显著。还可以看出，在需求对产品价格敏感度较低或者对竞争产品价格敏感度较高时，处于跟随者地位的企业 2 最先产生分岔，而处于主导地位的企业 1 稳定性较强。这说明，在市场竞争中壮大自身实力争取更多话语权，可以增强自身抵御经济风险的能力。

分别令 τ 为 2、10、20、30 时，系统（3.21）对应的吸引子如图 3.13 所示。

图 3.13 表明，时滞参数 τ 越大系统的稳定性越差，系统随着 τ 的增大经历了稳定态、周期态、拟周期态和混沌态，这也意味着系统重返稳定状态所需的调整时间越来越长。总之，参照的历史价格越早，市场混乱的程度越严重。

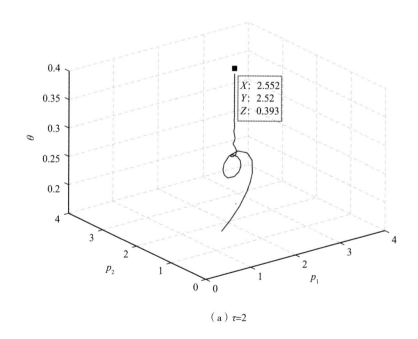

（a）τ=2

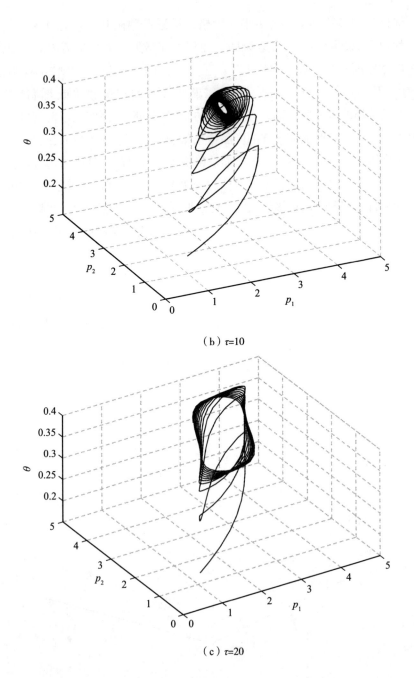

（b）$\tau=10$

（c）$\tau=20$

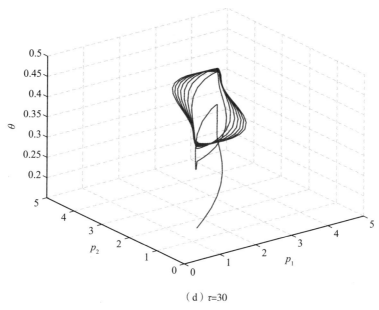

（d）τ=30

图 3.13 随 τ 变化的系统吸引子

（2）时滞参数 τ 和产能分享敏感度 γ 对企业利润的影响如图 3.14 所示。

图 3.14（a）和（b）分别描述了两企业利润在稳定系统中（$\tau = 2 < \tau_0$，下同）和不稳定系统中（$\tau = 6 > \tau_0$，下同）的演化趋势。显然，在稳定系统中两企业利润会收敛于均衡利润，而在不稳定系统中利润则趋于极限环。所以系统的稳定性将会影响企业利润演化的轨迹和结果，确保市场稳定是企业决策和盈利的基础。从图 3.14 中不难看出，当系统保持稳定时，随着产能分享敏感度的增加两企业利润不断增大，而且演化轨迹呈现直线上升的趋势。这说明，消费者对低碳产品需求和认可度的提升会明显促进企业利润的上涨。

（3）价格调整速度 k_1 对系统稳定性和企业利润的影响。

企业为了追逐高额利润，在博弈过程中会加快调整产品价格，但是过快的价格调整速度会导致系统失稳，从而给企业运营带来不确定性。在稳定的系统中价格调整速度 k_1 和时滞参数 τ 对企业 1 利润 π_1 的影响如图 3.15（a）和（b）所示。他们对两企业利润的影响如图 3.15（c）和（d）所示。

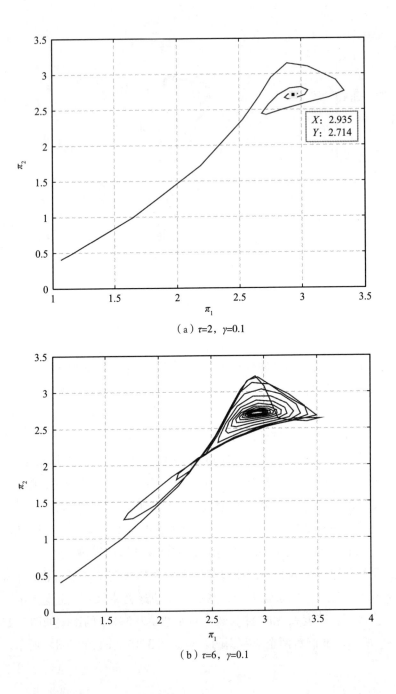

（a）$\tau=2$，$\gamma=0.1$

（b）$\tau=6$，$\gamma=0.1$

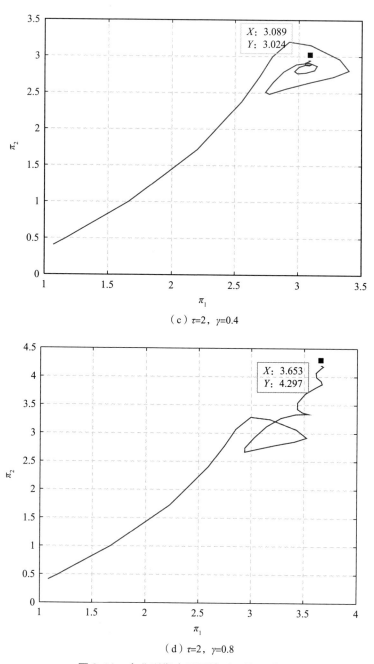

（c）τ=2，γ=0.4

（d）τ=2，γ=0.8

图 3.14 企业利润在不同情形下的吸引子

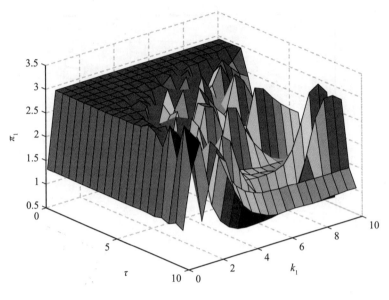

（a）τ和k_1对π_1的影响

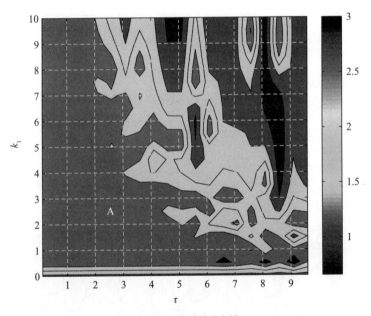

（b）τ和k_1对π_1影响的稳定域

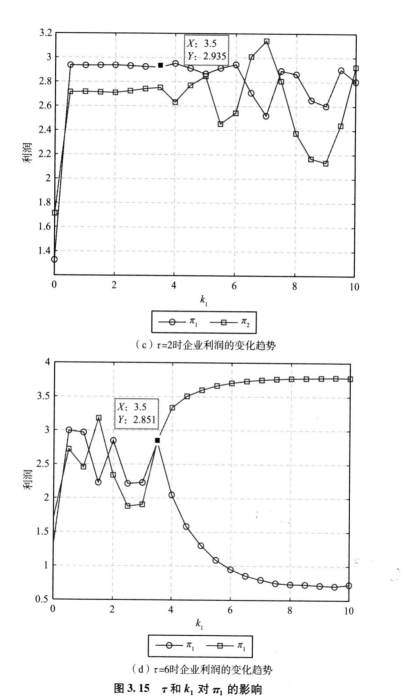

（c）τ=2时企业利润的变化趋势

（d）τ=6时企业利润的变化趋势

图 3.15 τ 和 k_1 对 π_1 的影响

图 3.15 （a）表明，企业 1 的利润随着 k_1 和 τ 的增大从稳定状态转变为不稳定状态，价格调整速度越快利润震荡越剧烈。图 3.15 （b）是企业 1 利润的稳定域，图中 A 区域是 π_1 的稳定范围，当 (τ, k_1) 取值在该范围内时可以确保 π_1 稳定于最优利润 2.935。如果令时滞参数分别为 $\tau = 2$ 和 $\tau = 6$，那么随着 k_1 的增加两企业利润的变化趋势如图 3.15 （c）和（d）所示。在稳定的系统中，当 $k_1 > 3.5$ 时两企业利润会出现波动，并且 k_1 越大利润稳定性越差，这对两企业都不利。在不稳定的系统中，当 $k_1 > 3.5$ 时企业 2 的利润上升而企业 1 的利润下降，所以系统陷入混沌状态并不是对双方企业都有害，而是企业 2 希望企业 1 加快价格调整，以便使系统陷入混沌状态。但是企业 1 应该确保系统稳定，这样企业 1 的利润会高于企业 2 的利润，并能稳定获利。总之，企业 1 调整 k_1 必须以利润稳定为前提，在调整过程中受制于时滞参数 τ 的制约；系统稳定对产能供给方更有利，而系统失稳则对产能需求方有利但对产能供给方有害。

（4）权重 w_1 对两企业利润的影响如图 3.16 所示。

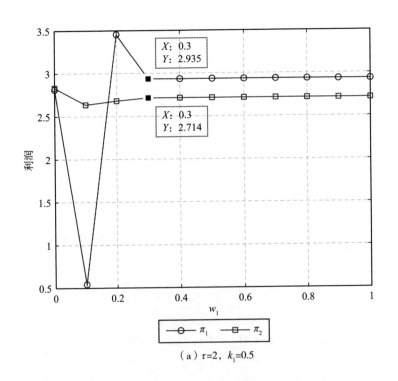

（a）$\tau=2$，$k_1=0.5$

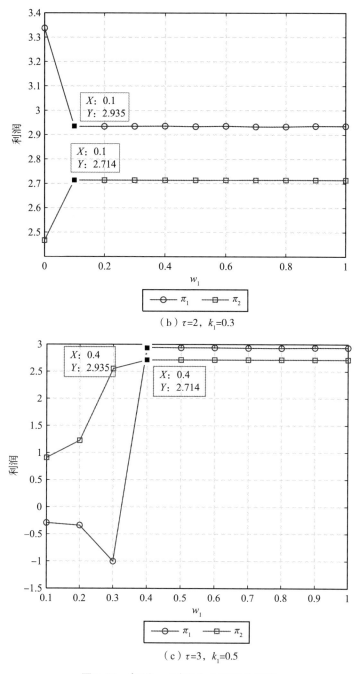

（b）$\tau=2$，$k_1=0.3$

（c）$\tau=3$，$k_1=0.5$

图 3.16　权重 w_1 对两企业利润的影响

对比图 3. 16 和图 3. 15（c）发现，在稳定的系统中，权重 w_1 与价格调整速度 k_1 对利润稳定性的影响顺序截然相反。价格调整速度会引起利润从稳定转变为不稳定，而权重则使利润从不稳定转变为稳定。对比图 3. 16 中的三幅图形还发现，k_1 或者 τ 越小 w_1 的稳定域就越大。企业决策参照当前期的价格权重越大，越有助于系统保持稳定，所以在决策时应该设置合理的当前期价格参照权重。

此外，权重 w_1 对企业利润的影响还受到权重 w_2 的制约。当系统稳定时两者交互作用对企业利润的影响如图 3. 17 所示。

图 3. 17 表明，当 w_2 较小时（$w_2 = 0.2$），两企业利润都无法达到均衡状态；当 w_2 较大时（$w_2 = 0.6$），两企业利润在 $w_1 \geqslant 0.3$ 时都能稳定于均衡状态。这说明，在稳定的系统中权重 w_2 影响了权重 w_1 的稳定域大小；w_1 和 w_2 都适当增大有利于企业稳定获利。

（5）以企业 1 为例，单位产品的碳排放量 e_1、碳税单价 p_e 和碳限额 E_1 对企业 1 利润的影响如图 3. 18 所示。

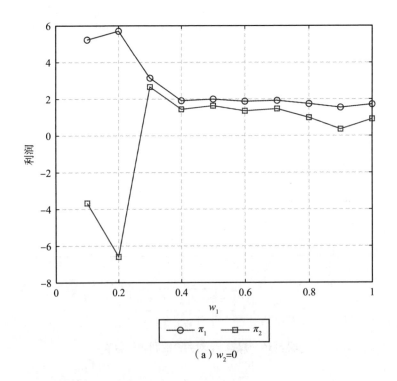

（a）$w_2 = 0$

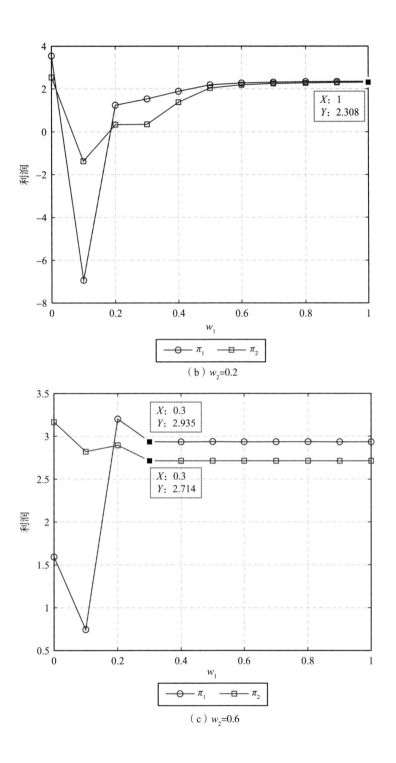

（b）w_2=0.2

（c）w_2=0.6

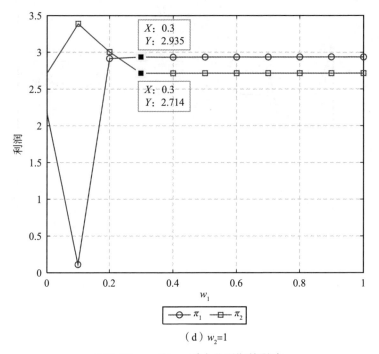

（d）$w_2=1$

图 3.17 w_1 和 w_2 对企业利润的影响

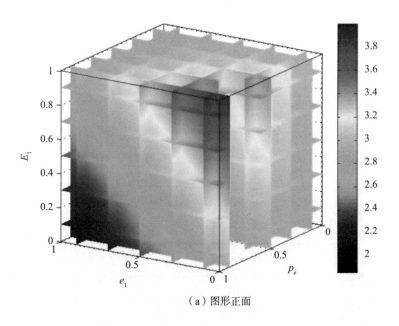

（a）图形正面

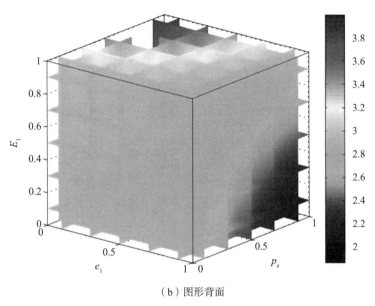

（b）图形背面

图 3.18 e_1、p_e 和 E_1 对企业 1 利润的影响

图 3.18 表明，一方面，当企业 1 的碳限额最大、碳税额最大、单位产品 1 的碳排放量最小时，企业 1 的利润最大。因为在此情形下企业 1 的碳排放量远远小于碳限额，可以通过碳排放权交易获取高额收益，这也是企业 1 运营的理想状态。另一方面，当企业 1 的碳限额最小、碳税额最大、单位产品 1 的碳排放量最大时，企业 1 的利润最小。因为在此情形下企业 1 的碳排放量远远大于碳限额，企业需要交纳巨额的碳税，这是企业应该避免的最坏情形。

3.4   本 章 小 结

在实施碳排放约束的背景下，分析了两企业之间的低碳产能分享问题。在考虑产能分享正向作用的基础上，研究了有无产能分享情形下的斯坦科尔伯格博弈策略，并对两种情形进行了对比分析。研究发现，无论是否存在产能分享，两种产品单位碳排放量的增加、或单位碳排放量税额的增加、或单位产品 2 分享费的增加都会导致产品价格的上涨；但是两种产品的最优价格与碳排放限额无关；两企业的各自利润、整体利润及两种产品的价格，在低碳产能分享下的最优值都高于无产能分享下的情形，即产能分享可以实现两企业的共赢；产能分享情形下，单位产品的碳排放量对两企业利润的影响截然相反；存在最优的产能分享费和最优的产能分享匹配度使得两企业各自利润最大。

通过构建斯坦科尔伯格时滞微分演化博弈模型，研究了企业从博弈初始态到均衡态的演化过程，分析了延迟参数、价格调整速度、决策权重等变量对系统稳定性的影响，探究了系统的稳定性对系统演化趋势的影响。研究表明，系统稳定时企业是否采用延迟策略并不影响最终的均衡解；企业参照的历史价格必须确保在一个合理的范围内，且其越接近当前时刻系统的稳定性越好，超出稳定域会导致系统失去稳定；当系统稳定时，企业从不同的初始状态经博弈后都会收敛于均衡状态，即产品初始价格的差异并不影响双方达成的最优策略，但在系统失稳的状态下，博弈双方难以达成彼此满意的策略；价格调整速度和当前期价格的参照权重对系统稳定性的影响顺序截然相反，但都必须在合理的范围内调整；两企业同时提升当前价格在决策中的权重有助于增强系统的稳定性；给出了碳排放约束政策下的企业最大获利条件。

本章的研究不仅得到了单周期博弈的最优策略，而且明确了达到最优策略的演化轨迹，研究结果为企业的科学决策和稳定获利提供了决策参考，为发展企业间的资源分享提供了一定的借鉴作用。

第 4 章

基于低碳技术分享的两企业价格博弈特性研究

发展低碳经济已经得到人们的广泛关注。2018 年 10 月在长沙举办了亚太低碳技术高峰论坛，提出"共享低碳技术，共保美丽蓝天"的主题，促进低碳技术的研发与合作。2018 年 12 月在北京召开了 2018 中国节能与低碳发展论坛，研讨了加快推广节能低碳技术，促进环保产业发展等议题。这足以看出低碳技术研发和分享的重要性。

学者对此也展开了一定的研究，慕艳芬等（2017）、张瑞云等（2013）、哈托利（Hattori，2017）研究了税收、补贴等奖惩机制对技术创新和技术分享的影响。王文彬等（2013）、菲洛梅纳等（Filomena et al.，2014）研究了技术选择问题。吴成汉和高怡和（2018）、张乔等（2018）研究了原始设备制造商与独立再制造商、合同制造商之间关于技术合作研发、技术分享和技术投资问题。洪宪培等（2017）、巴格奇和慕克吉（Bagchi & Mukherjee，2014）分析了固定费用、版税、特许使用费等技术转让机制。已有文献涉及的技术过于笼统，基本没有指明具体的技术类型，而且没有考虑被分享企业的制造成本随技术分享程度的动态调整过程。基于此，本章研究两企业之间的低碳技术研发和分享策略，以单位产品的碳减排量作为衡量企业低碳技术水平的标准，提出低碳技术需求企业单位产品生产成本的动态调整机制。对有无技术研发和分享下的两企业的价格博弈行为进行研究，探究决策变量对最优策略、系统稳定性和系统演化行为的影响。

4.1 问题描述

对于第 3 章中的两企业（企业 1 和企业 2），本章研究两者之间基于低碳技术分享的产品定价策略。企业 1 通过低碳技术研发，其低碳生产能力强于企业 2，企业 1 和企业 2 通过低碳技术分享实现各自利润最大化，同时有效提升产品的绿色水平。

企业 1 在低碳技术研发之前，单位产品的生产成本为 c_1（原材料成本、加工成本和碳排放量成本之和），单位产品的碳排放量为 e_{10}。在低碳技术研发之后，单位产品的碳排放量为 $e_1(e_1 < e_{10})$；此时单位产品的碳减排量为 $e = e_{10} - e_1$，本章以此来衡量企业的碳减排技术水平。当 e 较大时说明企业 1 的低碳生产技术比较强，否则表明技术较弱。企业 1 为了盈利愿意将自己研发的低碳技术 θe 有偿分享给企业 2，其中 $0 \leqslant \theta \leqslant 1$ 为低碳分享比例。企业 1 将按照企业 2 生产的产品数量收取技术分享费，单位产品 2 的技术分享费为 $\theta e p_c$，其中 p_c 为单位产品 2 的单位技术分享费。企业 1 技术研发后的单位产品的生产成本为 $c_1 - \eta_1 e$，其中 η_1 为单位产品降低单位的碳排量对成本的影响系数；企业 1 的低碳技术研发成本为 $\mu e^2/2$，μ 为研发成本系数（黄艳婷和王宗军，2017）。企业 1 技术研发之后的单位产品的价格为 p_1。

企业 2 在接受技术分享之前，单位产品的生产成本为 c_2（原材料成本、加工成本和碳排放量成本之和）；单位产品的碳排放量为 e_{20}。企业 2 没有实施低碳技术研发，在接受企业 1 提供的技术分享之后，单位产品的碳排放量为 $e_2 = e_{20} - \varphi\theta e$，$\varphi$ 为分享得到的单位低碳技术对单位产品 2 降低碳排放量的影响系数。技术分享之后企业 2 单位产品的生产成本为 $c_2 - \eta_2\varphi\theta e$，其中 η_2 为单位产品 2 降低单位的碳排量对成本的影响系数；企业 2 在接受技术分享之后单位产品的价格为 p_2。

由于消费者对低碳产品认可度的提高，单位产品的碳减排量对自身需求具有正向作用，单位竞争产品的碳减排量对产品需求具有负向作用。此时，两企业的需求函数分别为：

$$q_1 = a - \alpha_1 p_1 + \beta_1 p_2 + \gamma_1 e - \delta_1 \varphi \theta e \qquad (4.1)$$

$$q_2 = a - \alpha_2 p_2 + \beta_2 p_1 + \gamma_2 \varphi \theta e - \delta_2 e \qquad (4.2)$$

其中，$a(a > 0)$ 为产品的最大潜在需求量；α_i 为产品需求对自身价格的敏感系数；β_i 为产品需求对竞争产品价格的敏感系数；γ_i 为单位产品的碳减排量对需求的影响系数；δ_i 为单位竞争产品的碳减排量对需求的影响系数，$i = 1，2$。

为便于分析和计算，考虑实际作出如下假设：

（1）企业 1 仅考虑生产成本和低碳技术研发成本；企业 2 仅考虑生产成本和支付的技术分享成本；两企业的其他成本均不考虑。

（2）在企业 1 没有进行低碳技术研发和企业 2 没有接受技术分享之前，假定两企业初始的单位产品的碳排放量相等，即 $e_{10} = e_{20} = e_0 > 0$。

（3）便于计算，假定 $\alpha_1 = \alpha_2 = \alpha$，$\beta_1 = \beta_2 = \beta$，$\gamma_1 = \gamma_2 = \gamma$，$\delta_1 = \delta_2 = \delta$，$\eta_1 = \eta_2 = \eta$，依据对需求的影响程度，则有 $\alpha > \beta > \gamma > \delta > 0$。

（4）由于两企业生产的是同质产品，为简化运算忽略单位低碳技术对单位产品 1 和单位产品 2 碳排放量降幅的差异，即 $\varphi = 1$。

4.2 单周期两企业斯坦科尔伯格价格博弈特性研究

企业 1 投入资金进行低碳技术研发，并与企业 2 进行技术分享。两企业处于不对等的决策地位，企业 1 处于主导地位优先决策，制定产品 1 的价格、低碳技术水平、技术分析比例；企业 2 是跟随者，在企业 1 决策的基础上制定产品 2 的价格。本节基于两企业都是完全理性的决策者，研究单周期的斯坦科尔伯格博弈的最优策略，并对不同情形下的策略进行对比分析，探究决策变量对最优价格和最优利润的影响。

4.2.1 无技术研发无技术分享

此种状况称为情形 1，在无技术研发和技术分享时，产品的需求量仅与其价格有关。根据式（4.1）和式（4.2）得到两企业的需求函数为：

$$q_1 = a - \alpha p_1 + \beta p_2 \tag{4.3}$$

$$q_2 = a - \alpha p_2 + \beta p_1 \tag{4.4}$$

企业 1 的利润 π_1 和企业 2 的利润 π_2 为：

$$\pi_1(p_1, p_2) = (p_1 - c_1) q_1 \tag{4.5}$$

$$\pi_2(p_1, p_2) = (p_2 - c_2) q_2 \tag{4.6}$$

命题 4.1 在情形 1 中，存在唯一的如下最优价格 $p_{1.n}^*$ 和 $p_{2.n}^*$ 使得企业 1 和企业 2 的各自利润最大：

$$p_{1.n}^* = \frac{2a\alpha + a\beta + 2\alpha^2 c_1 - \beta^2 c_1 + \alpha\beta c_2}{2(2\alpha^2 - \beta^2)} \tag{4.7}$$

$$p_{2.n}^* = \frac{a(4\alpha^2 + 2\alpha\beta - \beta^2) + (2\alpha^2\beta - \beta^3) c_1 + (4\alpha^3 - \alpha\beta^2) c_2}{8\alpha^3 - 4\alpha\beta^2} \tag{4.8}$$

其中，下标 n 表示无技术研发和无技术分享下的策略，上标 * 表示最优策略。

4.2.2 有技术研发无技术分享

此种状况称为情形 2，企业 1 通过技术研发提高了低碳生产能力，单位产品的碳排放量降低了 e 个单位，低碳生产能力的增强提高了产品 1 的市场需求量。企业 2 既没有技术研发也无技术分享，低碳生产能力没有变化，产品 2 的需求量受到企业 1 低碳技术的负面影响。基于此两企业产品的需求函数分别为：

$$q_1 = a - \alpha p_1 + \beta p_2 + \gamma e \tag{4.9}$$

$$q_2 = a - \alpha p_2 + \beta p_1 - \delta e \tag{4.10}$$

两企业利润函数分别为：

$$\pi_1(p_1, e) = (p_1 - c_1 + \eta e) q_1 - \frac{1}{2}\mu e^2 \tag{4.11}$$

$$\pi_2(p_2) = (p_2 - c_2) q_2 \tag{4.12}$$

命题 4.2 在情形 2 中，当 $[2\alpha\gamma + 2\alpha^2\eta - \beta(\delta + \beta\eta)]^2 + 4\alpha(\beta^2 - 2\alpha^2)\mu < 0$ 时，存在唯一的如下最优价格 $p_{1.d}^*$ 和 $p_{2.d}^*$、最优低碳技术水平 e_d^* 使得两企业各自利润最大：

$$p_{1.d}^* = \frac{1}{\Delta_1}(\{(2\alpha\gamma - \beta\delta)[2\alpha\gamma + 2\alpha^2\eta - \beta(\delta + \beta\eta)] + 2\alpha(-2\alpha^2 + \beta^2)\mu\} c_1$$

$$+ \{ \eta [2\alpha\gamma + 2\alpha^2\eta - \beta(\delta+\beta\eta)] - 2\alpha\mu \} [a(2\alpha+\beta) + \alpha\beta c_2]) \quad (4.13)$$

$$e_d^* = -\frac{1}{\Delta_1} \{ [2\alpha\gamma + 2\alpha^2\eta - \beta(\delta+\beta\eta)] [a(2\alpha+\beta) + (-2\alpha^2 + \beta^2) c_1 + \alpha\beta c_2] \}$$

$$(4.14)$$

$$p_{2.d}^* = \frac{1}{\Delta_1} (a \{ 2\alpha^3\eta^2 + 2\alpha^2 [\eta(2\gamma+\delta+\beta\eta) - 2\mu] + \beta [-(\delta+\beta\eta)(\gamma+\delta+\beta\eta) $$

$$+ \beta\mu] + \alpha \{ 2\gamma^2 + 2\gamma(\delta+\beta\eta) - \beta [\eta(\delta+\beta\eta) + 2\mu] \} \} + \{ -(\beta\gamma $$

$$- \alpha\delta) [-2\alpha\gamma - 2\alpha^2\eta + \beta(\delta+\beta\eta)] + \beta(-2\alpha^2 + \beta^2)\mu \} c_1 $$

$$+ \alpha \{ (\gamma+\alpha\eta) [2\alpha\gamma + 2\alpha^2\eta - \beta(\delta+\beta\eta)] + (\beta^2 - 4\alpha^2)\mu \} c_2) \quad (4.15)$$

其中，$\Delta_1 = [2\alpha\gamma + 2\alpha^2\eta - \beta(\delta+\beta\eta)]^2 + 4\alpha(\beta^2 - 2\alpha^2)\mu$，下标 d 表示有技术研发无技术分享情形下的最优策略。

4.2.3　有技术研发有技术分享

此种状况称为情形 3，产品的需求量与自身和竞争产品的价格和低碳技术水平都有关，此时两企业产品的需求函数为：

$$q_1 = a - \alpha p_1 + \beta p_2 + \gamma e - \delta\theta e \quad (4.16)$$

$$q_2 = a - \alpha p_2 + \beta p_1 + \gamma\theta e - \delta e \quad (4.17)$$

两企业的利润函数分别为：

$$\pi_1(p_1, e) = (p_1 - c_1 + \eta e) q_1 + p_c\theta e q_2 - \frac{1}{2}\mu e^2 \quad (4.18)$$

$$\pi_2(p_2) = (p_2 - c_2 + \eta\theta e - p_c\theta e) q_2 \quad (4.19)$$

命题 4.3　在情形 3 中，当 $\Delta_2 < 0$ 时，存在唯一的最优价格 $p_{1.s}^*$ 和 $p_{2.s}^*$、最优低碳技术水平 e_s^* 使得两企业各自利润最大。其中，下标 s 表示有技术研发有技术分享情形下的最优策略。$p_{1.s}^*$、$p_{2.s}^*$ 和 e_s^* 分别见附录 B 中的式（B.1）、式（B.2）和式（B.3）。

4.2.4　数值模拟分析

为了分析命题 4.1～命题 4.3 中最优策略的差异，以及探究决策变量对最优策略的影响，在满足命题中约束条件的基础上参数取值为：$a=5$，$\alpha=0.6$，$\beta=0.4$，$\gamma=0.2$，$\delta=0.1$，$c_1=0.6$，$c_2=0.8$，$\theta=0.5$，$p_c=0.25$，$\mu=0.1$，$\eta=0.1$。

4.2.4.1　三种情形下的最优策略对比分析

经计算，最优价格、最优低碳技术水平和最优利润如表4.1所示。

表4.1　　　　　　　　　最优价格和最优利润的对比分析

情形	类别		p_1	p_2	e	π_1	π_2	$\pi_1+\pi_2$
1	—		7.61429	7.10476	—	22.9601	23.8500	46.8101
2	—		11.3691	5.92268	29.2045	44.8106	15.7451	60.5557
3	$p_c=0.02$	$\theta=0.2$	10.6944	6.62843	25.9145	41.6484	23.3855	65.0339
		$\theta=0.5$	9.93341	7.43304	22.2382	38.0953	33.9534	72.0487
		$\theta=0.8$	9.36829	8.04135	19.5511	35.4735	43.2747	78.7482
	$p_c=0.25$	$\theta=0.2$	12.0274	7.46115	31.8474	49.7254	19.5332	69.2586
		$\theta=0.5$	13.5539	10.535	38.6767	60.8158	28.0243	88.8401
		$\theta=0.8$	16.3573	15.7242	51.8651	80.8998	45.4185	126.318
	$p_c=0.48$	$\theta=0.2$	13.4892	8.61767	37.1158	58.58	14.9812	73.5612
		$\theta=0.5$	17.703	15.1923	49.7329	86.4667	14.6601	101.127
		$\theta=0.8$	23.487	25.3541	64.1506	125.23	15.3154	140.545

对比表4.1中情形1、情形2和情形3（$p_c=0.25$且$\theta=0.5$）中的这3行数据发现，单位产品1的价格逐渐升高。这一方面是由于企业1加大了低碳技术的研发投入，生产成本的增加导致价格的上涨；另一方面两企业通过技术分享共同提高了产品的低碳水平，从而引起价格上涨。产品2的价格在企业1实施低碳技术研发但无技术分享时最低，因为消费者具有低碳偏好，产品1低碳水平的提高势必迫使企业2通过降价以维持市场占有率。

在三种情形中，企业1和企业2的利润都是在情形3中最大，所以企业1会加大技术研发力度努力提升低碳生产能力，此时两企业也会有强烈的技术分享意愿。企业2利润在情形2中最低，换言之，当竞争对手提高低碳生产能力时，企业自身必须通过技术研发或技术分享的方式提高产品的低碳水平，否则收益将大幅下降。对比两企业利润的增长率可以发现，企业 1 利润的增长率为 164.88%，企业 2 利润的增长率为 17.50%。另外，企业 1 的利润最初小于企业 2 的利润，通过技术研发或技术分享后已远远大于企业 2 的利润，并且两企业利润的差距在拉大。总之，企业 1 实施低碳技术研发和技术分享对企业双方都有利，且企业 1 收益更大。在从情形 1 到情形 3 的过程中，两企业的整体利润一直在增长。虽然情形 3 中两企业的各自利润最大，但是这必须以企业 1 具有强劲的低碳生产能力作为保障，这对企业 1 的技术研发能力和经济实力提出了更高的要求。

此外，当单位技术分享费较低时（$p_c = 0.02$），随着企业 1 技术分享比例的增加，企业 1 的利润呈现下降趋势而企业 2 则明显上涨。由此可见，分享费过低对企业 1 非常不利，此种情形下企业 1 必然要实施技术保护政策，拒绝或者减少技术分享。当单位技术分享费适中时（$p_c = 0.25$），技术分享比例的增加会引起两企业利润的同时增加，此种情形下两企业通过技术分享实现了双赢。当单位技术分享费较高时（$p_c = 0.48$），技术分享比例的增加导致企业 1 利润显著增加，而企业 2 则先降低而后增加且增幅较小，此种情形是企业 2 所不愿意接受的。总之，两企业需要进行单位技术分享费和技术转让比例的谈判和协调，以使得各自利润最大。通过以上分析可知，技术分享费适中且具有较高的技术分享比例是两企业所乐意接受的。

4.2.4.2 决策变量对最优策略的影响

（1）情形 2 中企业 1 的低碳技术水平 e 对企业利润的影响如图 4.1 所示。

图 4.1 表明，在情形 2 中企业 1 的利润先增加而后减少，低碳技术研发水平存在最优值使得企业 1 的利润最大。因为企业 1 提高产品的低碳水平满足了消费者的需求，利润自然会上涨。但是技术研发需要大量的资金投入，当成本投入高于由此带来的收益时利润会逐渐下降。由于企业 2 的低碳生产能力没有变化，所以在企业 1 的压迫下利润会一直下降。总之，在情形 2 中企业 1 的低碳研发水平不可盲目提高，同时迫使企业 2 寻求低碳水平提高的方法，否则在竞争中会一直处于劣势。

（2）情形 3 中单位技术分享费 p_c 对企业利润的影响如图 4.2 所示。

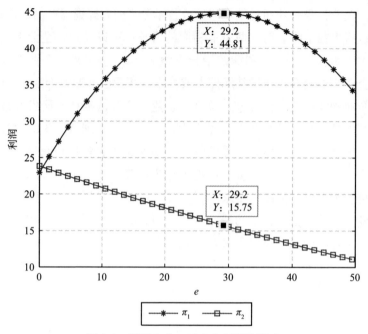

图 4.1　情形 2 中 e 对企业利润的影响

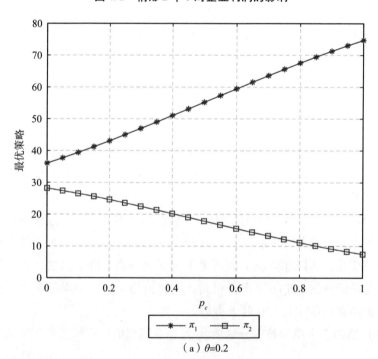

（a）$\theta=0.2$

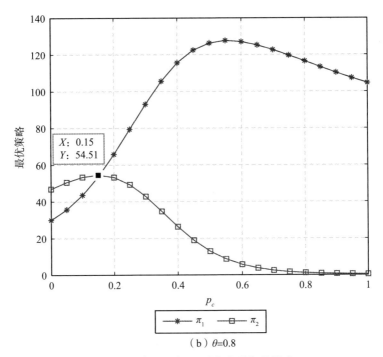

（b）$\theta=0.8$

图 4.2　情形 3 中 p_c 对企业利润的影响

从图 4.2 可以看出，当技术分享比例较小时（$\theta=0.2$），企业 1 的利润是关于技术分享费的增函数，企业 2 的利润是关于技术分享费的减函数，此种情形下企业 2 将无利可图，会拒绝技术分享，这对双方都不利。当技术分享比例较高时（$\theta=0.8$），企业 2 的利润先增加而后降低，即存在最优值 $p_c=0.15$ 使得企业 2 的利润最大，此时企业 1 和企业 2 的利润都为 54.51。这说明，在技术分享过程中，提高分享比例的同时存在最优的分享费使得技术需求企业的利润最大，企业 1 也会同时受益。

（3）情形 3 中低碳技术水平 e 对企业利润的影响如图 4.3 所示。

图 4.3 表明，存在最佳的低碳技术水平使得企业 1 的利润最优。随着技术分享比例的增大，企业 1 需要研发出更高的低碳技术才能确保利润最大。技术分享比例较低时（$\theta=0.2$），企业 1 的低碳技术水平的提高反而造成企业 2 利润的直线下降。总之，企业 1 研发的低碳技术水平不可过高，其最优

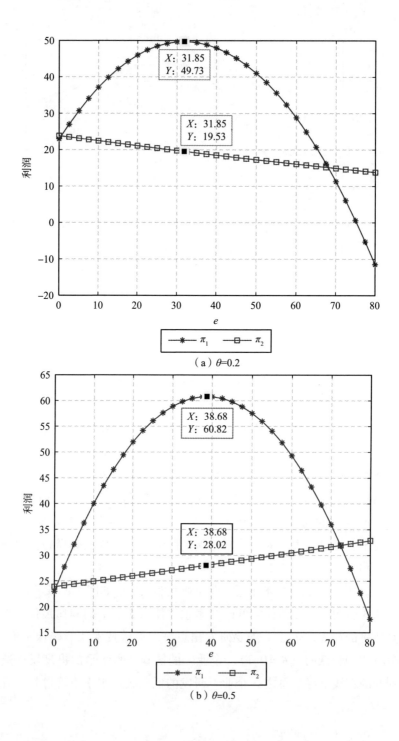

（a）θ=0.2

（b）θ=0.5

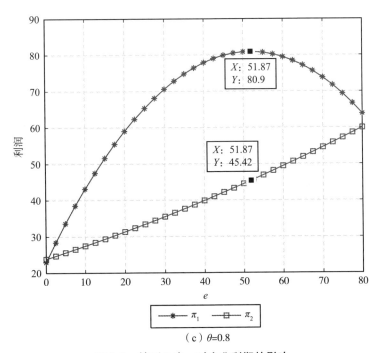

（c）θ=0.8

图 4.3　情形 3 中 e 对企业利润的影响

值受到技术分享比例的影响；技术分享比例必须适当提高，否则即使企业 1 提高了低能技术水平企业 2 也无法获利。对比图 4.2 和图 4.3 可以发现，在较高的技术分享比例下，技术分享费和低碳技术水平都存在最优值使得企业利润最大。

（4）情形 3 中低碳技术敏感系数 γ 对企业利润的影响如图 4.4 所示。

在图 4.4（a）中，当 γ =0.2 时两企业的利润同时达到最大。在图 4.4（b）中，当 γ =0.5 时两企业的利润同时达到最大。对比两图发现，负向作用系数 δ 增大时，正向作用系数 γ 必须增大才能使得两企业利润最大，且系数较大时的企业利润远大于系数较小时的情形。这说明，消费者对企业的低碳技术敏感度越高，两企业通过技术分享获得的利润就越大，且技术供给方是最大受益者。

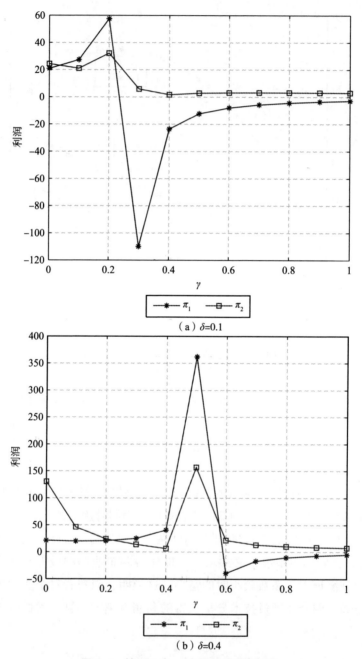

（a）$\delta=0.1$

（b）$\delta=0.4$

图4.4　情形3中γ对企业利润的影响

4.3 多周期两企业斯坦科尔伯格时滞价格博弈特性研究

表 4.1 给出了当 $p_c = 0.25$ 且 $\theta = 0.5$ 时两企业作为完全理性的决策者在情形 3 下的最优价格、最优低碳技术水平和最优利润。现实市场中，由于企业无法掌握全部的市场信息，为此本节在基于企业有限理性决策的基础上，构建情形 3 下的多周期时滞斯坦科尔伯格价格博弈模型，研究博弈系统在均衡点处的局部渐近稳定性及其长期反复的策略调整过程，分析系统的稳定性对博弈演化行为的影响，探究决策变量对系统稳定性和博弈策略的影响。

4.3.1 博弈模型构建

根据前面分析可以得到企业 1 关于价格 p_1 和低碳技术水平 e、企业 2 关于价格 p_2 的边际利润为：

$$
\begin{cases}
\dfrac{\partial \pi_1}{\partial p_1} = \dfrac{1}{2\alpha}\{ a(2\alpha+\beta) + e[2\alpha\gamma - 2\alpha^2\eta - \alpha(2\delta+\beta\eta)\theta + \beta(-\delta+\beta\eta+\gamma\theta)] \\
\qquad + (2\alpha^2-\beta^2)c_1 + \alpha\beta c_2 - 4\alpha^2 p_1 + 2\beta^2 p_1 + 2e\alpha\beta\theta p_c\} \\[2mm]
\dfrac{\partial \pi_2}{\partial p_2} = a - e\delta + e\gamma\theta + \beta p_1 - \alpha p_2 - \alpha(e\eta\theta - c_2 + p_2 - e\theta p_c) \\[2mm]
\dfrac{\partial \pi_1}{\partial e} = \dfrac{1}{2\alpha}\{ a(2\alpha+\beta)\eta - 2e\eta[\beta(\delta-\gamma\theta) + \alpha(-2\gamma+2\delta\theta+\beta\eta\theta)] \\
\qquad - 2e\alpha\mu + [2\alpha\gamma - \alpha(2\delta+\beta\eta)\theta + \beta(-\delta+\beta\eta+\gamma\theta) - 2\alpha^2\eta]p_1 \\
\qquad + \alpha\theta[a + 2e(-\delta+\beta\eta n+\gamma\theta+\alpha\eta\theta) + 2\beta p_1]p_c - 2e\alpha^2\theta^2 p_c^2 \\
\qquad + c_1[\beta(\delta-\gamma\theta) + \alpha(-2\gamma+2\delta\theta+\beta\eta\theta) - \alpha\beta\theta p_c] + \alpha c_2(\beta\eta - \alpha\theta p_c)\}
\end{cases}
$$

$$(4.20)$$

价格和低碳技术水平的动态调整过程为：

$$
\begin{cases}
\dot{p}_1 = k_1 p_1 \left\{ \dfrac{1}{2\alpha} \left[a(2\alpha + \beta) + e\Delta_6 + (2\alpha^2 - \beta^2)c_1 + \alpha\beta c_2 - 4\alpha^2 p_1 + 2\beta^2 p_1 + 2e\alpha\beta\theta p_c \right] \right\} \\
\dot{p}_2 = k_2 p_2 \left[a - e\delta + e\gamma\theta + \beta p_1 - \alpha p_2 - \alpha(e\eta\theta - c_2 + p_2 - e\theta p_c) \right] \\
\dot{e} = k_3 e \left(\dfrac{1}{2\alpha} \left\{ a(2\alpha + \beta)\eta - 2e\eta(\Delta_5 + \alpha\Delta_4) + \alpha\theta \left[a + 2e(\Delta_3 + \alpha\eta\theta) + 2\beta p_1 \right] p_c \right. \right. \\
\qquad \left. \left. - 2e\alpha^2\theta^2 p_c^2 + \alpha c_2(\beta\eta - \alpha\theta p_c) + c_1(\Delta_5 + \alpha\Delta_4 - \alpha\beta\theta p_c) + \Delta_6 p_1 \right\} - 2e\alpha\mu \right)
\end{cases}
$$

$$
(4.21)
$$

其中，k_i 为调整速度，$i = 1$，2，3；$\Delta_3 = -\delta + \beta\eta + \gamma\theta$，$\Delta_4 = -2\gamma + 2\delta\theta + \beta\eta\theta$，$\Delta_5 = \beta(\delta - \gamma\theta)$，$\Delta_6 = 2\alpha\gamma - 2\alpha^2\eta - \alpha(2\delta + \beta\eta)\theta + \beta\Delta_3$。

企业 1 和企业 2 在价格决策时会采取延迟策略，他们综合参照当前期的价格 $p_i(t)$ 和历史价格 $p_i(t - \tau_i)$ 进行决策，τ_i 为时滞参数。企业 i 参照当前期价格在决策中所占的比重为 w_i，参照历史价格所占的比重为 $1 - w_i$，$i = 1$，2。据此描述得到两产品的延迟决策价格为：

$$
\begin{cases}
p_1^d = w_1 p_1(t) + (1 - w_1) p_1(t - \tau_1) \\
p_2^d = w_2 p_2(t) + (1 - w_2) p_2(t - \tau_2)
\end{cases}
\tag{4.22}
$$

其中，上标 d 表示采取了延迟策略的价格。在不影响研究结论的情况下，为了便于分析和计算，假定两企业参照相同历史时刻的价格，即 $\tau_1 = \tau_2 = \tau$。因为当前期的价格不易及时准确获取，所以此处仅考虑企业延迟决策的情形，即 $w_1 = w_2 = 0$。至此，带时滞的斯坦科尔伯格微分博弈模型为：

$$
\begin{cases}
\dot{p}_1 = k_1 p_1 \left\{ \dfrac{1}{2\alpha} \left[(2\beta^2 - 4\alpha^2) p_1(t - \tau) + (\Delta_6 + 2\alpha\beta\theta p_c)e + a(2\alpha + \beta) \right. \right. \\
\qquad \left. \left. + (2\alpha^2 - \beta^2)c_1 + \alpha\beta c_2 \right] \right\} \\
\dot{p}_2 = k_2 p_2 \left[\beta p_1(t - \tau) - 2\alpha p_2(t - \tau) + (\gamma\theta - \delta + \alpha\theta p_c - \alpha\eta\theta)e + a + \alpha c_2 \right] \\
\dot{e} = k_3 e \left(\dfrac{1}{2\alpha} \left\{ (\Delta_6 + 2\alpha\theta\beta p_c) p_1(t - \tau) + \left[2\alpha\theta p_c(\Delta_3 + \alpha\eta\theta) - 2\alpha^2\theta^2 p_c^2 - 2\alpha\mu + a\alpha\theta p_c \right. \right. \right. \\
\qquad \left. \left. \left. - 2\eta(\Delta_5 + \alpha\Delta_4) \right]e + a(2\alpha + \beta)\eta + \alpha c_2(\beta\eta - \alpha\theta p_c) + c_1(\Delta_5 + \alpha\Delta_4 - \alpha\beta\theta p_c) \right\} \right)
\end{cases}
$$

$$
(4.23)
$$

4.3.2 均衡点的局部渐近稳定性

经计算，系统的正均衡点为 $E(p_1^*, p_2^*, e^*)$，此均衡点与命题 4.3 中的最优策略相同。本节研究系统（4.23）在该均衡点处的分岔条件及其局部渐近稳定性。

通过线性化将研究系统（4.23）在均衡点 $E(p_1^*, p_2^*, e^*)$ 处的稳定性转化为研究点（0，0，0）处的稳定性。线性化后的系统为：

$$\begin{cases} \dot{p}_1 = k_1 p_1^* \Delta_{10} p_1(t-\tau) + k_1 p_1^* \Delta_7 e \\ \dot{p}_2 = k_2 p_2^* \beta p_1(t-\tau) - 2k_2 p_2^* \alpha p_2(t-\tau) + k_2 p_2^* \Delta_8 e \\ \dot{e} = k_3 e^* \Delta_7 p_1(t-\tau) + k_3 e^* \Delta_9 e \end{cases} \quad (4.24)$$

其中，$\Delta_7 = \dfrac{1}{2\alpha}(\Delta_6 + 2\alpha\theta\beta p_c)$，$\Delta_8 = \gamma\theta - \delta + \alpha\theta p_c - \alpha\eta\theta$，$\Delta_9 = \dfrac{1}{2\alpha}\big[2\alpha\theta p_c(\Delta_3 +$

$\alpha\eta\theta) - 2\alpha^2\theta^2 p_c^2 - 2\alpha\mu - 2\eta(\Delta_5 + \alpha\Delta_4)\big]$，$\Delta_{10} = \dfrac{1}{\alpha}(\beta^2 - 2\alpha^2)$。

系统（4.24）的特征方程为：

$$\begin{vmatrix} \lambda - k_1 p_1^* \Delta_{10} e^{-\lambda\tau} & 0 & -k_1 p_1^* \Delta_7 \\ -k_2 p_2^* \beta e^{-\lambda\tau} & \lambda + 2k_2 p_2^* \alpha e^{-\lambda\tau} & -k_2 p_2^* \Delta_8 \\ -k_3 e^* \Delta_7 e^{-\lambda\tau} & 0 & \lambda - k_3 e^* \Delta_9 \end{vmatrix} = 0 \quad (4.25)$$

整理得：

$$\lambda^3 + A_2\lambda^2 + (B_2\lambda^2 + B_1\lambda)e^{-\lambda\tau} + (C_1\lambda + C_0)e^{-2\lambda\tau} = 0 \quad (4.26)$$

其中，$A_2 = -k_3\Delta_9 e^*$，$B_2 = 2\alpha k_2 p_2^* - k_1\Delta_{10}p_1^*$，$C_1 = -2\alpha k_1 k_2 \Delta_{10} p_1^* p_2^*$，$B_1 =$
$k_1 k_3 \Delta_9 \Delta_{10} e^* p_1^* - k_1 k_3 \Delta_7^2 e^* p_1^* - 2\alpha k_2 k_3 \Delta_9 e^* p_2^*$，$C_0 = -2\alpha k_1 k_2 k_3 \Delta_7^2 e^* p_1^* p_2^* +$
$2\alpha k_1 k_2 k_3 \Delta_9 \Delta_{10} e^* p_1^* p_2^*$。

命题 4.4 当 $\tau = 0$ 时，在满足条件（1）的情况下，系统（4.23）是局部渐近稳定的。

证明： 此种情形下，系统（4.23）的特征方程可以简化为：

$$\lambda^3 + (A_2 + B_2)\lambda^2 + (B_1 + C_1)\lambda + C_0 = 0 \quad (4.27)$$

根据劳斯判据可知，当满足如下条件（1）时，系统（4.23）是局部渐近稳定的。

条件（1）：$A_2 + B_2 > 0$，$B_1 + C_1 > 0$，$C_0 > 0$ 且 $(A_2 + B_2)(B_1 + C_1) > C_0$。

至此，命题 4.4 **证毕**。

命题 4.5 当 $\tau = \tau_0 > 0$ 时，在满足条件（2）的情况下，特征方程式（4.26）有一对纯虚根 $\pm i\omega_0$。

证明：式（4.26）两边同时乘以 $e^{\lambda\tau}$ 得到：

$$B_2\lambda^2 + B_1\lambda + (\lambda^3 + A_2\lambda^2)e^{\lambda\tau} + (C_1\lambda + C_0)e^{-\lambda\tau} = 0 \qquad (4.28)$$

假设 $\lambda = i\omega$（$\omega > 0$）是式（4.28）的一个根，将其代入整理得到：

$$\begin{cases} (\omega^3 + C_1\omega)\sin(\omega\tau) + (C_0 - A_2\omega^2)\cos(\omega\tau) = B_2\omega^2 \\ (C_1\omega - \omega^3)\cos(\omega\tau) - (C_0 + A_2\omega^2)\sin(\omega\tau) = -B_1\omega \end{cases} \qquad (4.29)$$

则有：

$$\begin{cases} \sin(\omega\tau) = -\dfrac{-\omega^3 A_2 B_1 - \omega^5 B_2 + \omega B_1 C_0 + \omega^3 B_2 C_1}{\omega^6 + \omega^4 A_2^2 - \omega^2 C_1^2 - C_0^2} \\ \cos(\omega\tau) = -\dfrac{-\omega^4 B_1 + \omega^4 A_2 B_2 + \omega^2 B_2 C_0 - \omega^2 B_1 C_1}{\omega^6 + \omega^4 A_2^2 - \omega^2 C_1^2 - C_0^2} \end{cases} \qquad (4.30)$$

进而有：

$$\omega^{12} + D_{10}\omega^{10} + D_8\omega^8 + D_6\omega^6 + D_4\omega^4 + D_2\omega^2 + D_0 = 0 \qquad (4.31)$$

其中，$D_{10} = 2A_2^2 - B_2^2$，$D_8 = A_2^4 - A_2^2 B_2^2 - B_1^2 + 2B_2^2 C_1 - 2C_1^2$，$D_6 = 4B_1 B_2 C_0 - A_2^2 B_1^2 - 2A_2 B_2^2 C_0 - 2C_0^2 - 2B_1^2 C_1 + 4A_2 B_1 B_2 C_1 - 2A_2^2 C_1^2 - B_2^2 C_1^2$，$D_4 = 2A_2 B_1^2 C_0 - B_2^2 C_0^2 - 2A_2^2 C_0^2 - B_1^2 C_1^2 + C_1^4$，$D_2 = 2C_0^2 C_1^2 - B_1^2 C_0^2$，$D_0 = C_0^4$。

令 $s = \omega^2$，则式（4.31）简化为：

$$s^6 + D_{10}s^5 + D_8s^4 + D_6s^3 + D_4s^2 + D_2s + D_0 = 0 \qquad (4.32)$$

如果条件（2）：假设式（4.32）存在 6 个正根 s_k（$k = 1, 2, \cdots, 6$）满足，则式（4.31）必然也存在 6 个正根 $\omega_k = \sqrt{s_k}$。那么对于每一个 ω_k 都存在一系列的 $\{\tau_k^{(j)} | k = 1, 2, \cdots, 6; j = 0, 1, \cdots\}$ 满足式（4.26），其中 j 表示 τ 的周期解。因而得到：

$$\tau_k^{(j)} = \frac{1}{\omega_k}\arccos\left(-\frac{-\omega_k^4 B_1 + \omega_k^4 A_2 B_2 + \omega_k^2 B_2 C_0 - \omega_k^2 B_1 C_1}{\omega_k^6 + \omega_k^4 A_2^2 - \omega_k^2 C_1^2 - C_0^2}\right) + \frac{2j\pi}{\omega_k},$$

$$(k = 1, 2, \cdots, 6; j = 0, 1, \cdots) \qquad (4.33)$$

令 $\tau_0 = \min\{\tau_k^{(j)} | k = 1, \cdots, 6; j = 0, 1, \cdots\} = \min\{\tau_k^{(0)} | k = 1, \cdots, 6\} = \tau_{k_0}$, $\omega_0 = \omega_{k_0}$, 即得:

$$\tau_0 = \frac{1}{\omega_0}\arccos\left(-\frac{-\omega_0^4 B_1 + \omega_0^4 A_2 B_2 + \omega_0^2 B_2 C_0 - \omega_0^2 B_1 C_1}{\omega_0^6 + \omega_0^4 A_2^2 - \omega_0^2 C_1^2 - C_0^2}\right) \tag{4.34}$$

即当 $\tau = \tau_0$ 时，式（4.26）有一对纯虚根 $\pm i\omega_0$。

至此，命题 4.5 证毕。

命题 4.6 当满足条件（3）时，系统（4.23）满足 Hopf 分岔的横截性条件。

证明：求解式（4.26）中 λ 关于 τ 的偏导数得：

$$\left[\frac{\mathrm{d}\lambda}{\mathrm{d}\tau}\right]^{-1} = \frac{2B_2\lambda + B_1 + (3\lambda^2 + 2A_2\lambda)e^{\lambda\tau} + e^{-\lambda\tau}C_1}{-(\lambda^4 + A_2\lambda^3)e^{\lambda\tau} + (C_1\lambda^2 + C_0\lambda)e^{-\lambda\tau}} - \frac{\tau}{\lambda} \tag{4.35}$$

将 $\lambda = i\omega_0$ 代入式（4.35）取实部得：

$$\mathrm{Re}\left[\frac{\mathrm{d}\lambda}{\mathrm{d}\tau}\right]_{\lambda=i\omega_0}^{-1} = Re\left[\frac{Q_R + iQ_I}{P_R + iP_I}\right] = \frac{Q_R P_R + Q_I P_I}{P_R^2 + P_I^2} \tag{4.36}$$

其中，Q_R 和 P_R 分别是分子和分母的实部；Q_I 和 P_I 分别是分子和分母的虚部；$Q_R = B_1 - 3\omega_0^2\cos(\omega_0\tau_0) - 2A_2\omega_0\sin(\omega_0\tau_0) + C_1\cos(\omega_0\tau_0)$，$Q_I = 2B_2\omega_0 - 3\omega_0^2\sin(\omega_0\tau_0) + 2A_2\omega_0\cos(\omega_0\tau_0) - C_1\sin(\omega_0\tau_0)$，$P_R = -\omega_0^4\cos(\omega_0\tau_0) - A_2\omega_0^3\sin(\omega_0\tau_0) - C_1\omega_0^2\cos(\omega_0\tau_0) + C_0\omega_0\sin(\omega_0\tau_0)$，$P_I = -\omega_0^4\sin(\omega_0\tau_0) + A_2\omega_0^3\cos(\omega_0\tau_0) + C_1\omega_0^2\sin(\omega_0\tau_0) + C_0\omega_0\cos(\omega_0\tau_0)$。

如果条件（3）：$Q_R P_R + Q_I P_I \neq 0$ 满足，则系统（4.23）满足 Hopf 分岔的横截性条件。

至此，命题 4.6 证毕。

基于命题 4.4～命题 4.6 可以得到如下结论（库兹涅佐夫，1998；哈萨德等，1981）：

定理 4.1 如果条件（1）～条件（3）满足，则当 $\tau \in [0, \tau_0)$ 时，系统（4.23）在平衡点 $E(p_1^*, p_2^*, e^*)$ 处是局部渐近稳定的；当 $\tau = \tau_0$ 时，系统（4.23）产生 Hopf 分岔；当 $\tau > \tau_0$ 时，系统（4.23）是不稳定的。

4.3.3 动态博弈特性分析

为了描述博弈系统的演化行为以及决策变量对系统稳定性的影响，参数取值为：$k_1 = 0.5$，$k_2 = 0.5$，$k_3 = 0.5$，其余参数取值不变。此时系统的均衡点为 $(p_1, p_2, e) = (13.5539, 10.5350, 38.6767)$。

4.3.3.1 两企业都不采用延迟策略

经计算，$A_2 + B_2 = 14.0506 > 0$，$B_1 + C_1 = 55.0497 > 0$，$C_0 = 39.1326 > 0$ 且 $(A_2 + B_2)(B_1 + C_1) = 773.4814 > C_0$。根据命题 4.4 可知，$\tau = 0$ 时系统（4.23）在均衡点 $E(p_1^*, p_2^*, e^*)$ 处是局部渐近稳定的。系统关于价格和低碳技术水平的时间序列如图 4.5 所示；企业 1 利润 π_1 和企业 2 利润 π_2 的吸引子如图 4.6 所示。

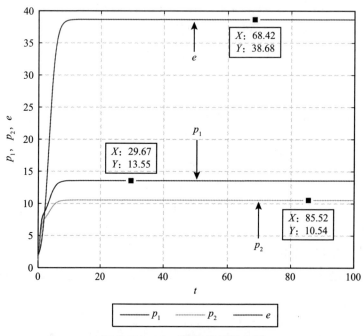

图 4.5　$\tau = 0$ 时系统的时间序列

图 4.5 表明，企业 1 和企业 2 都不采用延迟策略时，价格和低碳技术水平经过短暂调整后都收敛于均衡解，此时系统是稳定的。图 4.6（a）描述了两企业利润在稳定系统中的演化博弈轨迹，他们都最终收敛于表 4.1 中的最优解。这说明命题 4.3 中的最优策略是两企业经过长期的、不间断的策略调

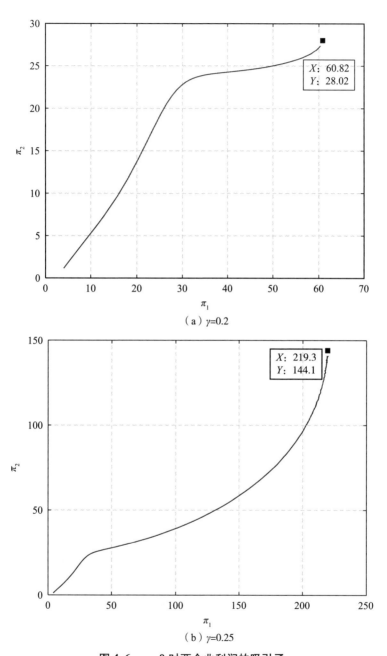

（a）γ=0.2

（b）γ=0.25

图 4.6 τ=0 时两企业利润的吸引子

整才获得的，是一个反复博弈的结果。图4.6（b）描述了低碳技术敏感度增加时企业利润的演化轨迹，从中可以看出随着敏感度的提高企业利润明显增大。图4.6所刻画的企业从初始利润到均衡利润的演化过程是对命题4.3的一种有效补充。

4.3.3.2 两企业都采用延迟策略

$\tau > 0$ 时，经计算式（4.32）存在两个正根，分别为 $s_1 = 39.0174$ 和 $s_2 = 39.9550$。从而得到 $\omega_0 = 6.2464$，$\tau_0 = 0.25$，$Q_R P_R + Q_I P_I = 152.3378 \neq 0$。根据定理4.1可知，$\tau = \tau_0$ 是系统（4.23）的分岔临界值。

（1）系统关于时滞参数 τ 的分岔图和李雅普诺夫指数图如图4.7所示。

图4.7表明，系统随着 τ 的增加从稳定状态转变为不稳定状态，在稳定状态时价格和低碳技术水平都收敛于均衡解。从中还可以发现，在博弈中处于跟随者地位的企业2，他的价格先于企业1的价格和低碳技术水平产生分岔。由此可见，处于领导地位的企业相同条件下稳定性更强。系统的最大李雅普诺夫指数进一步说明了企业2价格分岔的临界值为 $\tau_0 = 0.25$。

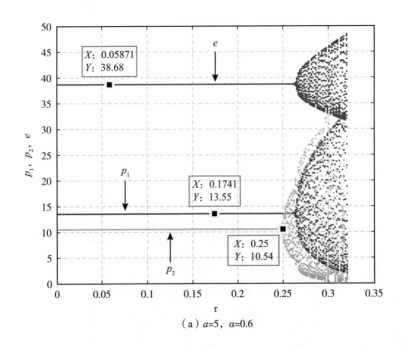

（a）$a=5$，$\alpha=0.6$

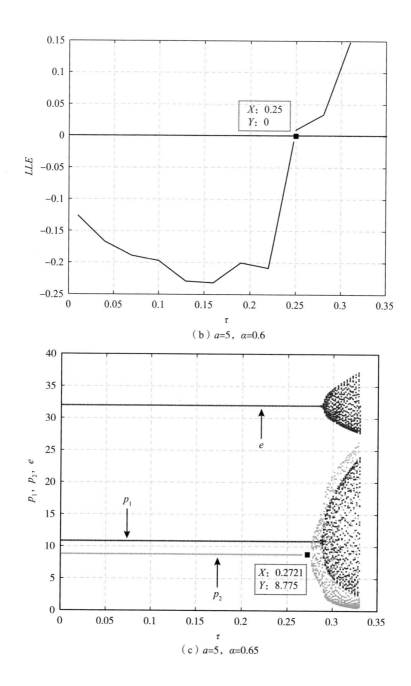

（b）$a=5$，$\alpha=0.6$

（c）$a=5$，$\alpha=0.65$

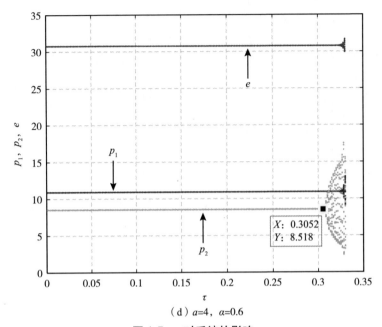

（d）$a=4$，$\alpha=0.6$

图 4.7　τ 对系统的影响

注：（a）（c）（d）为分岔图，（b）为最大李雅普诺夫指数图。

对比图 4.7（a）和（c）可以发现，消费者对产品价格越敏感（α 增加），在其他条件不变时系统关于时滞参数 τ 的稳定域越大。即为消费者越在意产品的价格，在确保系统稳定的前提下企业决策就可以参照更早期的历史价格。对比图 4.7（a）和（d）可以发现，在其他条件不变时产品的市场需求量减少同样会增加时滞参数的稳定域，系统的混沌程度也更弱。但是产品需求量的降低会对企业利润造成不利的影响，如图 4.8 所示。

从图 4.8 可以看出，在稳定的系统中（$\tau = 0.2 < \tau_0$，下同），低碳产品的市场需求量 a 从 0 逐渐增大到 6 时，两企业的利润都会随之增加，且企业 1 的利润增加更快。但是当需求量超出 6 时，两企业利润都出现下降，企业 2 的利润下降更明显。究其原因，因为低碳产品需求量影响了企业 1 低碳技术的研发水平，当需求量增加较多时企业 1 会提高低碳技术研发水平（依据附录 B 中的式（B.3）），在其他条件不变时企业 1 的低碳技术研发成本会大幅上涨，同时企业 2 需要支付给企业 1 的技术分享费也会增加，所以两者利润均会下降。

（2）系统的稳定性对企业演化行为的影响如图 4.9 所示。

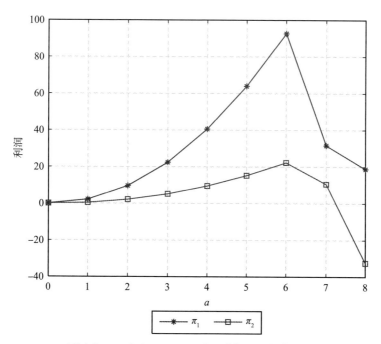

图 4.8 $\tau=0.2$，$\alpha=0.6$ 时 a 对企业利润的影响

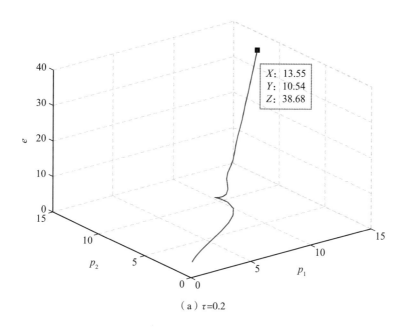

（a）$\tau=0.2$

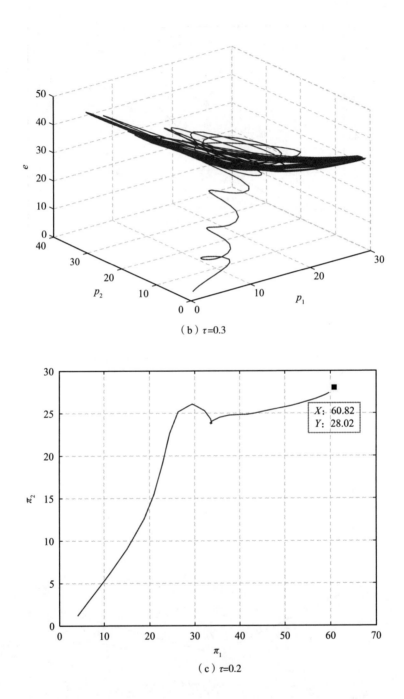

（b）$\tau=0.3$

（c）$\tau=0.2$

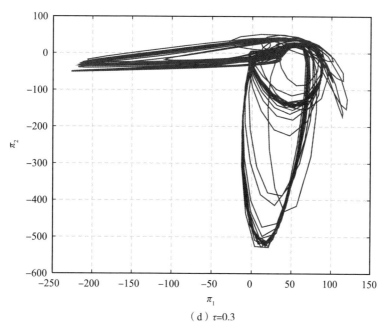

（d）τ=0.3

图 4.9 τ 对博弈策略影响的吸引子

注：（a）和（b）为价格及技术水平，（c）和（d）为利润。

图 4.9 表明，当博弈系统稳定时（如图 4.9（a）和（c）所示），产品价格、低碳技术水平和企业利润最终都会收敛于均衡解，这与表 4.1 中的最优策略值相同。对比图 4.5 与图 4.9（a）以及图 4.6（a）与图 4.9（c）可以发现，只要系统稳定，企业是否采用延迟策略并不影响系统演化的均衡状态，而且两企业利润的演化轨迹基本相同。但是当系统不稳定时（如图 4.9（b）和（d）所示），系统博弈的最终结果会趋于混沌状态，无法达到令博弈双方都满意的策略。这说明，保持系统的稳定是企业正确决策的基础，所参照历史价格的选取至关重要。

当博弈系统稳定时，在图 4.9（a）和（c）的演化过程中，每间隔 15 次迭代的策略值如表 4.2 所示。

表 4.2 表明，企业决策变量是一个不断调整逐渐逼近均衡策略的过程。在稳定的系统中即使出现初始价格 $p_1 < p_2$ 的不合理情况，通过企业双方的博弈策略调整仍然会收敛于均衡解。另外，每个决策变量趋于均衡态的时间存

在差异，企业 1 的低碳技术水平 e 收敛速度最快，企业 1 的产品价格 p_1 和企业 2 的利润 π_2 次之，企业 2 的产品价格 p_2、企业 1 的利润 π_1 和总利润 π 收敛速度最慢。

表 4.2 博弈过程中决策变量的迭代值

序号	迭代次数	p_1	p_2	e	π_1	π_2	$\pi_1 + \pi_2$
1	1	1	1.2000	2	4.0780	1.1700	5.2480
2	16	8.2127	7.7057	5.5412	33.5527	23.7646	57.3173
3	31	11.7061	9.4099	26.4500	56.8540	26.7464	83.6004
4	46	13.5382	10.5243	38.5669	60.8105	28.0151	88.8256
5	61	13.5541	10.5288	38.6765	60.7916	28.0249	88.8165
6	76	13.5539	10.5349	38.6767	60.8154	28.0243	88.8397
7	91	13.5539	10.5367	38.6767	60.8221	28.0244	88.8465
8	106	13.5539	10.5364	38.6767	60.8211	28.0243	88.8454
9	121	13.5539	10.5347	38.6767	60.8147	28.0243	88.8390
10	136	13.5539	10.5346	38.6767	60.8144	28.0243	88.8387
11	151	13.5539	10.5346	38.6767	60.8142	28.0243	88.8385
12	166	13.5540	10.5350	38.6767	60.8157	28.0246	88.8403
13	181	13.5539	10.5343	38.6767	60.8130	28.0243	88.8373
14	196	13.5539	10.5344	38.6767	60.8135	28.0243	88.8378
15	211	13.5539	10.5365	38.6767	60.8215	28.0243	88.8458
16	218	13.5539	10.5354	38.6767	60.8174	28.0243	88.8417

（3）初值敏感性。初值敏感性是混沌的重要特性，在混沌系统中决策变量初值的微小变化都会被系统放大，最终对系统的稳定性造成破坏。将产品 1 的价格初值 p_1 调整为 1.01，与原初值 $p_1 = 1$ 相差 0.01，即 $\Delta p_1 = 0.01$。价格 p_2 和低碳技术水平 e 的初值保持不变。价格差 Δp_1 随时间变化的行为如图 4.10 所示。

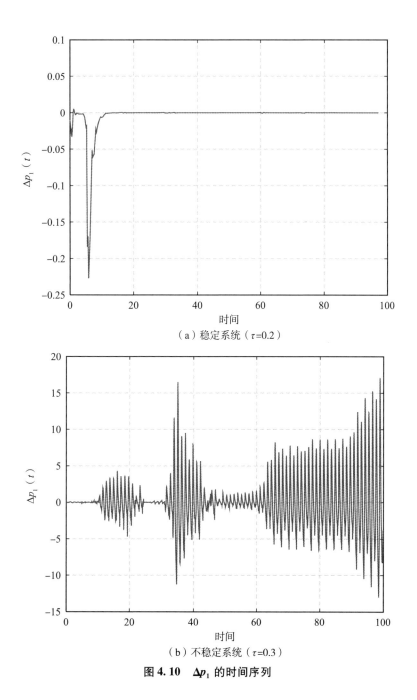

（a）稳定系统（τ=0.2）

（b）不稳定系统（τ=0.3）

图 4.10 Δp_1 的时间序列

对比图 4.10（a）和（b）发现，在稳定的系统中，Δp_1 只在较短的时间内出现了异常波动，很快便趋于平稳状态即 $\Delta p_1 = 0$，这说明不同初值的两条价格演化轨迹很快便重合在了一起。但是在不稳定的系统中，Δp_1 被逐步放大，这说明不同初值的两条价格演化轨迹之间的距离越拉越大，这对系统的稳定性造成了危害，这也是蝴蝶效应的具体体现。总之，在经济平稳运行的市场中，即使初始价格调整出现偏差，也不会改变博弈双方收敛于均衡策略的趋势。而在不稳定的混乱市场中，哪怕微小的初始策略调整都有可能造成无法挽回的损失。

（4）在稳定系统中，技术分享费 p_c 和技术分享比例 θ 对价格 p_1 和 p_2 的影响如图 4.11 所示。

对比图 4.11（a）和（b）发现，技术分享费 p_c 和技术分享比例 θ 的增加都会引起产品价格的上涨，但是价格 p_1 的调整速度较慢且调整幅度比较均匀。究其原因，期初由于企业 2 没有低碳技术研发和低碳技术分享，只能以较低的价格提升竞争力。当技术分享比例 θ 增加时，企业 2 获得了更多的低碳生产技术，产品绿色度的提高必然导致价格的上涨，与此同时企业 1 也会

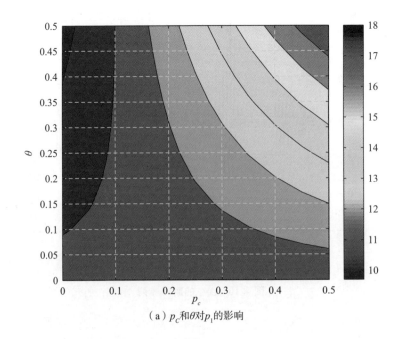

（a）p_c 和 θ 对 p_1 的影响

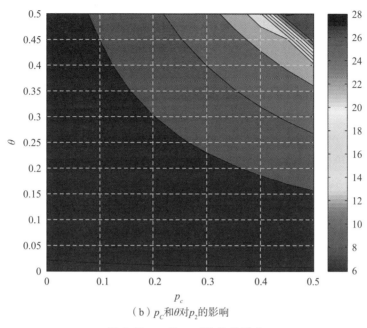

（b）p_c 和 θ 对 p_2 的影响

图 4.11 p_c 和 θ 对价格的影响

随之提价，所以呈现价格都会上涨的趋势。另外，技术分享费 p_c 的不断增加同样会造成两产品价格的上涨，因为企业 2 需要为技术分享支付更多的费用，尤其是技术分享比例 θ 提高时支付的费用更多，此时企业 2 只有提高价格 p_2 作为补偿。所以，当 p_c 较大且分享比例较高时，价格 p_2 要大于价格 p_1。

总之，增加技术分享费和提高技术分享比例虽然对企业 2 有利，但高额的产品销售价格对消费者不利。两产品价格的变化趋势相同，只是价格 p_1 的调整速度较慢且调整幅度较均匀。价格 p_2 的调整速度先慢后快、调整幅度先大后小，尤其在 p_c 和 θ 较大时调整速度最快，但调整幅度最小。

（5）企业 1 的低碳技术水平 e 对产品价格和其利润的影响如图 4.12 所示。

图 4.12 表明，企业 1 研发的低碳技术水平存在最优值使得企业 1 的利润最大，这与图 4.1 的分析结果相同。另外，低碳技术水平的增加会导致价格和利润从稳定状态转变为不稳定状态，利润出现大幅降低，状态变化的临界值为 $e=57$。显然，在其他条件不变的情况下，企业 1 研发低碳技术水平的最佳值为 $e=38.68$。当 $e \in （0，38.68）$ 时，两企业利润都随着 e 的增加而逐渐

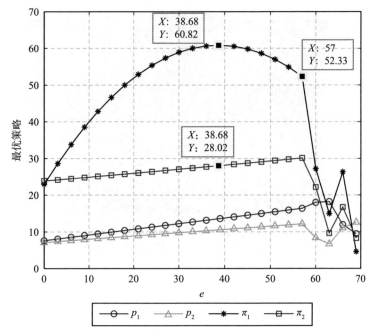

图 4.12 e 对产品价格和企业利润的影响

增加，此时企业 1 具有强烈的意愿加大低碳研发力度，两企业更是对技术分享充满信心；当 $e \in (38.68，57)$ 时，企业 1 如果继续提高 e 则对企业 2 有利，但企业 1 自身利益受损，此时企业 1 将失去低碳技术研发的动力；当 $e >$ 57 时，两企业利润出现断崖式降低，并与价格一起进入无序的状态，此时两企业将失去合作的意愿。

总之，企业 1 对低碳技术水平不可盲目调整，这不但会造成企业利益受损，而且会引起博弈系统失稳，更会对企业的稳定发展和科学决策带来危害。

（6）价格调整速度 k_1 对系统稳定性和复杂性的影响。企业为了追求利润最大化，往往根据市场行情的变化不断对产品的销售价格做出调整。但是过于频繁的价格调整同样会引起稳定市场的震荡，以至于陷入混沌状态。企业 1 的价格调整速度 k_1 对博弈系统稳定性和复杂性的影响如图 4.13 所示。

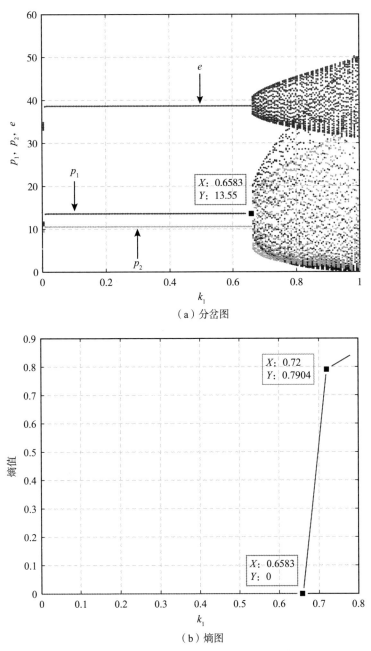

（a）分岔图

（b）熵图

图 4.13　k_1 对系统稳定性和复杂性的影响

图 4.13（a）表明，当 k_1 从 0 增加至 0.015 时，价格和低碳技术水平会从博弈初始态快速调整至均衡态，但是当 $k_1 = 0.6583$ 时系统开始产生 Hopf 分岔，系统进入无序的混沌状态，而且价格调整速度越快系统震荡幅度越大。此外，系统的复杂性也是影响企业决策的一个重要因素，越稳定越简单的系统越有助于企业决策。本章借助熵图来描述系统的复杂程度。当熵值为零时表示系统是稳定的；当熵值大于零时表示系统的复杂程度开始增加，熵值越大意味着系统越复杂（卡诺瓦斯和吉列尔莫，2017）。由图 4.13（b）可知，当 $k_1 = 0.6583$ 时系统开始变得复杂，此后系统复杂性呈现直线上升的趋势；当 $k_1 = 0.72$ 时出现转折，此后系统的复杂程度增幅趋于缓和。

总之，价格调整速度不可过快，否则会引起系统失去稳定且变得更为复杂。在不稳定的系统中，产品 1 的价格和产品 2 的价格彼此杂乱地交错在一起，使得企业难以把握系统内部各决策主体之间的关系以及系统与外部环境之间的交互行为，这些给企业决策带来了困难。

图 4.14（a）描述了企业 1 和企业 2 的价格调整速度对两企业利润的影响。企业 1 利润的稳定域如图 4.14（b）所示，在 A 区域中企业 1 的利润稳

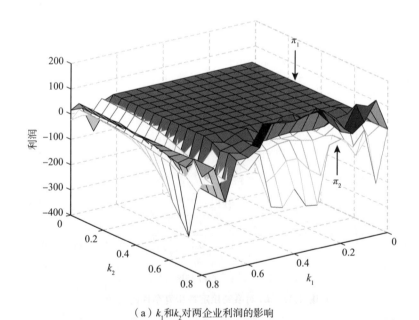

（a）k_1 和 k_2 对两企业利润的影响

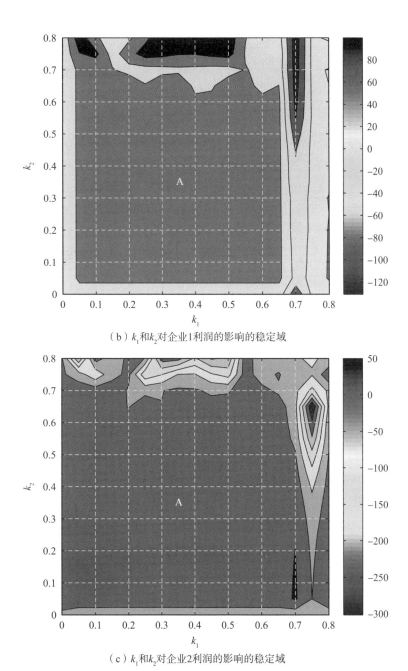

（b）k_1 和 k_2 对企业1利润的影响的稳定域

（c）k_1 和 k_2 对企业2利润的影响的稳定域

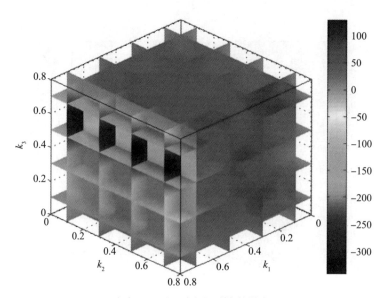

（d）k_1、k_2和k_3对企业1利润的影响

图4.14 k_1、k_2 和 k_3 对企业利润的影响

定在60.82。企业2利润的稳定域如图4.14（c）所示，在A区域中企业2的利润稳定在28.02。企业1利润的稳定域小于企业2利润的稳定域，这说明相同的价格调整速度变化对企业1的利润伤害更大一些，而企业2更容易稳定获利。总之，企业的价格调整速度（k_1，k_2）只有处在稳定域内才能确保企业收益的稳定。图4.14（d）表明，当k_1较大时（$k_1 > 0.6583$），提高低碳技术水平的调整速度k_3同样会导致企业1的利润失去稳定，引起企业1利润的大幅降低。这说明，企业1的低碳技术研发要循序渐进，依据企业实力和市场需求按计划分步骤地实施，切不可为了获利实施冒进的技术研发政策。

4.4 本章小结

本章研究了两企业之间的低碳技术分享问题，以单位产品的碳减排量作为衡量企业低碳技术研发水平的标准，分析了单周期内的 Stackelberg 博弈模型在无技术研发无技术分享、有技术研发无技术分享、有技术研发有技术分享三种情形下的最优策略，并进行了对比分析。重点探究了低碳技术水平、单位技术分享费、低碳技术敏感度等决策变量对最优策略的影响。研究表明，两企业之间较高的技术分享比例和适中的技术分享费对双方企业最有利；存在最优的低碳技术水平和最优的技术分享费使得企业各自利润最大；消费者对低碳技术敏感度越高，企业通过低碳技术分享获得的利润就越大。

通过构建基于延迟决策的微分价格博弈模型探讨了企业博弈的演化行为，给出了系统稳定性的条件，研究了延迟变量、价格调整速度、初值敏感性、低碳技术水平等因素对系统稳定性和博弈演化轨迹的影响。研究表明，价格博弈是一个长期的、动态的、策略反复调整的过程；在稳定系统中，博弈初值的改变不影响系统最终的均衡状态；跟随者企业的稳定域小于主导企业，相同的参数变化影响下跟随者企业先失稳；消费者对产品的价格越敏感或者低碳产品的需求量越少，在确保系统稳定的前提下可参照的历史价格就越早；在稳定的系统中，企业利润的演化轨迹不受延迟策略的影响，博弈过程中每个决策变量趋于均衡状态的时间存在差异，即收敛速度有快慢之分；在混沌系统中，博弈初值的微小变化会被系统放大，将会对企业造成严重的危害；盲目提高低碳技术水平不但企业无法获利，而且易造成系统的不稳定；改变价格调整速度对企业 1 的利润影响较明显。

企业利用本章构建的微分博弈模型，在确保系统稳定的前提下，基于价格和低碳技术水平的初值能够预测下一时刻的价格、低碳技术水平和利润，还可以根据实际情况对决策变量进行调整，以便企业获得更大的收益。

第 5 章

基于产品绿色度的三企业
产量博弈特性研究

发展低碳经济、提高产品的绿色度、减少对环境的污染是企业可持续发展的必经之路。已有文献主要对离散的两企业古诺博弈模型进行了研究，极少涉及连续系统中的延迟决策问题。基于此，本章研究三企业在考虑产品绿色度基础上的、不同机制下的最优博弈策略问题，进而分析双延迟交互作用影响下的产量微分博弈模型，探讨基于产品绿色度的补贴、奖惩、税收等机制对最优策略的影响，以及延迟决策的交互作用、产量调整速度等决策变量对博弈系统稳定性和复杂性的影响，剖析系统复杂的演化博弈行为。

5.1 问 题 描 述

随着经济的快速发展，往往会有第三家具有实力的企业参与两企业间的竞争，从而形成三企业博弈的情形。相对于两企业博弈，三企业博弈由于主体的增多导致企业彼此之间的相互依存关系变得更为复杂，所以研究三企业博弈更有助于探究复杂博弈系统中多因素对系统稳定性和演化行为的影响，更有利于分析多因素的交互行为在企业博弈中所起的作用，这为研究更多企业间的博弈复杂特性奠定了基础。本章假设市场上存在生产同质产品的三家企业，记为企业 i，其产品记为产品 i；产品 i 的需求量为 q_i，其绿色

度为 A_i 且 $A_i \in [0, 1]$，A_i 的值越大意味着产品的绿色度越高，$i = 1$，2，3。相较于普通产品，绿色产品的价格普遍较高，即产品价格是关于产品绿色度的增函数。

在消费者具有低碳偏好的市场环境中，在选择产品时他们往往会考虑产品的绿色度和价格。当 A_i 提高时，虽然产品 i 的价格会上涨，但是具有低碳偏好的消费者的购买意愿却增强。如果 $A_j + A_k$（或 $q_i + q_j + q_k$）增加，则产品 i 的价格会降低，i，j，$k = 1$，2，3。基于古诺（Cournot）模型，假设产品 i 的逆需求函数是线性的（查尔斯等，2018；朱兢等，2016）：

$$p_i = a - b\sum_{i=1}^{3} q_i + d_i A_i - g_i \sum_{j \neq i, j=1}^{3} A_j, \quad (i, j = 1, 2, 3; j \neq i) \quad (5.1)$$

其中，p_i 为产品 i 的价格；$a(a > 0)$ 为产品潜在的最大需求量，并假定 a 足够大以确保价格为正；b，d_i，g_i 分别为价格对产量和产品绿色度的敏感系数。依据对产品价格的影响程度则有 $b > d_i > g_i$，其表示产品 i 的产量对价格的影响程度强于产品自身的绿色度 A_i，再强于竞争产品的绿色度 $A_j + A_k$，i，j，$k = 1$，2，3，$i \neq j \neq k$（方延尔和寿碧英，2015；徐小平等，2017）。

企业 i 为了把产品的绿色度提高至 A_i 需要付出的成本为（朱文革和何元杰，2017）：$C(A_i) = \mu_i A_i^2 / 2$，μ_i 为产品 i 绿色度的成本系数，$i = 1$，2，3。这说明产品的绿色度越高企业付出的成本也越高。这里仅考虑企业一次性投资更换设备或优化生产流程等的成本。假设产品 i 的生产成本为线性函数：$C(q_i) = c_i q_i$，c_i 为单位产品 i 的生产成本。

5.2　单周期三企业纳什产量博弈特性研究

本章考虑三企业作为完全理性的决策者能够掌握全部的市场信息，而且他们具有同等地位的决策权力。此时在市场中三企业进行纳什博弈，即在一个博弈周期内他们同时独立地进行产量决策。本节将分析无干预机制、补贴机制、奖惩机制和税收机制下的企业产量博弈的最优策略，并进行比较分析。四种机制下的最优产量策略中，下标 n 表示无干预机制下的产量策略；下标 s 表示补贴机制下的产量策略；下标 r 表示奖惩机制下的产量策略；下标 t 表示税收机制下的产量策略；上标 ∗ 表示最优策略。

5.2.1 无干预机制

在此情形下，企业的决策行为不受任何干预，企业仅参照产品的绿色度进行决策。产品的绿色度对市场需求具有正向作用，即为产品的绿色度越高需求量越大，同时企业为此付出的绿色度成本也会相应增加。企业 i 的利润函数为：

$$\pi_i = (p_i - c_i)q_i - \frac{1}{2}\mu_i A_i^2, \quad (i = 1, 2, 3) \tag{5.2}$$

命题 5.1　在无干预机制下，三企业在纳什博弈中的最优产量策略为：

$$q_{1.n}^* = \frac{\left[a - 3c_1 + c_2 + c_3 + A_3(-d_3 - 3g_1 + g_2) + A_2(-d_2 - 3g_1 + g_3) + A_1(3d_1 + g_2 + g_3)\right]}{4b}$$

$$\tag{5.3}$$

$$q_{2.n}^* = \frac{\left[a + c_1 - 3c_2 + c_3 + A_3(-d_3 + g_1 - 3g_2) + A_2(3d_2 + g_1 + g_3) + A_1(-d_1 - 3g_2 + g_3)\right]}{4b}$$

$$\tag{5.4}$$

$$q_{3.n}^* = \frac{\left[a + c_1 + c_2 - 3c_3 + A_3(3d_3 + g_1 + g_2) + A_2(-d_2 + g_1 - 3g_3) + A_1(-d_1 + g_2 - 3g_3)\right]}{4b}$$

$$\tag{5.5}$$

5.2.2 补贴机制

企业为了增强与环境的友好相处会采取多种措施实施低碳生产，例如第3章和第4章中提到的低碳产能分享、低碳技术研发和低碳技术分享等，但是在此过程中都需要企业投入大量的资金进行技术和设备等方面的升级改造。为此，相关部门可以依据产品的绿色度给予企业一定的补贴，单位产品的补贴标准为 sA_i，s 为单位产品单位绿色度的补贴力度，$i = 1, 2, 3$。这说明产品的绿色度越高企业获得的补贴额度就越大。通过补贴机制一方面能够解决企业运营中的资金紧缺问题，另一方面能够增强企业低碳经营的动力。此时

企业 i 的利润函数为：

$$\pi_i = (p_i - c_i + sA_i)q_i - \frac{1}{2}\mu_i A_i^2, \ (i = 1, 2, 3) \tag{5.6}$$

命题 5.2 在补贴机制下，三企业在纳什博弈中的最优产量策略为：

$$q_{1.s}^* = \frac{\begin{bmatrix} a - 3c_1 + c_2 + c_3 - A_3(s + d_3 + 3g_1 - g_2) \\ -A_2(s + d_2 + 3g_1 - g_3) + A_1(3s + 3d_1 + g_2 + g_3) \end{bmatrix}}{4b} \tag{5.7}$$

$$q_{2.s}^* = \frac{\begin{bmatrix} a + c_1 - 3c_2 + c_3 - A_3(s + d_3 - g_1 + 3g_2) \\ -A_1(s + d_1 + 3g_2 - g_3) + A_2(3s + 3d_2 + g_1 + g_3) \end{bmatrix}}{4b} \tag{5.8}$$

$$q_{3.s}^* = \frac{\begin{bmatrix} a + c_1 + c_2 - 3c_3 + A_3(3s + 3d_3 + g_1 + g_2) \\ -A_2(s + d_2 - g_1 + 3g_3) - A_1(s + d_1 - g_2 + 3g_3) \end{bmatrix}}{4b} \tag{5.9}$$

5.2.3 奖惩机制

还可以根据产品的绿色度对企业采取奖惩措施。假定绿色度奖惩标准为 A_0，当单位产品 i 的绿色度 A_i 大于 A_0 时，企业会获得奖励，否则会受到相应的惩罚。基于此，对企业 i 的奖惩额度为 $k(A_i - A_0)$，k 为奖惩力度。此时企业 i 的利润函数为：

$$\pi_i = [p_i - c_i + k(A_i - A_0)]q_i - \frac{1}{2}\mu_i A_i^2, \ (i = 1, 2, 3) \tag{5.10}$$

命题 5.3 奖惩机制下，三企业在纳什博弈中的最优产量策略为：

$$q_{1.r}^* = \frac{\begin{bmatrix} a - kA_0 - kA_2 - kA_3 - 3c_1 + c_2 + c_3 - A_2 d_2 - A_3 d_3 - 3A_2 g_1 \\ -3A_3 g_1 + A_3 g_2 + A_2 g_3 + A_1(3k + 3d_1 + g_2 + g_3) \end{bmatrix}}{4b} \tag{5.11}$$

$$q_{2.r}^* = \frac{\begin{bmatrix} a - kA_0 + 3kA_2 - kA_3 + c_1 - 3c_2 + c_3 + 3A_2 d_2 - A_3 d_3 + A_2 g_1 \\ + A_3 g_1 - 3A_3 g_2 - A_1(k + d_1 + 3g_2 - g_3) + A_2 g_3 \end{bmatrix}}{4b} \tag{5.12}$$

$$q_{3.r}^* = \frac{\begin{bmatrix} a - kA_0 - kA_2 + 3kA_3 + c_1 + c_2 - 3c_3 - A_2 d_2 + 3A_3 d_3 + A_2 g_1 \\ + A_3 g_1 + A_3 g_2 - 3A_2 g_3 - A_1(k + d_1 - g_2 + 3g_3) \end{bmatrix}}{4b} \tag{5.13}$$

5.2.4 税收机制

对企业采取补贴和奖惩措施的目的是加快企业的低碳生产和产品绿色度的提升，使其在提高经济效益的同时增强企业的环境效益。基于此，还可以依据单位产品的绿色度对企业征收环境税。企业 i 需要交纳的税额为 $(1-A_i)p_e$，p_e 为单位产品 i 的税收力度。这说明产品 i 的绿色度 A_i 越高交纳的税额就越少，通过征税可以促使企业努力提升产品的绿色度。此时企业 i 的利润函数为：

$$\pi_i = [p_i - c_i - (1-A_i)p_e]q_i - \frac{1}{2}\mu_i A_i^2, \ (i=1,\ 2,\ 3) \tag{5.14}$$

命题 5.4 税收机制下，三企业在纳什博弈中的最优产量策略为：

$$q_{1,t}^* = \frac{\begin{bmatrix} a + c_3 + A_3(-d_3 - 3g_1 + g_2) + p_e - (A_3 - 3c_1 + c_2)p_e \\ + A_1(3d_1 + g_2 + g_3 - 3c_1 p_e) + A_2(-d_2 - 3g_1 + g_3 + c_2 p_e) \end{bmatrix}}{4b} \tag{5.15}$$

$$q_{2,t}^* = \frac{\begin{bmatrix} a + c_3 + A_3(-d_1 + g_1 - 3g_2) + p_e - (A_3 + c_1 - 3c_2)p_e \\ + A_1(-d_1 - 3g_2 + g_3 + c_1 p_e) + A_2(3d_2 + g_1 + g_3 - 3c_2 p_e) \end{bmatrix}}{4b} \tag{5.16}$$

$$q_{3,t}^* = \frac{\begin{bmatrix} a - 3c_3 + A_3(3d_3 + g_1 + g_2) - 3p_e + (3A_3 - c_1 - c_2)p_e \\ + A_1(-d_1 + g_2 - 3g_3 + c_1 p_e) + A_2(-d_2 + g_1 - 3g_3 + c_2 p_e) \end{bmatrix}}{4b} \tag{5.17}$$

5.2.5 比较分析

从决策变量对最优策略的影响，以及不同机制下企业利润的差异等方面进行对比分析。基于命题 5.1 ~ 命题 5.4 得出如下推论：

推论 5.1 在无干预机制、补贴机制和奖惩机制下，企业的最优产量与自身产品的绿色度正相关，而与竞争产品的绿色度负相关；在税收机制下，企业的最优产量与自身产品和竞争产品绿色度的关系充满不确定性。

通过求解最优产量关于产品绿色度的一阶偏导数可以得到推论 5.1。推论 5.1 表明，在前三种机制下企业 i 只有实施低碳技术生产，努力提高自身产品的绿色度 A_i 才能在市场竞争中占据优势。而在税收机制下，产量与产品绿色度的关系受到单位产品税收力度和生产成本等因素的影响，只有满足一定条件时提高产品的绿色度才能促进产量的增加。

推论 5.2 在四种机制下，企业的最优产量 q_i^* 与自身产品绿色度 A_i 的敏感系数 d_i 正相关，且敏感系数提高 1 个单位，产量则提高 $3A_i/4b$ 个单位；企业的最优产量 q_i^* 与竞争产品绿色度 A_j 的敏感系数 d_j 负相关，且敏感系数提高 1 个单位，产量则降低 $A_j/4b$ 个单位，i，$j = 1$，2，3 且 $i \neq j$。

由于 $\dfrac{\partial q_i^*}{\partial d_i} = \dfrac{3A_i}{4b} > 0$，$\dfrac{\partial q_i^*}{\partial d_j} = -\dfrac{A_j}{4b} < 0$，$i$，$j = 1$，2，3 且 $i \neq j$，可以得到推论 5.2。推论 5.2 表明，企业可以通过广告宣传、产品体验、第三方产品绿色度检测等方式提升消费者对自身产品绿色度的信赖程度，从而增加产品的需求量，而且产量的增加幅度受到产品绿色度和价格对产量敏感系数的制约。同时，企业还寄希望于消费者降低对竞争产品的绿色度偏好。

推论 5.3 在四种机制下，企业的最优产量与产品的市场最大需求量 a 正相关，且 a 增加 1 个单位，产量则增加 $1/4b$ 个单位。

由于 $\dfrac{\partial q_i^*}{\partial a} = \dfrac{1}{4b} > 0$，$i = 1$，2，3，可以得到推论 5.3。推论 5.3 表明，企业需要努力开拓市场增强产品的需求量，但是产量的增加幅度受到敏感系数 b 的制约，且与 b 负相关。

推论 5.4 在补贴机制下，当 $3A_i > (A_j + A_k)$ 时，企业的最优产量 $q_{i,s}^*$ 与补贴力度 s 正相关，反之二者负相关，i，j，$k = 1$，2，3 且 $i \neq j \neq k$。

由于 $\dfrac{\partial q_{i,s}^*}{\partial s} = \dfrac{3A_i - (A_j + A_k)}{4b}$，$i$，$j$，$k = 1$，2，3 且 $i \neq j \neq k$，可以得到推论 5.4。推论 5.4 表明，只有当企业自身产品的绿色度足够大时，提高补贴力度才能有效促进企业产量的增加，否则会导致产量的下降。

推论 5.5 在奖惩机制下，企业的最优产量 $q_{i,r}^*$ 与奖惩标准 A_0 负相关，且提高 1 个单位的奖惩标准，产量则会降低 $k/4b$ 个单位，$i = 1$，2，3。

由于 $\dfrac{\partial q_{i,r}^*}{\partial A_0} = -\dfrac{k}{4b} < 0$，$i = 1$，2，3，可以得到推论 5.5。推论 5.5 表明，

可以通过调节奖惩标准对企业的产量进行有效干预，干预程度受到奖惩力度 k 和价格对产量的敏感系数 b 的制约。

推论 5.6 在奖惩机制下，当 $3A_i > (A_0 + A_j + A_k)$ 时，企业的最优产量 $q_{i,r}^*$ 与奖惩力度 k 正相关，反之二者负相关，i，j，$k = 1$，2，3 且 $i \neq j \neq k$。

由于 $\dfrac{\partial q_{i,r}^*}{\partial k} = \dfrac{3A_i - (A_0 + A_j + A_k)}{4b}$，$i$，$j$，$k = 1$，2，3 且 $i \neq j \neq k$，可以得到推论 5.6。推论 5.6 表明，企业的产量与奖惩力度的关系存在不确定性，只有当企业自身产品的绿色度足够大时，提高奖惩力度才能增加企业的产量。

推论 5.7 在税收机制下，企业的最优产量 $q_{i,t}^*$ 与税收力度 p_e 存在不确定性，当 $1 - A_3 + 3(1 - A_1)c_1 - (1 - A_2)c_2 > 0$ 时，企业 1 的产量与 p_e 正相关，反之二者负相关；当 $1 - A_3 + (A_1 - 1)c_1 - 3(A_2 - 1)c_2 > 0$ 时，企业 2 的产量与 p_e 正相关，反之二者负相关；企业 3 的产量与 p_e 负相关。

通过求解每个企业的最优产量关于税收力度的一阶偏导数可以得到推论 5.7。推论 5.7 表明，提高税收力度 p_e 不一定能够增加企业的产量，其受到企业产品的绿色度、单位产品的生产成本、价格对产量的敏感度等多种因素的制约，但是提高税收力度一定会引起企业 3 的产量降低。

推论 5.8 当 $A_j + A_k - 3A_i > 0$ 时，$q_{i,s}^* < q_{i,n}^*$、$q_{i,r}^* < q_{i,n}^*$，且 $k > s$ 时 $q_{i,r}^* < q_{i,s}^*$、$k < s$ 时 $q_{i,r}^* > q_{i,s}^*$；当 $A_j + A_k - 3A_i < 0$ 时，$q_{i,s}^* > q_{i,n}^*$、$q_{i,r}^* > q_{i,n}^*$，且 $k > s$ 时 $q_{i,r}^* > q_{i,s}^*$、$k < s$ 时 $q_{i,r}^* < q_{i,s}^*$，i，j，$k = 1$，2，3 且 $i \neq j \neq k$。

通过求解利润的差值可以得到推论 5.8。推论 5.8 表明，竞争产品的绿色度之和足够大时，企业在补贴机制和奖惩机制下的利润都小于无干预机制下的利润，此时如果奖惩力度大于补贴力度，则奖惩机制下的企业利润都小于补贴机制下的利润；当企业自身的绿色度足够大时，企业在补贴机制和奖惩机制下的利润都大于无干预机制下的利润，此时如果奖惩力度大于补贴力度，则奖惩机制下的企业利润都大于补贴机制下的利润。

由于不同机制下企业利润关于决策变量的偏导数过于复杂，以及企业在税收机制下的利润与其他机制下利润的大小关系难以辨别，所以这些都将在下面的数值模拟分析部分进行讨论。

5.2.6 数值模拟分析

因为企业最优产量和最优利润的解析式比较复杂，为了探讨决策变量对不同机制下企业最优利润的影响，所以在满足相关约束条件的基础上参数取值为：$a = 5$，$b = 0.5$，$w_1 = w_2 = 0.25$，$g_1 = g_2 = g_3 = 0.2$，$d_1 = d_2 = d_3 = 0.4$，$A_1 = A_2 = A_3 = 0.5$，$A_0 = 0.5$，$c_1 = 0.4$，$c_2 = 0.25$，$c_3 = 0.1$，$k_1 = 0.4$，$k_2 = 0.5$，$k_3 = 0.6$，$\mu_1 = \mu_2 = \mu_3 = 3.5$。

5.2.6.1 不同机制下三企业最优策略对比分析

三企业在四种机制下的最优产量和最优利润如表 5.1 所示。

表 5.1 **四种机制下的企业最优策略**

机制	q_1	q_2	q_3	π_1	π_2	π_3	$\pi_1 + \pi_2 + \pi_3$
无干预机制	2.0750	2.3750	2.6750	1.7153	2.3828	3.1403	7.2384
补贴机制	2.1000	2.4000	2.7000	1.7675	2.4425	3.2075	7.4175
奖惩机制	1.8500	2.1500	2.4500	1.2738	1.8738	2.5638	5.7114
税收机制	2.5988	2.5838	2.2588	2.9393	2.9004	2.1135	7.9532

表 5.1 表明，企业 1 和企业 2 在税收机制下的产量和利润最大，在奖惩机制下的产量和利润最小。企业 3 在补贴机制下的产量和利润最大，在税收机制下的产量和利润最小。三企业总利润在税收机制下的最大，在奖惩机制下的最小。由此可见，每种机制对于企业来讲并不都是最优的，所以可以采取多种机制的组合对企业进行有效干预，以便在提高产品绿色度的基础上增加企业的产量和利润。多种机制组合的分析过程与上述类似，限于篇幅本章对此不再讨论。

5.2.6.2 不同机制下决策变量对企业利润的影响

（1）无干预机制下以企业 1 为例，产品 1 的绿色度 A_1 对三企业利润的影响如图 5.1 所示。

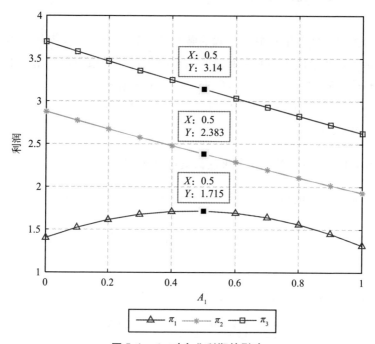

图 5.1 A_1 对企业利润的影响

图 5.1 表明，当 A_1 从 0 增加至 0.5 时，企业 1 的利润 π_1 随之增加，直至达到最大值 1.715，此后 π_1 将逐渐下降。而企业 2 和企业 3 的利润则随着 A_1 的增加逐渐降低。这说明，虽然提高产品的绿色度能够增加企业自身的利润，但是存在最优产品绿色度使得企业利润最大，所以产品绿色度不能无限提高。A_2 和 A_3 对三企业利润的影响与 A_1 类似，此处不再赘述。

（2）无干预机制下，价格对产量的敏感系数 b、产品绿色度敏感系数 d_1 和竞争产品绿色度敏感系数 g_1 对企业利润的影响如图 5.2、图 5.3 和图 5.4 所示。

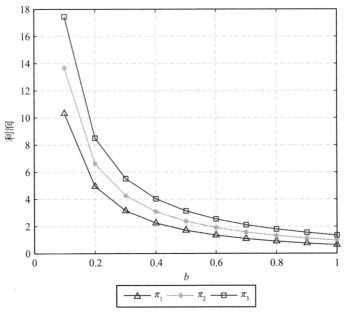

图 5.2 b 对企业利润的影响

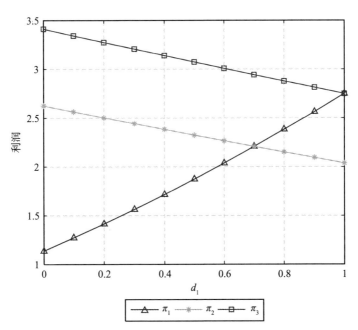

图 5.3 d_1 对企业利润的影响

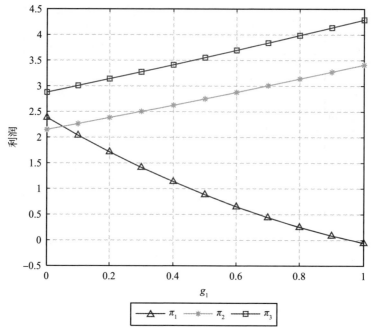

图 5.4　g_1 对企业利润的影响

图 5.2 表明，三企业的利润都是关于产量敏感度的减函数。换言之，如果价格对产量敏感度比较高，则意味着产量对价格的影响作用越显著。保持其他条件不变，价格会随着敏感度 b 的增加而降低，从而导致企业的利润随之减少。

图 5.3 和图 5.4 表明，企业 1 的利润是关于自身产品绿色度敏感系数 d_1 的增函数，是关于竞争产品绿色度敏感系数 g_1 的减函数。这说明，企业 1 要想获得更大的利润必须让消费者信赖自己产品的绿色水平，进而减少对竞争产品绿色水平的认可度。

（3）补贴机制下，以企业 1 为例，补贴力度 s 和产品 1 的绿色度 A_1 对企业利润的影响如图 5.5 所示。

图 5.5 表明，由于企业获得的补贴金额与产品的绿色度和补贴力度正相关，所以当 A_1 和 s 都较大时企业 1 获得的补贴最多；当两者都较小时企业 1 获得的补贴最少。而企业 2 和企业 3 在 A_1 较小和 s 较大时获得的利润最大。

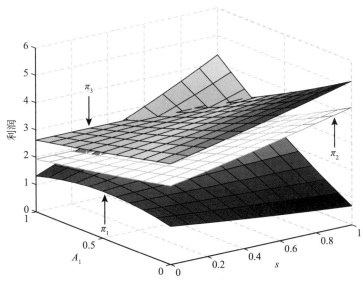

图 5.5　s 和 A_1 对企业利润的影响

因此企业在提高自身产品绿色度的前提下，争取较大的补贴力度是获利的最佳选择。

（4）奖惩机制下，奖惩力度 k 和奖惩标准 A_0 对企业利润的影响如图 5.6 所示。

图 5.6 表明，在 A_0 最小且 k 最大时三企业利润最大，在 A_0 和 k 都最大时三企业利润最小。因此，企业在提高自身产品绿色度的基础上，寄希望于设定较低的奖惩标准和较高的奖惩力度。如果设定较高的奖惩标准和奖惩力度，企业为了规避惩罚势必努力提升产品的绿色度，从而促进企业低碳的发展。

（5）税收机制下，经计算 $1 - A_3 + 3(1 - A_1)c_1 - (1 - A_2)c_2 = 0.975 > 0$，$1 - A_3 + (A_1 - 1)c_1 - 3(A_2 - 1)c_2 = 0.675 > 0$。根据推论 5.7 可知，此时企业 1 和企业 2 的产量都与税收力度 p_e 正相关，企业 3 的产量则与其负相关。税收力度 p_e 对企业产量和企业利润的影响如图 5.7 所示。

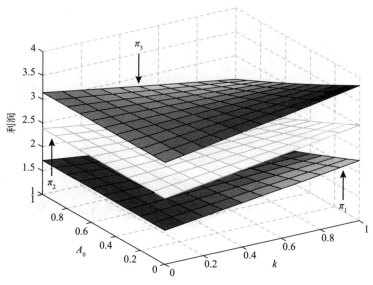

图 5.6 k 和 A_0 对企业利润的影响

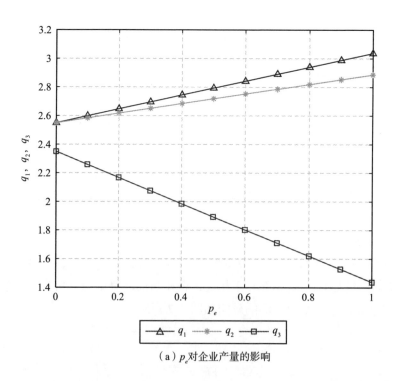

（a）p_e 对企业产量的影响

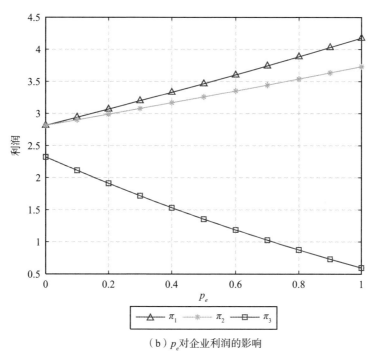

（b）p_e 对企业利润的影响

图 5.7　p_e 对企业产量和利润的影响

图 5.7（a）表明，提高税收力度能够促进企业 1 和企业 2 产量的增加，但是会导致企业 3 产量的降低，这与推论 5.7 的结论一致。三企业的利润变化趋势与产量基本相同，如图 5.7（b）所示。这说明，在一定范围内加强税收力度不是对所有企业都有害，可以迫使企业作出生产策略调整从而提升企业利润。

通过以上分析可知，补贴机制、奖惩机制和税收机制都是基于无干预机制的拓展。在确保不影响研究结论的基础上，为了降低运算的复杂程度，本章仅基于无干预机制构建多周期的时滞微分产量博弈模型，并对其进行演化博弈分析，探究决策变量对系统稳定性和复杂性的影响。其他三种机制下博弈模型的复杂性分析过程与之类似，本章不再赘述。

5.3　多周期三企业纳什时滞产量博弈特性研究

5.3.1　博弈模型构建

由于受到信息获取技术和决策能力等方面的限制，企业很难完全掌握决策所需的市场信息，这导致产量决策不是完全理性的。因此，本节考虑三企业都作为有限理性的决策者，他们根据各自的边际利润进行决策。如果边际利润大于零则企业会提高产量，否则会降低产量。基于无干预机制的情形构建动态纳什博弈模型，分析企业长期反复的策略调整过程和博弈演化轨迹。

企业 i 的边际利润为：

$$\frac{\partial \pi_i}{\partial q_i} = a - 2bq_i - b\sum_{j \neq i, j=1}^{3} q_j + d_i A_i - g_i \sum_{j \neq i, j=1}^{3} A_j - c_i，（i = 1，2，3）$$

(5.18)

产量的动态调整过程为：

$$\dot{q}_i = \alpha_i(q_i)\frac{\partial \pi_i}{\partial q_i} = \alpha_i(q_i)\left(a - 2bq_i - b\sum_{j \neq i, j=1}^{3} q_j + d_i A_i - g_i \sum_{j \neq i, j=1}^{3} A_j - c_i\right)$$

(5.19)

其中，$\alpha_i(q_i)$ 表示企业 i 根据边际利润进行产量调整的程度。假设调整过程是如下的线性形式：

$$\alpha_i(q_i) = k_i q_i，（i = 1，2，3）\tag{5.20}$$

其中，k_i 表示产量的调整速度。将式（5.18）和式（5.20）代入式（5.19）得到产量动态博弈模型为：

$$\begin{cases} \dot{q}_1 = k_1 q_1 \left[a - 2bq_1 - b(q_2 + q_3) + d_1 A_1 - g_1(A_2 + A_3) - c_1 \right] \\ \dot{q}_2 = k_2 q_2 \left[a - 2bq_2 - b(q_1 + q_3) + d_2 A_2 - g_2(A_1 + A_3) - c_2 \right] \\ \dot{q}_3 = k_3 q_3 \left[a - 2bq_3 - b(q_1 + q_2) + d_3 A_3 - g_3(A_1 + A_2) - c_3 \right] \end{cases} \tag{5.21}$$

假设企业 1 和企业 2 都采用延迟策略，时滞参数分别为 τ_1 和 τ_2，企业 3 不采用延迟策略。企业 1 和企业 2 的延迟决策产量可以描述为：

$$\begin{cases} q_1^d = w_1 q_1(t) + (1-w_1) q_1(t-\tau_1) \\ q_2^d = w_2 q_2(t) + (1-w_2) q_2(t-\tau_2) \end{cases} \tag{5.22}$$

其中，$0 \leqslant w_i \leqslant 1$ 表示当前期产量在决策中所占的权重，$1-w_i$ 表示 τ_i 之前时刻产量在决策中所占的权重，上标 d 表示延迟，$i=1$，2。

将式（5.22）代入式（5.21）得到博弈模型为：

$$\begin{cases} \dot{q}_1 = k_1 q_1 [a - 2bw_1 q_1(t) - 2b(1-w_1) q_1(t-\tau_1) - bw_2 q_2(t) \\ \qquad - b(1-w_2) q_2(t-\tau_2) - bq_3 + d_1 A_1 - g_1(A_2+A_3) - c_1] \\ \dot{q}_2 = k_2 q_2 [a - 2bw_2 q_2(t) - 2b(1-w_2) q_2(t-\tau_2) - bw_1 q_1(t) \\ \qquad - b(1-w_1) q_1(t-\tau_1) - bq_3 + d_2 A_2 - g_2(A_1+A_3) - c_2] \\ \dot{q}_3 = k_3 q_3 [a - 2bq_3 - bw_1 q_1(t) - b(1-w_1) q_1(t-\tau_1) - bw_2 q_2(t) \\ \qquad - b(1-w_2) q_2(t-\tau_2) + d_3 A_3 - g_3(A_1+A_2) - c_3] \end{cases} \tag{5.23}$$

5.3.2 均衡点的局部渐近稳定性

考虑到分析的一般性，假定系统(5.23)的正均衡点为 $E(q_1^*，q_2^*，q_3^*)$，在数值模拟部分给定系统参数后可以计算出正的均衡点。系统（5.23）在均衡点处可线性化为：

$$\begin{cases} \dot{q}_1 = a_{11} q_1 + a_{12} q_1(t-\tau_1) + a_{13} q_2 + a_{14} q_2(t-\tau_2) + a_{15} q_3 \\ \dot{q}_2 = a_{21} q_1 + a_{22} q_1(t-\tau_1) + a_{23} q_2 + a_{24} q_2(t-\tau_2) + a_{25} q_3 \\ \dot{q}_3 = a_{31} q_1 + a_{32} q_1(t-\tau_1) + a_{33} q_2 + a_{34} q_2(t-\tau_2) + a_{35} q_3 \end{cases} \tag{5.24}$$

其中，$a_{11} - a_{15}$，$a_{21} - a_{25}$，$a_{31} - a_{35}$ 见附录 C 中的式（C.1）。

系统（5.24）的特征方程为：

$$\begin{vmatrix} \lambda - A_{11} & A_{12} & A_{13} \\ A_{21} & \lambda - A_{22} & A_{23} \\ A_{31} & A_{32} & \lambda - A_{33} \end{vmatrix} = 0 \tag{5.25}$$

其中，$A_{11} = a_{11} + a_{12} e^{-\lambda \tau_1}$，$A_{12} = -(a_{13} + a_{14} e^{-\lambda \tau_2})$，$A_{13} = -a_{15}$，$A_{21} = -(a_{21} + a_{22} e^{-\lambda \tau_1})$，$A_{22} = a_{23} + a_{24} e^{-\lambda \tau_2}$，$A_{23} = -a_{25}$，$A_{31} = -(a_{31} + a_{32} e^{-\lambda \tau_1})$，$A_{32} = -(a_{33} + a_{34} e^{-\lambda \tau_2})$，$A_{33} = a_{35}$。

整理得：

$$\lambda^3 + M_{42}\lambda^2 + M_{41}\lambda + M_{40} + (M_{32}\lambda^2 + M_{31}\lambda + M_{30})e^{-\lambda\tau_1}$$
$$+ (M_{22}\lambda^2 + M_{21}\lambda + M_{20})e^{-\lambda\tau_2} + (M_{11}\lambda + M_{10})e^{-\lambda(\tau_1+\tau_2)} = 0 \quad (5.26)$$

其中，$M_{42} - M_{40}$，$M_{32} - M_{30}$，$M_{22} - M_{20}$，$M_{11} - M_{10}$ 见附录 C 中的式（C.2）。

5.3.2.1　两企业都不采用延迟策略

此时 $\tau_1 = 0$，$\tau_2 = 0$，特征方程（5.26）可简化为：

$$\lambda^3 + (M_{42} + M_{32} + M_{22})\lambda^2 + (M_{41} + M_{31} + M_{21} + M_{11})\lambda$$
$$+ M_{30} + M_{40} + M_{20} + M_{10} = 0 \quad (5.27)$$

根据赫尔维茨判据，当同时满足如下条件（1）时系统在均衡点处是局部渐近稳定的。条件（1）如下：

①$M_{42} + M_{32} + M_{22} > 0$；

②$M_{41} + M_{31} + M_{21} + M_{11} > 0$；

③$M_{40} + M_{30} + M_{20} + M_{10} > 0$；

④$(M_{42} + M_{32} + M_{22})(M_{41} + M_{31} + M_{21} + M_{11}) - (M_{40} + M_{30} + M_{20} + M_{10}) > 0$。

5.3.2.2　仅企业 1 采用延迟策略

当 $\tau_1 > 0$，$\tau_2 = 0$ 时，特征方程（5.26）可简化为：

$$\lambda^3 + N_{22}\lambda^2 + N_{21}\lambda + N_{20} + (N_{12}\lambda^2 + N_{11}\lambda + N_{10})e^{-\lambda\tau_1} = 0 \quad (5.28)$$

其中，$N_{22} = M_{42} + M_{22}$，$N_{21} = M_{41} + M_{21}$，$N_{20} = M_{40} + M_{20}$，$N_{12} = M_{32}$，$N_{11} = M_{31} + M_{11}$，$N_{10} = M_{30} + M_{10}$。

假定 $\lambda = i\omega_1$（$\omega_1 > 0$）是式（5.28）的一个根，将其代入整理得到：

$$\begin{cases} (N_{12}\omega_1^2 - N_{10})\sin(\omega_1\tau_1) + N_{11}\omega_1\cos(\omega_1\tau_1) = \omega_1^3 - N_{21}\omega_1 \\ N_{11}\omega_1\sin(\omega_1\tau_1) - (N_{12}\omega_1^2 - N_{10})\cos(\omega_1\tau_1) = N_{22}\omega_1^2 - N_{20} \end{cases} \quad (5.29)$$

从而得：

$$\cos(\omega_1\tau_1) = \frac{-N_{12}N_{22}\omega_1^4 + N_{11}\omega_1^3 + (N_{10}N_{22} + N_{12}N_{20})\omega_1^2 - N_{11}N_{21}\omega_1 - N_{10}N_{20}}{N_{11}^2\omega_1 + (N_{12}\omega_1^2 - N_{10})^2}$$

$$(5.30)$$

由式（5.29）得：

$$\omega_1^6 + h_4\omega_1^4 + h_2\omega_1^2 + h_0 = 0 \tag{5.31}$$

其中，$h_4 = N_{22}^2 - 2N_{21} - N_{12}^2$，$h_2 = N_{21}^2 - 2N_{20}N_{22} + 2N_{12}N_{10} - N_{11}^2$，$h_0 = -N_{10}^2$。

令 $r_1 = \omega_1^2$，式（5.31）可以转换为：

$$r_1^3 + h_4 r_1^2 + h_2 r_1 + h_0 = 0 \tag{5.32}$$

式（5.32）如果满足如下条件（2）则存在正根（阮士贵，2001）：

①如果 $h_0 < 0$，式（5.32）至少有一个正根；

②如果 $h_0 \geq 0$，式（5.32）当且仅当 $r_{11} = (-h_4 + \sqrt{\Delta})/3 > 0$，$r_{11}^3 + h_4 r_{11}^2 + h_2 r_{11} + h_0 < 0$，$\Delta = h_4^2 - 3h_2$ 时有正根。

不失一般性，假设式（5.32）有 3 个正根，分别标记为 r_{11}，r_{12} 和 r_{13}。所以式（5.31）也有 3 个正根，分别为：

$$\omega_{11} = \sqrt{r_{11}}, \quad \omega_{12} = \sqrt{r_{12}}, \quad \omega_{13} = \sqrt{r_{13}} \tag{5.33}$$

对于每一个 ω_{1k}（$k = 1, 2, 3$）都存在一系列的 $\{\tau_{1k}^{(j)} \mid k = 1, 2, 3; j = 0, 1, \cdots\}$。根据式（5.30），则有：

$$\tau_{1k}^{(j)} = \frac{1}{\omega_{1k}}\arccos\frac{-N_{12}N_{22}\omega_{1k}^4 + N_{11}\omega_{1k}^3 + (N_{10}N_{22} + N_{12}N_{20})\omega_{1k}^2 - N_{11}N_{21}\omega_{1k} - N_{10}N_{20}}{N_{11}^2\omega_{1k} + (N_{12}\omega_{1k}^2 - N_{10})^2} + \frac{2j\pi}{\omega_{1k}} \tag{5.34}$$

此时，当 $\tau_1 = \tau_{1k}^{(j)}$ 时，$\pm i\omega_{1k}$ 是式（5.28）的一对纯虚根，$k = 1, 2, 3$；$j = 0, 1, \cdots$。

容易得到（李秀玲和魏俊杰，2005）：$\lim\limits_{j\to\infty}\tau_{1k}^{(j)} = \infty$，$k = 1, 2, 3$。所以 $\tau_{10} = \tau_{1k_0}^{(j_0)} = \min\limits_{1 \leq k \leq 3, j \geq 0}\{\tau_{1k}^{(j)}\}$，$\omega_{10} = \omega_{1k_0}$。

显然，

$$\tau_{10} = \frac{1}{\omega_{10}}\arccos\frac{-N_{12}N_{22}\omega_{10}^4 + N_{11}\omega_{10}^3 + (N_{10}N_{22} + N_{12}N_{20})\omega_{10}^2 - N_{11}N_{21}\omega_{10} - N_{10}N_{20}}{N_{11}^2\omega_{10} + (N_{12}\omega_{10}^2 - N_{10})^2} \tag{5.35}$$

至此，得到如下引理：

引理 5.1 如果条件（2）中①或②满足，则当 $\tau_1 = \tau_{10}$ 时，式（5.28）有一对纯虚根 $\pm i\omega_{10}$。

对式（5.28）两边求 λ 关于 τ_1 的偏导数为：

$$\frac{d\lambda(\tau_1)}{d\tau_1} = \frac{\lambda(N_{12}\lambda^2 + N_{11}\lambda + N_{10})e^{-\lambda\tau_1}}{3\lambda^2 + 2N_{22}\lambda + N_{21} + (2N_{12}\lambda + N_{11})e^{-\lambda\tau_1} - \tau_1(N_{12}\lambda^2 + N_{11}\lambda + N_{10})e^{-\lambda\tau_1}}$$

$$(5.36)$$

则有：

$$\left[\frac{d\lambda(\tau_1)}{d\tau_1}\right]^{-1} = \frac{(3\lambda^2 + 2N_{22}\lambda + N_{21})e^{\lambda\tau_1} + 2N_{12}\lambda + N_{11}}{\lambda(N_{12}\lambda^2 + N_{11}\lambda + N_{10})} - \frac{\tau_1}{\lambda} \quad (5.37)$$

从而有：

$$\mathrm{Re}\left[\frac{d\lambda(\tau_{10})}{d\tau_1}\right]^{-1}_{\lambda = i\omega_{10}} = \frac{R_{11}R_{12} + I_{11}I_{12}}{R_{11}^2 + I_{11}^2} \quad (5.38)$$

其中，$R_{11} = -N_{11}\omega_{10}^2$，$R_{12} = -3\omega_{10}^2\cos(\omega_{10}\tau_{10}) - 2N_{22}\omega_{10}\sin(\omega_{10}\tau_{10}) + N_{21}\cos(\omega_{10}\tau_{10}) + N_{11}$，$I_{11} = N_{10}\omega_{10} - N_{12}\omega_{10}^3$，$I_{12} = -3\omega_{10}^2\sin(\omega_{10}\tau_{10}) + 2N_{22}\omega_{10}\cos(\omega_{10}\tau_{10}) + N_{21}\sin(\omega_{10}\tau_{10}) + 2N_{12}\omega_{10}$。

显然，如果满足条件（3）：$R_{11}R_{12} + I_{11}I_{12} \neq 0$，则 $\mathrm{Re}\left[\frac{d\lambda(\tau_{10})}{d\tau_1}\right]^{-1}_{\lambda = i\omega_{10}} \neq 0$。此时可以得到如下引理（陈媛媛等，2007）：

引理 5.2 如果满足条件（3），则 $\mathrm{sign}\left.\frac{d(\mathrm{Re}\lambda(\tau_{1k}^{(j)}))}{d\tau_1}\right|_{\lambda = i\omega_{1k}} = \mathrm{signRe}\left[\frac{d\lambda(\tau_{10})}{d\tau_1}\right]^{-1}_{\lambda = i\omega_{10}} \neq 0$（$k = 1, 2, 3$；$j = 0, 1, \cdots$），所以系统（5.23）满足 Hopf 分岔的横截性条件。

基于引理 5.1～引理 5.2，可以得到以下结论（库兹涅佐夫，1998；哈萨德等，1981）：

定理 5.1 当 $\tau_1 \in [0, \tau_{10})$ 时，系统（5.23）在均衡点 $E(q_1^*, q_2^*, q_3^*)$ 处是局部渐近稳定的，当 $\tau_1 > \tau_{10}$ 时，系统（5.23）是不稳定的，系统（5.23）在 $\tau_1 = \tau_{10}$ 时产生 Hopf 分岔。

另外，仅企业 2 采用延迟策略（$\tau_1 = 0$，$\tau_2 > 0$）的情形，其稳定性条件的推导和数值仿真过程与仅企业 1 采用延迟策略的情形类似，本章对此不再赘述。

5.3.2.3 两企业都采用延迟策略

当 $\tau_1 > 0$，$\tau_2 > 0$ 时，系统的特征方程式（5.26）中，假设 τ_1 在定理 5.1

给出的稳定域内，即均衡点在 τ_1 的稳定区域内是渐近稳定的（戈里等，2015）。下面固定 τ_1 讨论 τ_2 对系统稳定性的影响。

命题 5.5 如果满足 $n_0 < 0$，则当 $\tau_2 = \tau_{20}$ 时特征方程（5.26）有一对纯虚根 $\pm i\omega_{20}$。其中，

$$\tau_{20} = \frac{1}{\omega_{20}} \arccos \frac{H_0''}{H_1''^2 + H_2''^2}$$

证明： 令 $\lambda = i\omega_2$（$\omega_2 > 0$）是特征方程（5.26）的一个根，则有：

$$\begin{cases} Q_1 \sin(\omega_2 \tau_2) + Q_2 \cos(\omega_2 \tau_2) = Q_3 \\ Q_4 \sin(\omega_2 \tau_2) + Q_5 \cos(\omega_2 \tau_2) = Q_6 \end{cases} \quad (5.39)$$

其中，$Q_1 - Q_6$ 见附录 C 中的式（C.3）。

从而有：

$$\cos(\omega_2 \tau_2) = \frac{H_0}{H_1^2 + H_2^2} \quad (5.40)$$

其中，$H_0 - H_2$ 见附录 C 中的式（C.4）。

由式（5.39）得到：

$$\omega_2^6 + n_5 \omega_2^5 + n_4 \omega_2^4 + n_3 \omega_2^3 + n_2 \omega_2^2 + n_1 \omega_2 + n_0 = 0 \quad (5.41)$$

其中，$n_5 - n_0$ 见附录 C 中的式（C.5）。

令：

$$h(\omega_2) = \omega_2^6 + n_5 \omega_2^5 + n_4 \omega_2^4 + n_3 \omega_2^3 + n_2 \omega_2^2 + n_1 \omega_2 + n_0$$

因为 $\lim\limits_{\omega_2 \to \infty} h(\omega_2) = \infty$，$h(0) = n_0$，所以如果 $n_0 < 0$，则式（5.41）至少有一个正根（张子振等，2017）。不失一般性，假定式（5.41）有 6 个正根，记为 ω_{2k}，$k = 1, 2, \cdots, 6$。由式（5.40）可以得到如下的 $\tau_{2k}^{(j)}$ 使得式（5.23）有纯虚根。

$$\tau_{2k}^{(j)} = \frac{1}{\omega_{2k}} \arccos \frac{H_0'}{H_1'^2 + H_2'^2} + \frac{2j\pi}{\omega_{2k}}, \quad (k = 1, 2, \cdots, 6; \ j = 0, 1, \cdots)$$

$$(5.42)$$

其中，$H_0' - H_2'$ 见附录 C 中的式（C.6）。

至此，当 $\tau_2 = \tau_{2k}^{(j)}$ 时，特征方程（5.26）有一对纯虚根 $\pm i\omega_{2k}$。

显然，$\lim\limits_{j \to \infty} \tau_{2k}^{(j)} = \infty$，$k = 1, 2, \cdots, 6$。令 $\tau_{20} = \tau_{2k_0}^{(j_0)} = \min\limits_{1 \le k \le 6, j \ge 0} \{\tau_{2k}^{(j)}\}$，$\omega_{20} =$

ω_{2k_0}。则有：

$$\tau_{20} = \frac{1}{\omega_{20}} \arccos \frac{H_0''}{H_1''^2 + H_2''^2} \qquad (5.43)$$

其中，$H_0'' - H_2''$见附录 C 中的式（C.7）。

所以，当 $\tau_2 = \tau_{20}$ 时特征方程（5.26）有一对纯虚根。

至此，命题 5.5 证毕。

命题 5.6　如果 $\Delta''' \neq 0$，则 $\mathrm{Re}\left[\dfrac{\mathrm{d}\lambda(\tau_{20})}{\mathrm{d}\tau_2}\right]^{-1}_{\lambda = i\omega_{20}} \neq 0$；且 $\mathrm{Re}\left[\dfrac{\mathrm{d}\lambda(\tau_{20})}{\mathrm{d}\tau_2}\right]^{-1}_{\lambda = i\omega_{20}}$

与 Δ''' 有相同的符号，其中，

$$\Delta''' = R_{21}R_{22} + I_{21}I_{22}$$

证明： 求解特征方程（5.26）关于 τ_2 的偏导数为：

$$\frac{\mathrm{d}\lambda(\tau_2)}{\mathrm{d}\tau_2} = \frac{\lambda(M_{22}\lambda^2 + M_{21}\lambda + M_{20})e^{-\lambda\tau_2} + \lambda(M_{11}\lambda + M_{10})e^{-\lambda(\tau_1 + \tau_2)}}{\Delta'} \qquad (5.44)$$

其中，

$$\begin{aligned}
\Delta' = {}& (3\lambda^2 + 2M_{42}\lambda + M_{41}) - \tau_1(M_{32}\lambda^2 + M_{31}\lambda + M_{30})e^{-\lambda\tau_1} \\
& + (2M_{32}\lambda + M_{31})e^{-\lambda\tau_1} - \tau_2(M_{22}\lambda^2 + M_{21}\lambda + M_{20})e^{-\lambda\tau_2} \\
& - \tau_1(M_{11}\lambda + M_{10})e^{-\lambda(\tau_1 + \tau_2)} - \tau_2(M_{11}\lambda + M_{10})e^{-\lambda(\tau_1 + \tau_2)} \\
& + (2M_{22}\lambda + M_{21})e^{-\lambda\tau_2} + M_{11}e^{-\lambda(\tau_1 + \tau_2)}
\end{aligned}$$

从而得：

$$\left[\frac{\mathrm{d}\lambda}{\mathrm{d}\tau_2}\right]^{-1} = \frac{\Delta''}{\lambda(M_{22}\lambda^2 + M_{21}\lambda + M_{20})e^{\lambda\tau_1} + \lambda(M_{11}\lambda + M_{10})} - \frac{\tau_2}{\lambda} \qquad (5.45)$$

其中，

$$\begin{aligned}
\Delta'' = {}& (3\lambda^2 + 2M_{42}\lambda + M_{41})e^{\lambda(\tau_1 + \tau_2)} - \tau_1(M_{32}\lambda^2 + M_{31}\lambda + M_{30})e^{\lambda\tau_2} \\
& + (2M_{32}\lambda + M_{31})e^{\lambda\tau_2} - \tau_1(M_{11}\lambda + M_{10}) + (2M_{22}\lambda + M_{21})e^{\lambda\tau_1} + M_{11}
\end{aligned}$$

进而得：

$$\mathrm{Re}\left[\frac{\mathrm{d}\lambda(\tau_{20})}{\mathrm{d}\tau_2}\right]^{-1}_{\lambda = i\omega_{20}} = \frac{\Delta'''}{R_{21}^2 + I_{21}^2} \qquad (5.46)$$

其中，$\Delta''' = R_{21}I_{22} + I_{21}I_{22}$；$R_{21}$，$R_{22}$，$I_{21}$，$I_{22}$见附录 C 中的式（C.8）。

所以，

$$\mathrm{sign}\frac{\mathrm{dRe}(\lambda(\tau_{2k}^{(j)}))}{\mathrm{d}\tau_2} = \mathrm{signRe}\left[\frac{\mathrm{d}\lambda(\tau_{20})}{\mathrm{d}\tau_2}\right]^{-1}_{\lambda = i\omega_{20}}, \quad (k = 1, 2, \cdots, 6; j = 0, 1, \cdots)$$

由于 $R_{21}^2 + I_{21}^2 > 0$，所以如果 $\Delta''' \neq 0$，则 $\text{Re} \left[\dfrac{\mathrm{d}\lambda(\tau_{20})}{\mathrm{d}\tau_2} \right]^{-1}_{\lambda = i\omega_{20}} \neq 0$ 即 $\text{Re} \left[\dfrac{\mathrm{d}\lambda(\tau_{20})}{\mathrm{d}\tau_2} \right]^{-1}_{\lambda = i\omega_{20}}$ 与 Δ''' 符号相同，这意味着系统（5.23）满足产生 Hopf 分岔的横截性条件。

至此，命题 5.6 证毕。

根据命题 5.5～命题 5.6 得到如下结论（库兹涅佐夫，1998；哈萨德等，1981）：

定理 5.2 当 $\tau_1 \in [0, \tau_{10})$ 时，τ_{10} 由式（5.35）确定。当 $\tau_2 \in [0, \tau_{20})$ 时系统（5.23）在均衡点处是局部渐近稳定的；当 $\tau_2 > \tau_{20}$ 时，系统（5.23）是不稳定的；当 $\tau_2 = \tau_{20}$ 时，系统（5.23）产生 Hopf 分岔。

5.3.3 动态博弈特性分析

接下来通过数值仿真研究参数对系统复杂动力学行为的影响，分析产量博弈的演化轨迹与系统状态之间的关系。三企业产量的博弈初值为：$q_1 = 0.6$，$q_2 = 0.4$，$q_3 = 0.2$，其余参数保持不变。

经计算，系统（5.23）的唯一正均衡点为 $E(2.075, 2.375, 2.675)$，这说明三企业在该均衡点处实现了各自利润最大，任何一方都不愿主动打破这种均衡状态。该均衡点与完全信息下的纳什博弈的最优策略相同。

5.3.3.1 两企业都不采用延迟策略

经计算，赫尔维茨判据条件如下：

（1）$M_{42} + M_{32} + M_{22} = 3.6225 > 0$；

（2）$M_{41} + M_{31} + M_{21} + M_{11} = 3.1678 > 0$；

（3）$M_{40} + M_{30} + M_{20} + M_{10} = 0.7910 > 0$；

（4）$(M_{42} + M_{32} + M_{22})(M_{41} + M_{31} + M_{21} + M_{11}) - (M_{40} + M_{30} + M_{20} + M_{10}) = 10.6843 > 0$。

显然，满足赫尔维茨判据条件，所以系统在均衡点处是局部渐近稳定的。

5.3.3.2 仅企业 1 采用延迟策略

经计算，$\omega_{10} = 0.574$，$\tau_{10} = 3.582$，$R_{11}R_{12} + I_{11}I_{12} = 12.635 \neq 0$，所以当 $\tau_1 \in [0, 3.582)$ 时均衡点是局部渐近稳定的，当 $\tau_1 > 3.582$ 时系统是不稳定的，当 $\tau_1 = 3.582$ 时系统产生 Hopf 分岔。

（1）时滞参数 τ_1 对系统稳定性和复杂性的影响如图 5.8 所示。

图 5.8（a）表明，系统的分岔临界值是 $\tau_1 = 3.582$，所以 τ_1 的稳定区间是 $[0, 3.582)$。系统稳定时 $q_3 > q_2 > q_1$，而系统不稳定时 q_1 与 q_2 和 q_3 交织在一起，特别是 q_1 的震荡幅度最大。这说明，企业参照的历史产量过早会导致所有企业产量的剧烈波动，特别是对企业自身产量造成的危害最大。图 5.8（b）借助最大李雅普诺夫指数图印证了系统状态演变的过程，当指数值大于零时系统是不稳定的。此时系统的复杂度也会增加，如图 5.8（c）所示，熵值的明显增加意味着系统的复杂程度逐步提高。总之，τ_1 越大系统分岔越明显，其稳定性也越差，复杂程度也越高。

三企业的产量和利润在稳定和不稳定系统中的演化轨迹如图 5.9 所示。

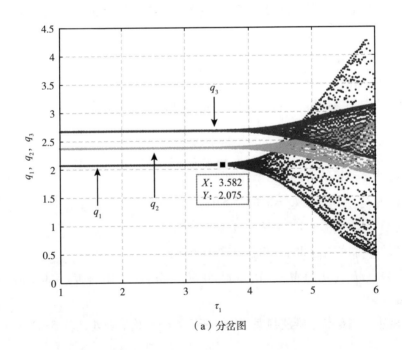

（a）分岔图

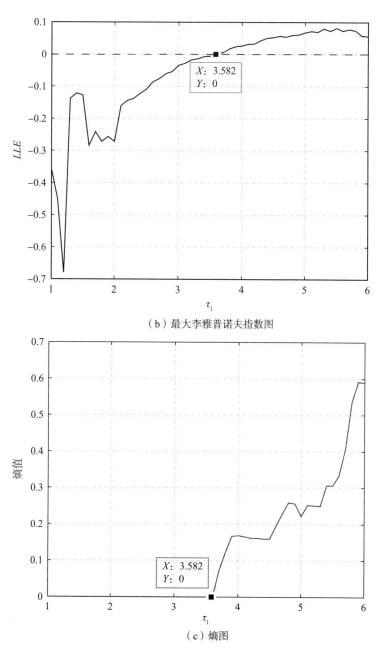

（b）最大李雅普诺夫指数图

（c）熵图

图 5.8　$\tau_2 = 0$ 时 τ_1 对系统稳定性和复杂性的影响

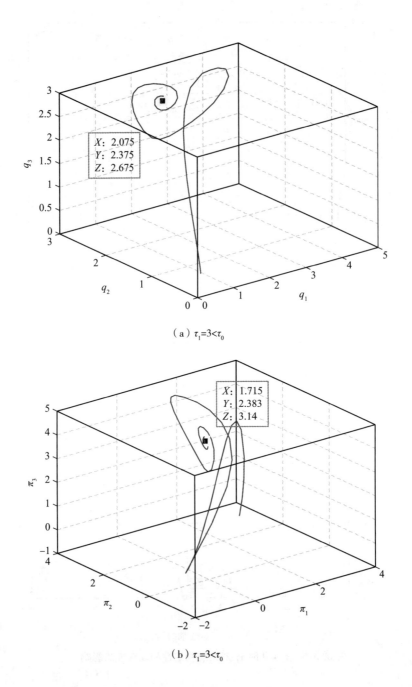

（a）$\tau_1=3<\tau_0$

（b）$\tau_1=3<\tau_0$

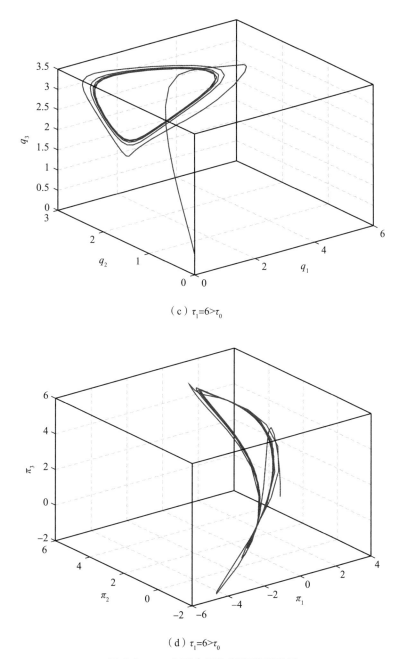

（c）$\tau_1=6>\tau_0$

（d）$\tau_1=6>\tau_0$

图 5.9 $\tau_2=0$ 时产量和利润的吸引子

注：（a）和（c）为产量吸引子，（b）和（d）为利润吸引子。

图5.9表明，在稳定的系统中产量和利润都会收敛于均衡解，演化轨迹如图5.9（a）和5.9（b）所示。在不稳定的系统中两者都最终趋于极限环，产量和利润都呈现出拟周期性的变化趋势，演化轨迹如图5.9（c）和（d）所示。

（2）初值敏感性。博弈初值的变化是否会对博弈结果产生较大影响取决于系统的状态。首先令 $\tau_1 = 2$ 确保系统处于稳定状态，以企业1为例，选取其初始产量分别为 $q_1 = 0.6$ 和 $q_1 = 0.601$，其他参数值保持不变。两种情形下企业1产量的差值设为 Δq_1，其演化轨迹如图5.10所示。

图5.10表明，在稳定的系统中（$\tau_1 = 2$），企业1的产量只在初始博弈阶段出现了极小的偏差，经过博弈策略调整后，两种情形下的演化轨迹完全吻合，即 $\Delta q_1 = 0$。这说明，初值状态的偏差没有被放大反而得到了修正。当 $\tau_1 = 5 > \tau_0$ 时，此时的系统处于混沌状态，相同的初始差值被系统逐渐放大，Δq_1 震荡幅度越大说明两种情形下的演化轨迹相距越远，随着时间的推移系统会变得更为复杂。当 $\tau_1 = 20$ 时，此时系统处于高度混沌状态，选

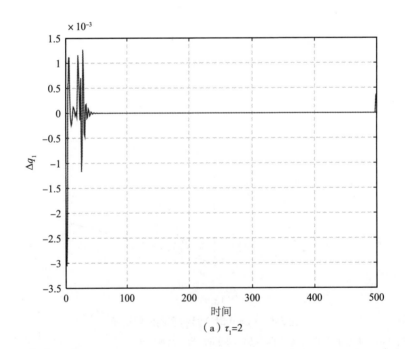

（a）$\tau_1 = 2$

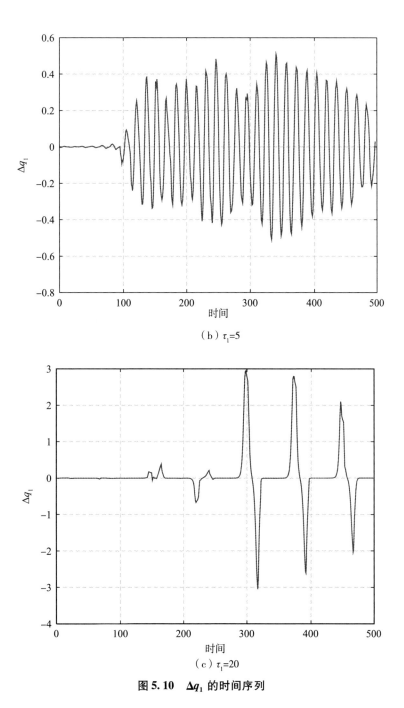

（b）τ_1=5

（c）τ_1=20

图 5.10　Δq_1 的时间序列

代后的最高偏差是初始偏差的近3000倍。由此可知，在混沌系统中博弈初值的微小变化将会造成博弈演化轨迹的严重偏离，尤其是系统混沌程度越高这种初值敏感性体现得越明显。总之，在不稳定的系统中，企业策略的调整要非常慎重，不然极易导致决策目标的巨大偏离和系统的进一步混乱。

（3）产量调整速度k_1对企业产量的影响如图5.11所示。

图5.11表明，当企业2和企业3的产量调整速度较小时（$k_2 = 0.5$，$k_3 = 0.6$），企业1的产量调整速度超越临界值$k_1 = 0.5226$时，系统将失去稳定陷入混沌状态，此时系统的混沌程度较高稳定性较差，如图5.11（a）所示。当企业2和企业3的产量调整速度较高时（$k_2 = 4$，$k_3 = 8$），k_1的增大依然会导致系统进入混沌状态，但是k_1的稳定域略有减小，系统的混沌程度有所下降，三企业的决策产量大小分明，各自在一个较小的范围内波动，如图5.1（b）所示。企业2和企业3的产量明显上升，而企业1的产量显著下降。这说明系统混沌对企业2和企业3是有利的，他们希望企业1提高产量调整速度使系统进入混沌状态，但对企业1非常不利。

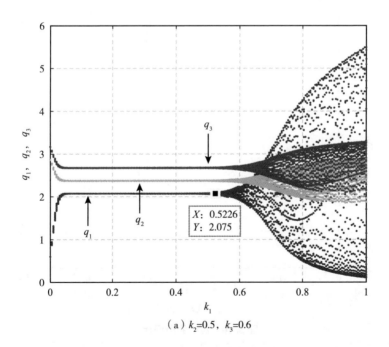

（a）$k_2=0.5$，$k_3=0.6$

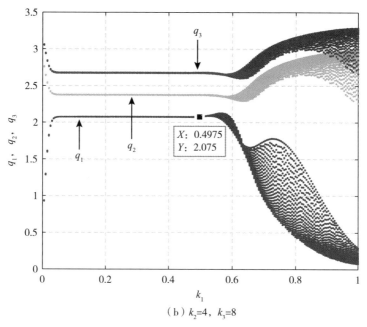

（b）$k_2=4$，$k_3=8$

图 5.11 $\tau_1=3$，$\tau_2=0$ 时 k_1 对企业产量的影响

（4）产品绿色度对企业 1 产量的影响。三企业竞争的关键是提高产品的绿色度，从而增强消费者购买绿色产品的欲望，进而扩大产品的市场份额并实现利润最大化。因此，产品的绿色度对企业的决策起着至关重要的作用。以企业 1 为例，在稳定的系统中（$\tau_1=3$），A_1、A_2 和 A_3 对 q_1 的影响如图 5.12 所示。

图 5.12 表明，q_1 随 A_1 的增加而变大，但随着 A_2 或 A_3 的增加而减少。在 A_1 最大且 A_2 和 A_3 最小时，企业 1 的产量最高，反之产量最低。这说明，在其他条件不变时，随着企业自身产品绿色度的提高企业的产量会相应增加，尤其当竞争产品的绿色度较低时产量增加更为明显。

5.3.3.3　两企业都采用延迟策略

经计算，$\omega_{20}=0.943$，$\tau_{20}=2.131$，$R_{11}R_{12}+I_{11}I_{12}=14.276\neq0$，满足定理 5.2。所以系统（5.23）在（$\tau_1$，$\tau_2$）$=$（3，2.131）处产生分岔，当 $\tau_2\in$ $[0$，$\tau_{20})$ 时系统是稳定的，当 $\tau_2>\tau_{20}$ 时系统是不稳定的。

（1）时滞参数 τ_2 对系统稳定性和复杂性的影响如图 5.13 所示。

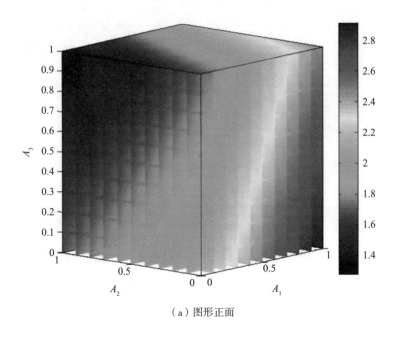

（a）图形正面

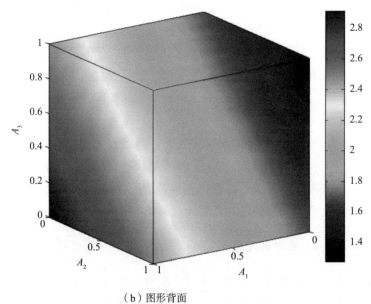

（b）图形背面

图 5.12 A_1、A_2 和 A_3 对 q_1 的影响

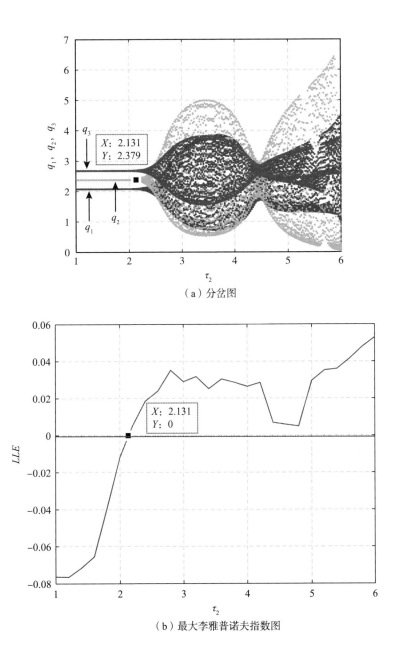

（a）分岔图

（b）最大李雅普诺夫指数图

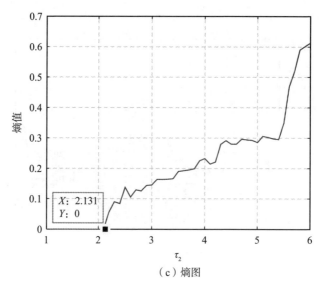

（c）熵图

图 5.13　$\tau_1 = 3$ 时 τ_2 对系统稳定性和复杂性的影响

　　分析过程类似于单时滞的情形，随着 τ_2 的增加系统经过分岔而进入混沌状态，最大李亚普诺夫指数描述了系统分岔的正确性，熵图刻画了系统的复杂度随 τ_2 的增加趋势。上述特性分别如图 5.13（a）（b）（c）所示。因此，当固定 τ_1 时，τ_2 的可调整范围也同时确定，超出稳定域会导致系统失稳。

　　当 $\tau_1 = 3$ 时，系统（5.23）的吸引子随 τ_2 变化的情形如图 5.14 所示。

　　图 5.14（a）表示系统是稳定的，产量的变化轨迹最终会收敛于均衡点。当 $\tau_2 = 2.5$ 时系统是不稳定的，经过长期的策略调整，产量轨迹最终会趋于极限环，如图 5.14（b）所示。图 5.14（c）描述了当 $\tau_2 = 5.5$ 时产量博弈的拟周期状态。当 $\tau_2 = 8$ 时，产量博弈的混沌状态如图 5.14（d）所示。由此可见，产量博弈行为随着 τ_2 的增加经历了均衡态、周期态、拟周期态、混沌态等过程。尤其是混沌状态对企业造成的危害最大，因此有必要采取措施控制系统的混沌行为，使其恢复到稳定状态。

　　（2）时滞参数 τ_1 和 τ_2 的交互作用对系统稳定性的影响如图 5.15 所示。

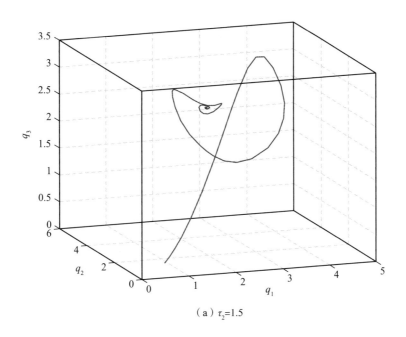

（a）τ_2=1.5

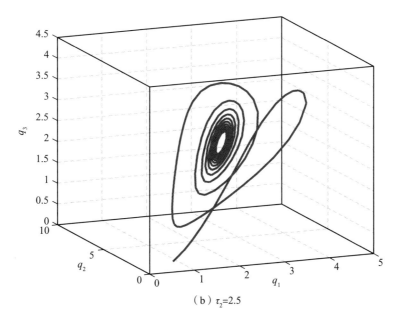

（b）τ_2=2.5

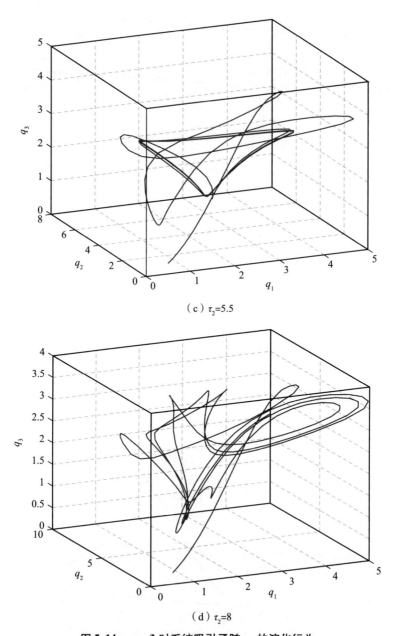

（c）$\tau_2=5.5$

（d）$\tau_2=8$

图5.14　$\tau_1=3$时系统吸引子随τ_2的演化行为

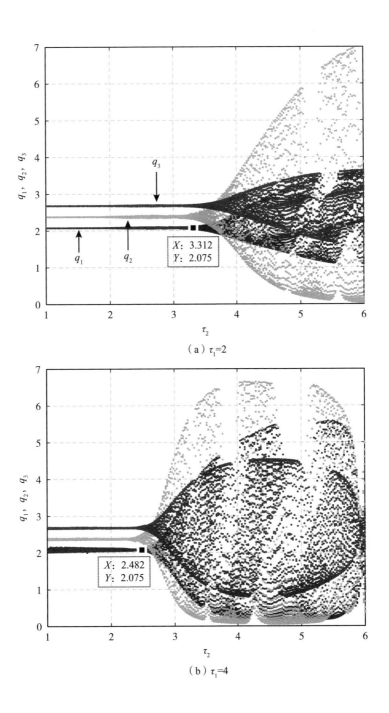

（a）$\tau_1=2$

（b）$\tau_1=4$

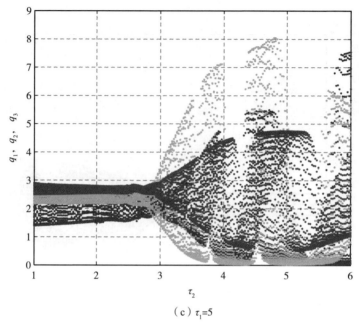

（c）$\tau_1 = 5$

图 5.15　系统关于 τ_1 和 τ_2 交互作用的分岔图

从图 5.15 可以看出，系统由于 τ_2 的增大逐渐失去稳定而进入混沌状态，但是系统关于 τ_2 的演化行为直接受到 τ_1 的影响。通过对比发现，当 τ_1 从 2 增加到 5 时，系统关于 τ_2 的稳定域在减小，系统的混沌程度在增加，产量的震荡幅度在增大。总之，系统的稳定性在 τ_1 和 τ_2 都增大时变得最差。这说明，企业 1 和企业 2 延迟策略是彼此相互影响的，选取不当会加速系统失稳，并压缩时滞参数的可选空间。

（3）以企业 2 为例，时滞参数 τ_1 和 τ_2 对产量 q_2 的影响如图 5.16 所示。

从图 5.16（a）可以看出，随着 τ_1 和 τ_2 的增加，产量的不规则运动程度也随之增加。如果 τ_1 和 τ_2 都相对较小时，产量 q_2 是稳定的，τ_1 和 τ_2 的稳定域如图 5.16（b）所示。换句话说，如果（τ_1，τ_2）在 B 区域内，则表示 q_2 是稳定的，否则 q_2 是不稳定的。根据以上分析可知，（τ_1，τ_2）=（3，2.131）是一个分岔点，显然该点应该位于稳定和不稳定区域的边界上。另外，产量的波动意味着系统的复杂程度在提高。因此，当（τ_1，τ_2）位于图 5.16（b）

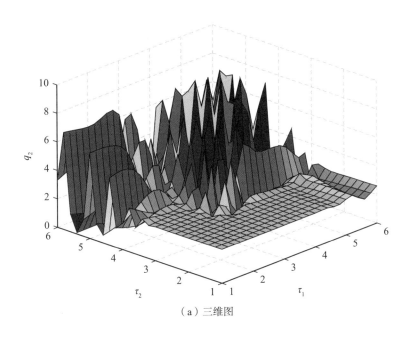

（a）三维图

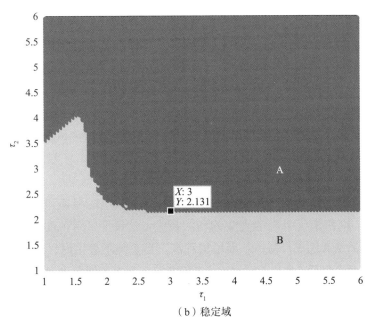

（b）稳定域

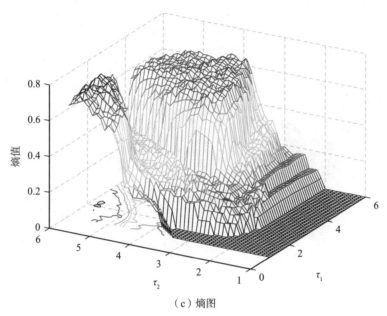

（c）熵图

图 5.16 τ_1 和 τ_2 对企业 2 产量 q_2 的影响

中的 A 区域时，系统变得更为复杂，此时熵值大于零；当（τ_1，τ_2）位于图 5.16（b）中的 B 区域时，系统的复杂性没有增加，此时熵值等于零。熵值随 τ_1 和 τ_2 的变化趋势如图 5.16（c）所示。从中发现，τ_1 或 τ_2 的值越大系统越复杂。总之，企业决策必须确保（τ_1，τ_2）处于图 5.16（b）中的稳定区域内。

（4）产品绿色度对企业利润的影响。以企业 2 为例，从系统稳定（$\tau_1 = 3$，$\tau_2 = 1.5$）和不稳定（$\tau_1 = 3$，$\tau_2 = 3.5$）两方面分析 A_1、A_2 和 A_3 对企业 2 利润 π_2 的影响，如图 5.17 所示。

图 5.17（a）表明，在稳定的系统中，π_2 随着 A_1 和 A_3 的增加而减小。A_2 越大且 A_1 和 A_3 最小时企业 2 的利润最大。这说明，绿色度的增长能够吸引更多的消费者购买产品，从而增加利润。当系统不稳定时，产品绿色度 A_2 的提高反而会降低企业 2 的利润，这将减弱企业生产绿色产品的动机，这种不合逻辑的情况如图 5.17（b）所示。

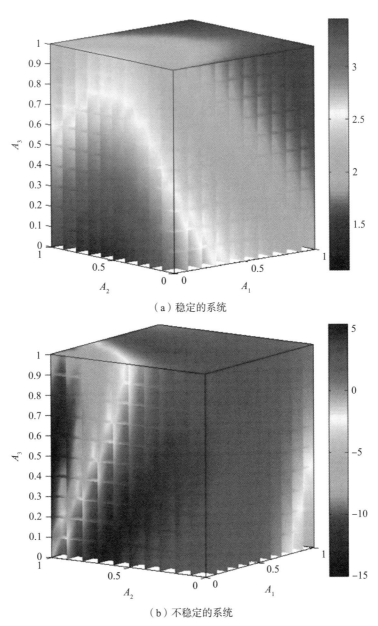

（a）稳定的系统

（b）不稳定的系统

图 5.17 A_1、A_2 和 A_3 对企业 2 利润的影响

5.3.3.4 多种情形下系统的稳定性对比分析

企业 1 和企业 2 各自独立决定是否采用延迟策略，基于此可以组成如下 9 种策略情形：

(1) 企业 1 和企业 2 都只参照当前产量决策（企业 1 和企业 2 都不采取延迟策略，$w_1 = 1$，$w_2 = 1$）；

(2) 企业 1 仅参照当前产量决策，企业 2 综合决策（企业 2 同时参照当前产量和历史产量决策，$w_1 = 1$，$w_2 = 0.25$）；

(3) 企业 1 仅参照当前产量决策，企业 2 仅参照历史产量决策（$w_1 = 1$，$w_2 = 0$）；

(4) 企业 1 综合决策，企业 2 仅参照当前产量决策（$w_1 = 0.25$，$w_2 = 1$）；

(5) 企业 1 综合决策，企业 2 综合决策（$w_1 = 0.25$，$w_2 = 0.25$）；

(6) 企业 1 综合决策，企业 2 仅参照历史产量决策（$w_1 = 0.25$，$w_2 = 0$）；

(7) 企业 1 仅参照历史产量决策，企业 2 仅参照当前产量决策（$w_1 = 0$，$w_2 = 1$）；

(8) 企业 1 仅参照历史产量决策，企业 2 综合决策（$w_1 = 0$，$w_2 = 0.25$）；

(9) 企业 1 和企业 2 都只参照历史产量决策（企业 1 和企业 2 都采取延迟策略，$w_1 = 0$，$w_2 = 0$）。

前面对情形（1）、情形（4）和情形（5）进行了讨论，限于篇幅下面仅比较分析两企业都采取延迟策略的情形（情形（5）、情形（6）、情形（8）、情形（9）），如图 5.18 所示。

图 5.18 为双时滞参数的三维分岔图，图 5.18（a）表示企业 1 和企业 2 都进行综合决策；图 5.18（b）和（c）表示一个企业综合决策，另一个企业只参照历史产量决策；图 5.18（d）表示两企业都只参照历史产量进行决策。对比发现，系统关于双时滞的稳定域从大到小的顺序为：情形（6）、情形（5）、情形（9）、情形（8）。即企业 1 综合决策且企业 2 仅参照历史产量决策时稳定域最大，而企业 1 仅参照历史产量决策且企业 2 综合决策时稳定域最小。总之，只要有企业采取延迟决策，无论是综合决策还是仅参照历史产量决策，都存在系统关于时滞参数的分岔临界值，超出该临界值系统就会经分岔进入混沌状态。

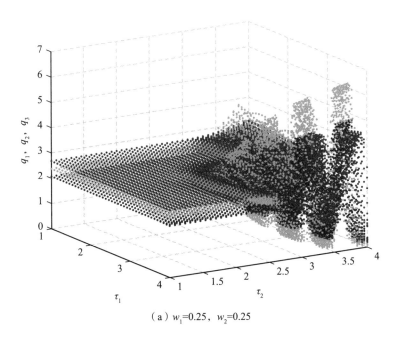

（a）w_1=0.25，w_2=0.25

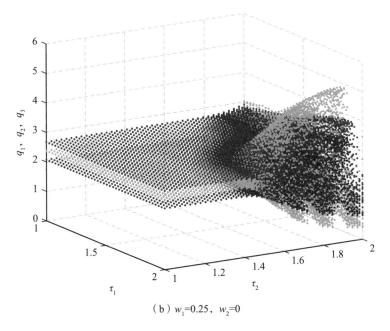

（b）w_1=0.25，w_2=0

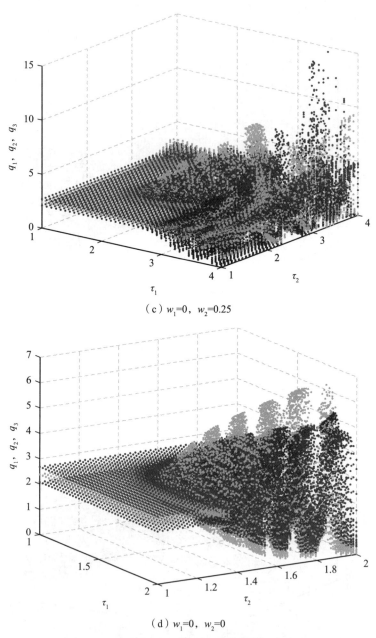

（c）w_1=0，w_2=0.25

（d）w_1=0，w_2=0

图 5.18　不同情形下系统关于双时滞参数的分岔图

5.3.4　混沌控制

针对混沌系统带来的危害，有必要采取措施助推系统恢复到稳定状态。本章采用变量反馈控制法对混沌系统进行控制。系统（5.23）添加控制项后为：

$$
\begin{cases}
\dot{q}_1 = k_1 q_1 \big[a - 2bw_1 q_1(t) - 2b(1-w_1)q_1(t-\tau_1) - bw_2 q_2(t) \\
\qquad - b(1-w_2)q_2(t-\tau_2) - bq_3 + d_1 A_1 - g_1(A_2+A_3) - c_1 \big] - kq_1 \\
\dot{q}_2 = k_2 q_2 \big[a - 2bw_2 q_2(t) - 2b(1-w_2)q_2(t-\tau_2) - bw_1 q_1(t) \\
\qquad - b(1-w_1)q_1(t-\tau_1) - bq_3 + d_2 A_2 - g_2(A_1+A_3) - c_2 \big] - kq_2 \\
\dot{q}_3 = k_3 q_3 \big[a - 2bq_3 - bw_1 q_1(t) - b(1-w_1)q_1(t-\tau_1) - bw_2 q_2(t) \\
\qquad - b(1-w_2)q_2(t-\tau_2) + d_3 A_3 - g_3(A_1+A_2) - c_3 \big]
\end{cases}
$$

$$(5.47)$$

其中，kq_1 和 kq_2 是控制项，k 为控制参数。由图 5.14（d）可知，当 $\tau_1=3$，$\tau_2=8$ 时系统（5.23）是混沌的，其对应的时间序列如图 5.19 所示。

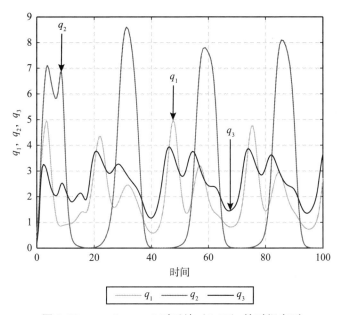

图 5.19　$\tau_1=3$，$\tau_2=8$ 时系统（5.23）的时间序列

5.3.4.1 控制参数 k 对系统（5.47）的影响

系统（5.47）关于 k 的分岔图如图 5.20（a）所示。很明显，系统（5.47）在 $k=0.9$ 处发生分岔。也就是说，当 $k<0.9$ 时系统是混沌的，当 $k>0.9$ 时系统是稳定的。从另一个角度讲，参数 k 越小系统的混沌程度越高，反之系统的稳定性越强。图 5.20（b）和图 5.20（c）验证了此种分析。所以通过调节控制参数 k 可以使混沌系统恢复到稳定状态。

5.3.4.2 调整控制参数实现混沌控制

为了比较混沌控制效果，控制参数 k 依次取 0.2、0.8、1 和 1.6，其对应系统（5.47）的吸引子如图 5.21 所示。

图 5.21 表明，随着控制参数 k 的增大，系统的混沌行为逐步得到控制。当 $k=1>0.9$ 时系统已从失稳状态转变为稳定状态，系统的混沌状态得到了有效控制，并且控制参数越大系统的控制效果越好。从另一方面也说明，如果因企业决策出现偏差或者经济环境受到不良影响，致使企业的运营出现了异常，那么在一定程度上可以通过政策调节或者外部干预使其重返稳定运营状态。

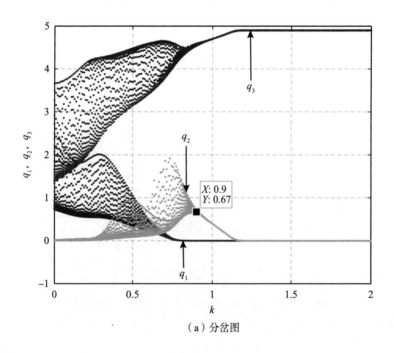

（a）分岔图

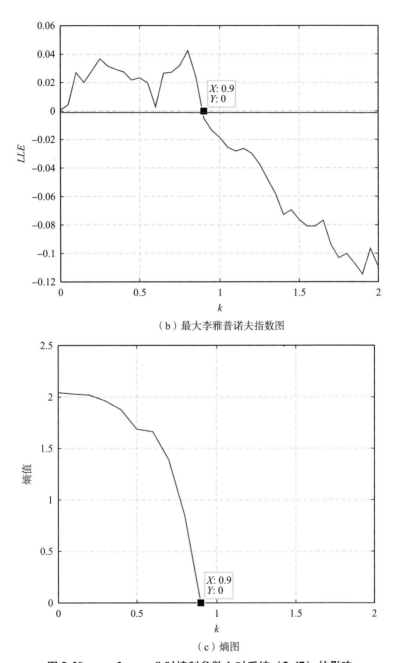

（b）最大李雅普诺夫指数图

（c）熵图

图 5.20 $\tau_1 = 3$ ，$\tau_2 = 8$ 时控制参数 k 对系统（5.47）的影响

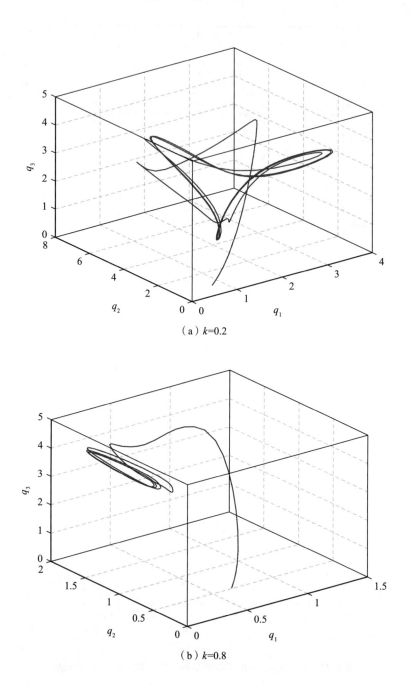

（a）k=0.2

（b）k=0.8

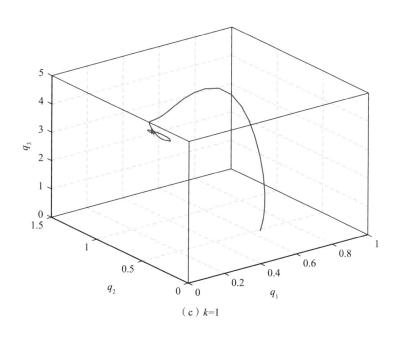

（c）k=1

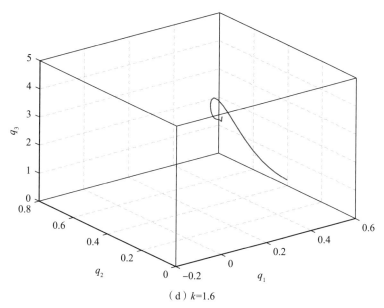

（d）k=1.6

图 5.21 $\tau_1 =3$，$\tau_2 =8$ 时系统（5.47）的吸引子

5.4 本章小结

在考虑产品绿色度的基础上，构建了单周期的企业完全理性下的纳什博弈模型，提出了基于产品绿色度的无干预机制、补贴机制、奖惩机制和税收机制，对比分析了不同决策机制下的最优策略，探究了产品绿色度、产量敏感系数、补贴力度、奖惩力度和税收力度等决策变量对最优策略的影响。研究表明，企业提升产品的绿色度能够增加其产量，并且存在最优值使得企业利润最大；采取多种机制的组合措施能够更好地对企业低碳运营进行干预；补贴力度、奖惩力度和税收力度的提高对企业产量的影响存在不确定性。

基于产品绿色度和企业的延迟策略，通过构建多周期带时滞的三企业微分产量博弈模型，分析了双延迟的交互作用、产量调整速度、产品绿色度等决策变量对博弈系统稳定性和复杂性的影响，给出了系统 Hopf 分岔存在的条件及决策变量的稳定域，对比分析了 7 种情形下企业产量博弈的演化行为，并对失稳系统进行了有效控制。研究表明，时滞参数超出稳定域越多，系统的稳定性越差，复杂度越高；系统稳定性对产量和利润演化轨迹的影响基本相同；在不稳定的系统中，企业需要谨慎地调整策略，尤其要避免初值敏感性带来的危害；系统混沌现象不是对所有企业都有害，有时会促进个别企业产量的增加；双时滞参数之间存在着相互影响和相互制约的关系，彼此之间能够影响稳定域的大小以及系统稳定性的好坏；采用变量反馈控制法，通过调节控制参数能够有效控制混沌系统。本章的研究能够帮助企业更好地掌握各种决策变量之间的相互关系，及其对系统稳定性、复杂性和演化行为的影响，为企业在短时间内通过参数调节尽快到达最优策略提供参考。

第 6 章

基于延保绿色度的三企业
价格博弈特性研究

第 3 章至第 5 章研究了企业在生产阶段通过低碳产能分享和低碳技术分享提高了产品的绿色度,本章将在此基础上研究企业在销售阶段通过延保服务(延长保修服务)提升绿色产品的收益。延保服务是产品"三包"服务之外提供延长保修时间或者拓展服务范围的有偿服务形式,已被企业广泛应用在家用电器、汽车等商品的销售服务上。延保服务一方面可以由产品生产企业直接为消费者提供,这样能够确保维修服务的质量和品质标准;另一方面可以由零售商或者第三方专业延保机构提供。因此,企业在销售绿色产品时可以把延保服务作为促销手段来吸引消费者,消费者根据产品的性价比和个人需求选择购买,但需要支付一定的延保费用。

现有文献对延保服务的研究涉及延保维修方式的选择(布盖拉等,2012;张文亮和林俊宏,2012)、延保服务价格(陈成康等,2017)、零售商提供延保服务(易余胤等,2017;马建华等,2018;黄亚,2016)、考虑质保的延保服务(郑斌等,2018)、延保服务质量(易余胤等,2018)、延保服务销售努力(朱雪颖,2016)、延保服务周期(马建华等,2015;艾兴政等,2018)、延保渠道选择(霍艳芳和李思睿,2018;叶林和郭伟林,2001)、制造商提供延保服务时的合同协调机制(郑晨,2018)等内容,从中可以看出研究延保服务绿色度的文献并不多见,尤其是在此基础上再考虑延保期和质保期的研究更是少见。为此,本章在考虑三企业提供延保服务的绿色度和价格的基础上,比较分析了固定延保期、可变延保期和可变质保期三种情形下的最优策略。构建了延迟决策因素影响下的、基于固定延保期的、多周期纳什时滞价格微分博弈模型，研究了价格博弈系统的动态演化行为，对失稳系统采用时滞反馈控制法进行了有效控制。

6.1　问题描述

对于第5章中的三企业，本章研究他们向消费者提供延保服务的策略。延保服务不但影响企业的利润和良好的口碑，而且有利于延长产品的使用寿命，通过减缓产品的淘汰达到环境保护的目的。由于消费者购买的是绿色产品，所以在选择购买延保服务时会更多地关注延保绿色度，也就是考虑企业在延保维修时是否使用绿色的维修材料，在维修过程中是否能够减少对环境的污染，能否达到节能、高效、环保、优质的维修服务原则。

企业 i 销售的产品称为产品 i，其销售价格为 p_i，产品需求量为 q_i，延保价格为 p_{ie}，延保需求量为 q_{ie}，延保绿色度为 g_{ie}，延保周期为 t_i，质保周期为 l_i，$i=1$，2，3。

为了提高研究的便利性和科学性，考虑实际作出以下假设：

（1）产品 i 的延保服务只能从企业 i 处购买，故存在 $q_{ie} \leqslant q_i$；

（2）企业 i 为提高延保绿色度需要付出的成本为 $\eta_i g_{ie}^2 / 2$，η_i 为绿色度成本系数（李坤鹏等，2012）；

（3）企业 i 在延保期 t_i 内需要付出的单位延保服务成本为 $c_{ie} t_i^2$，c_{ie} 为单位时间的延保服务成本（马建华等，2015，2018；艾兴政等，2018）；

（4）企业 i 在质保期 l_i 内需要付出的单位产品的质保成本为 $c_{qi} l_i$，c_{qi} 为单位时间的质保成本（郑斌等，2018）；

（5）企业的延保期和质保期都是有一定限度的，延保期和质保期的过度延长会增加企业的延保成本和质保成本，所以在确保企业利润为正的前提下，假设 $0 < t_i < 3$，$0 < l_i < 6$，以上 $i=1$，2，3；

（6）假设产品的潜在市场需求量足够大，以确保产品的实际销售量为正。

假设三企业都采用线性的需求函数（马军海等，2017）：

$$q_i = a - bp_i + d(p_j + p_k), \quad (i, j, k = 1, 2, 3; i \neq j \neq k) \tag{6.1}$$

其中，$a(a>0)$ 为产品的潜在最大需求量，b 为产品需求对产品自身价格的敏感系数，d 为产品需求对竞争产品价格的敏感系数。因为产品自身的价格对需求的影响要强于竞争产品，所以 $b>d>0$。

为了抢占市场份额实现各自利润最大化，三企业在市场中存在着激烈的价格竞争。本章考虑三企业博弈地位对等的情形，他们在确保各自利润最大化的前提下独立同时地进行决策，即纳什博弈。纳什博弈模型可以表述为：

$$\max_{pi} \pi_i(p_1, p_2, p_3), (i=1, 2, 3) \tag{6.2}$$

以下命题中的最优策略，下标 f 表示固定延保期的情形，下标 v 表示可变延保期的情形，下标 q 表示可变质保期的情形，上标 $*$ 号表示最优策略。

6.2　单周期三企业纳什价格博弈特性研究

本节将分别研究企业在固定延保期、可变延保期、可变质保期三种情形下的价格博弈最优策略，并进行对比和数值模拟分析。

6.2.1　固定延保期

此种状况称为情形 1，假定三企业提供的产品质保期和延保期都是周期相同且固定的，此时消费者在选择购买延保服务时不再考虑质保期和延保期的影响。那么产品 i 的延保服务需求仅受到产品 i 的市场需求量、延保价格和延保绿色度三方面因素的影响。因此，产品 i 的延保服务需求函数如下：

$$q_{ie} = q_i - \alpha p_{ie} + \beta g_{ie}, (i=1, 2, 3) \tag{6.3}$$

其中，α 为延保需求对延保价格的敏感系数，β 为延保需求对延保绿色度的敏感系数，根据对延保需求的影响程度则有 $\alpha>\beta>0$。

情形 1 中企业 i 的利润函数为：

$$\pi_i = (p_i - c_i)q_i + p_{ie}q_{ie} - \frac{\eta_i g_{ie}^2}{2}, (i=1, 2, 3) \tag{6.4}$$

其中，c_i 为企业 i 单位产品的生产成本。

命题 6.1 情形 1 中，在企业各自利润最大化的前提下，存在唯一的产品 1 的最优价格 $p_{1.f}^*$、产品 2 的最优价格 $p_{2.f}^*$ 和产品 3 的最优价格 $p_{3.f}^*$ 分别为：

$$p_{1.f}^* = \frac{a(2b+d) + b\left[(2b-d)c_1 - 2bp_{1e} + d(c_2+c_3+p_{1e}-p_{2e}-p_{3e})\right]}{2(b-d)(2b+d)} \quad (6.5)$$

$$p_{2.f}^* = \frac{a(2b+d) + b\left[2b(c_2-p_{2e}) + d(c_1-c_2+c_3-p_{1e}+p_{2e}-p_{3e})\right]}{2(b-d)(2b+d)} \quad (6.6)$$

$$p_{3.f}^* = \frac{a(2b+d) + bdc_1 + b\left[dc_2 + (2b-d)c_3 - d(p_{1e}+p_{2e}) + (d-2b)p_{3e}\right]}{2(b-d)(2b+d)}$$

$$(6.7)$$

6.2.2 可变延保期

此种状况称为情形 2，消费者在决定是否购买延保服务时，不但关注延保价格和延保绿色度，而且延保期也是一个关键的决策因素。企业会根据延保期的长短设置不同的延保价格，消费者根据自身情况选择购买不同延保期的延保服务。在可变延保期情形下，延保需求受到产品需求量、延保价格、延保期、延保绿色度四个因素的影响，此时延保需求函数为（李坤鹏等，2012）：

$$q_{ie} = q_i - \alpha \frac{p_{ie}}{t_i} + \beta g_{ie}, \quad (i=1,\ 2,\ 3) \quad (6.8)$$

其中，t_i 为企业 i 的延保期，p_{ie}/t_i 为单位延保期价格。可以看出，式（6.3）是式（6.8）当 $t_i=1$ 时的特殊情形。

情形 2 中企业 i 的利润函数为：

$$\pi_i = (p_i - c_i)q_i + (p_{ie} - c_{ie}t_i^2)q_{ie} - \frac{\eta_i g_{ie}^2}{2}, \quad (i=1,\ 2,\ 3) \quad (6.9)$$

命题 6.2 情形 2 中，在企业各自利润最大化的前提下，存在唯一的产品 1 的最优价格 $p_{1.v}^*$、产品 2 的最优价格 $p_{2.v}^*$ 和产品 3 的最优价格 $p_{3.v}^*$ 分别为：

$$p_{1.v}^* = \frac{\begin{aligned}a(2b+d) + b\big[(2b-d)c_1 - 2b(p_{1e}-c_{1e}t_1^2) + dc_2 + dc_3 \\ + dp_{1e} - dp_{2e} - dp_{3e} - dc_{1e}t_1^2 + dc_{2e}t_2^2 + dc_{3e}t_3^2\big]\end{aligned}}{2(b-d)(2b+d)} \quad (6.10)$$

$$
p_{2.v}^* = \frac{\begin{array}{c} a(2b+d) + b\big[\, 2b(c_2 - p_{2e} + c_{2e}t_2^2) + dc_1 - dc_2 + dc_3 \\[2pt] - dp_{1e} + dp_{2e} - dp_{3e} + dc_{1e}t_1^2 - dc_{2e}t_2^2 + dc_{3e}t_3^2 \big] \end{array}}{2(b-d)(2b+d)} \tag{6.11}
$$

$$
p_{3.v}^* = \frac{\begin{array}{c} a(2b+d) + b\big[\, 2b(c_3 - p_{3e} + c_{3e}t_3^2) + dc_1 + dc_2 - dc_3 \\[2pt] - dp_{1e} - dp_{2e} + dp_{3e} + dc_{1e}t_1^2 + dc_{2e}t_2^2 - dc_{3e}t_3^2 \big] \end{array}}{2(b-d)(2b+d)} \tag{6.12}
$$

6.2.3 可变质保期

此种状况称为情形 3，在考虑延保绿色度和延保期对延保需求影响的基础上，再考虑产品的质保期对其的影响。在其他条件不变的前提下，通常质保期越长消费者购买产品的意愿越强烈，所以质保期对产品的需求具有正向作用。此时产品的需求与产品的销售价格和质保期有关，即为：

$$
q_i = a - bp_i + d(p_j + p_k) + hl_i - m(l_j + l_k), \quad (i, j, k = 1, 2, 3; \ i \neq j \neq k) \tag{6.13}
$$

其中，l_i 为产品 i 的质保期，h 为产品需求对自身产品质保期的敏感系数，m 为产品需求对竞争产品质保期的敏感系数。依据对产品需求的影响程度则有 $b > d > h > m > 0$，经计算可以发现 h 和 m 并不影响企业的最优策略。

该种情形下延保的需求函数仍为式（6.8），而企业 i 的利润函数为：

$$
\pi_i = (p_i - c_i - c_{qi}l_i)q_i + (p_{ie} - c_{ie}t_i^2)q_{ie} - \frac{\eta_i g_{ie}^2}{2}, \quad (i = 1, 2, 3) \tag{6.14}
$$

命题 6.3 情形 3 中，在企业各自利润最大化的前提下，存在唯一的产品 1 的最优价格 $p_{1.q}^*$、产品 2 的最优价格 $p_{2.q}^*$ 和产品 3 的最优价格 $p_{3.q}^*$ 分别为：

$$
p_{1.q}^* = \frac{\begin{array}{c} a(2b+d) + b(d-2b)c_1c_{q1}l_1 - b\big[\, 2b(p_{1e} - c_{1e}t_1^2) \\[2pt] + d(c_2c_{q2}l_2 + c_3c_{q3}l_3 - p_{1e} + p_{2e} + p_{3e} + c_{1e}t_1^2 - c_{2e}t_2^2 - c_{3e}t_3^2) \big] \end{array}}{2(b-d)(2b+d)} \tag{6.15}
$$

$$
p_{2.q}^* = \frac{\begin{array}{c} a(2b+d) - b\big[\, dc_1c_{q1}l_1 + (2b-d)c_2c_{q2}l_2 + 2b(p_{2e} - c_{2e}t_2^2) \\[2pt] + d(c_3c_{q3}l_3 + p_{1e} - p_{2e} + p_{3e} - c_{1e}t_1^2 + c_{2e}t_2^2 - c_{3e}t_3^2) \big] \end{array}}{2(b-d)(2b+d)} \tag{6.16}
$$

$$p_{3.q}^* = \frac{\begin{array}{c} a(2b+d) - bdc_1c_{q1}l_1 - bdc_2c_{q2}l_2 + b\big[(d-2b)c_3c_{q3}l_3 - dp_{1e} \\ - dp_{2e} - 2bp_{3e} + dp_{3e} + dc_{1e}t_1^2 + dc_{2e}t_2^2 + (2b-d)c_{3e}t_3^2\big] \end{array}}{2(b-d)(2b+d)} \qquad (6.17)$$

6.2.4　比较分析

基于命题 6.1 ~ 命题 6.3 能够得到如下推论：

推论 6.1　三种情形下，产品 i 的最优价格都与自身的延保价格负相关。

因为 $\dfrac{\partial p_{i.f}^*}{\partial p_{ie}} = \dfrac{\partial p_{i.v}^*}{\partial p_{ie}} = \dfrac{\partial p_{i.q}^*}{\partial p_{ie}} = \dfrac{b(d-2b)}{2(b-d)(2b+d)} < 0$，$i = 1$，2，3，所以可以得到推论 6.1。推论 6.1 表明，如果要提高产品 i 的销售价格，则需要以较低的延保价格作为产品的卖点才能确保企业 i 的利润不受损失。如果延保价格降低 1 个单位，则产品的销售价格会上涨 $b(2b-d)/2(b-d)(2b+d)$ 个单位。

推论 6.2　情形 2 中，产品 i 的最优价格与自身单位时间的延保服务成本正相关。

通过求解最优价格关于决策参数的一阶偏导数可以得到推论 6.2，以下推论同理可得。推论 6.2 表明，企业可以通过提高产品的质量降低故障率，或者通过提高产品的维修技术水平降低费用，此时才存在产品降价的空间，才可能实现薄利多销。如果产品 i 单位时间的延保服务成本降低 1 个单位，则产品的销售价格将会降低 $b(2b-d)t_i^2/2(b-d)(2b+d)$ 个单位，并且延保周期越长产品价格的降幅越大，$i = 1$，2，3。

推论 6.3　情形 3 中，产品 i 的最优价格与自身产品的质保期和单位时间的质保成本均正相关。

推论 6.3 表明，产品的质保成本越高、质保期越长，产品的价格也就越高，这符合人们的直观认识。企业为了促进产品的销售必然要提供一定的质保期，这是企业普遍采用的营销策略。但是企业可以通过降低单位时间内产品的故障率和维修费用让利于消费者，以便达到收益最大化的目的。如果产品 i 的质保期延长 1 个单位，则产品的销售价格将上涨 $[b(2b-d)c_ic_{qi}]/[2(b-d)(2b+d)]$ 个单位，且单位时间的质保成本和单位产品的生产成本越大，产品价格涨幅越明显，$i = 1$，2，3。同理可以得到单位时间的质保成本与产品价格的类似关系。

推论 6.4 在情形 2 和情形 3 中，产品 i 的最优价格与延保期均正相关。

推论 6.4 表明，延保期越长企业承担的成本越高，产品的价格也会上涨，且上涨幅度与三个企业各自单位时间内的延保服务成本都有关。单位时间内的延保服务成本越高，产品的价格涨幅越明显。

推论 6.5 三企业在情形 3 中的最优价格都最低，在情形 2 中的最优价格都最高，在情形 1 中的最优价格都居中。

不同情形下的最优价格做差可以得到推论 6.5。推论 6.5 表明，虽然企业在情形 3 中为消费者提供延保服务和质保服务需要承担相应的成本，但是所采取的这两种措施都能够增加产品的需求量和企业利润，因此企业在确保利润的情况下存在降价的空间，从而导致产品价格最低。这三种情形中，情形 3 对消费者最有利，情形 2 对消费者最不利。

推论 6.6 三种情形中，延保绿色度都与最优价格无关，但会影响企业的利润。

推论 6.6 表明，企业调整延保绿色度不会影响产品的最优价格，但是能够影响消费者购买延保服务的意愿，从而给企业带来收益的变化。延保绿色度等决策参数对企业利润的影响，将在下面的数值模拟分析部分进行讨论。

6.2.5 数值模拟分析

考虑到三种情形下最优价格和最优利润表达式的复杂性，为了对其进行对比分析，以及探究决策变量对最优策略的影响，在满足约束条件的前提下参数取值为：$a = 1.2$，$b = 0.7$，$d = 0.3$，$h = 0.2$，$m = 0.1$，$p_{1e} = 0.7$，$p_{2e} = 0.6$，$p_{3e} = 0.5$，$c_1 = 1$，$c_2 = 0.9$，$c_3 = 0.75$，$g_{1e} = 0.6$，$g_{2e} = 0.5$，$g_{3e} = 0.4$，$\alpha = 0.6$，$\beta = 0.5$，$\eta_1 = 1$，$\eta_2 = 1$，$\eta_3 = 1$，$t_1 = t_2 = t_3 = 2$，$l_1 = l_2 = l_3 = 3$，$c_{q1} = c_{q2} = c_{q3} = 0.3$，$c_{1e} = c_{2e} = c_{3e} = 0.2$。

6.2.5.1 三种情形下三企业的最优博弈策略

三种情形下三企业的最优博弈策略如表 6.1 所示。

表 6.1 三种情形下企业的最优价格和最优利润

情形	p_1	p_2	p_3	π_1	π_2	π_3	$\pi_1 + \pi_2 + \pi_3$
1	1.7548	1.7548	1.7342	1.2174	1.2905	1.4120	3.9199
2	2.4548	2.4548	2.4342	1.0958	1.1458	1.2462	3.4878
3	0.8950	0.9732	1.0700	1.8220	1.6156	1.3665	4.8041

表 6.1 表明，三企业都是在情形 2 中的产品价格最高，但是获得的利润最低。相比较情形 1，虽然产品的价格上涨了，但是企业的利润却下降了。这说明，企业在延保绿色度的基础上再考虑延保期，对消费者和企业自身都不利。三企业在情形 3 中各自的产品价格最低，但是企业 1 和企业 2 获得的利润最高，此时企业 3 的利润介于其他两种情形之间。相比情形 2，虽然产品的价格下降了，但是企业的利润都上涨了。这说明，企业既为消费者提供延保服务又为消费者提供质保服务，对消费者和企业都有利。三企业在情形 1 中的价格居中，这与推论 6.5 的结论相一致。企业的总利润在情形 3 中最高，在情形 2 中最低。因此，企业为消费者提供多种措施组合的延保服务是最佳选择。

6.2.5.2 决策变量对企业利润的影响

下面分析不同情形中延保价格、延保绿色度、延保期和质保期等决策变量对企业利润的影响。

（1）在情形 1 中以企业 1 为例，延保价格 p_{1e} 和延保绿色度 g_{1e} 对企业 1 利润 π_1 的影响如图 6.1 所示。

图 6.1 表明，延保价格 p_{1e} 和延保绿色度 g_{1e} 都存在最优值使得企业 1 的利润最大。当 $p_{1e} = 1$ 且 $g_{1e} = 0.5$ 时，企业 1 的最大利润为 1.283。由于绿色度的提高会带来成本的增加，延保价格的上涨会造成购买延保服务消费者的流失，所以延保绿色度和延保价格不是越高越好，企业应该考虑两者的综合效应。

（2）在情形 2 中以企业 2 为例，延保期 t_2 分别与延保绿色度 g_{2e} 和延保价

格 p_{2e} 对企业 2 利润 π_2 的影响如图 6.2 所示。

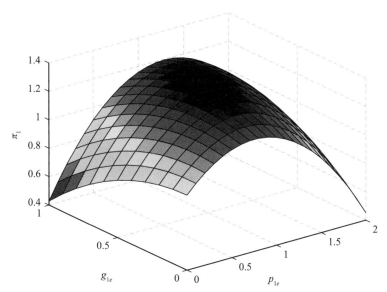

图 6.1 情形 1 中 p_{1e} 和 g_{1e} 对企业 1 利润的影响

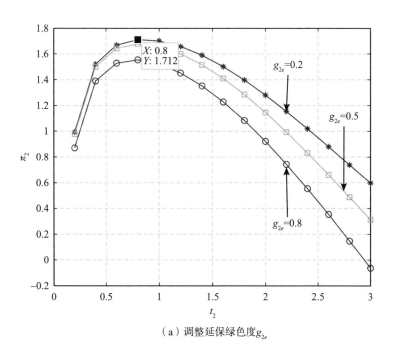

（a）调整延保绿色度 g_{2e}

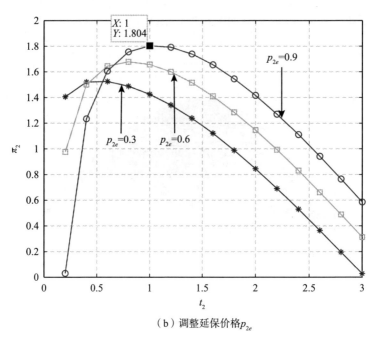

（b）调整延保价格p_{2e}

图 6.2　情形 2 中延保期 t_2 对企业 2 利润的影响

图 6.2 表明，无论是调整延保绿色度还是延保价格，企业 2 的利润都随着延保期的增加先上涨后降低，即存在最优的延保期使得企业利润最大。从图 6.2（a）可以看出，无论延保期长短如何，绿色度偏低时企业 2 的利润较大；当延保期较短时，延保绿色度的差异对企业利润的影响较小，但是当延保期较长时，延保绿色度的差异会加剧利润的差距。当 $t_2 = 0.8$ 时，企业的最大利润为 1.712。从图 6.2（b）发现，同样存在最优的延保价格使得企业的利润最大。当 $t_2 = 1$ 时，企业的最大利润为 1.804。这说明，延保期越长则需要较高的延保价格才能实现利润最大化。换言之，同时适当延长延保期和提高延保价格可以确保企业能够获得较高的利润。另外，当 $t_2 \in (0.6, 3)$ 时，延保价格越高企业的利润越大。当 $t_2 \in (0.4, 0.6)$ 时，企业利润与延保价格之间存在不确定性。当 $t_2 \in (0.2, 0.4)$ 时，延保价格越低企业的利润越高，但是此时的延保期过短无法满足消费者的需求，对消费者是不利的，难以吸引消费者购买延保服务。这说明，延保价格需要根据延保期的不同进行调整。如果延保期极短时，即 $t_2 \in (0, 0.2)$，此时对企业和消费者都不利，

企业会出现严重亏损。总之，企业需要设置合理的延保期，并且同步调整延保绿色度或延保价格才能使得企业利润最大化。

（3）在情形 2 中以企业 2 为例，延保期 t_2、延保价格 p_{2e} 和延保绿色度 g_{2e} 对企业利润 π_2 的影响如图 6.3 所示。

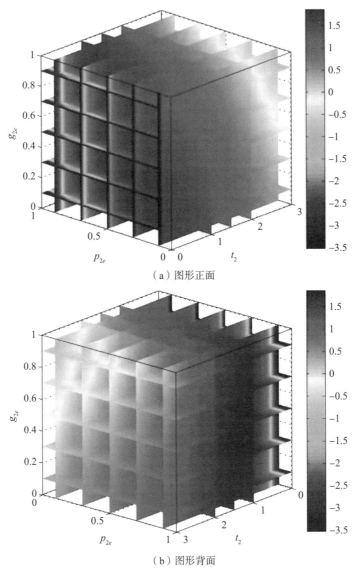

（a）图形正面

（b）图形背面

图 6.3 情形 2 中 t_2、p_{2e} 和 g_{2e} 对企业 2 利润的影响

图 6.3 表明，当 $t_2 \in (0, 0.2)$ 时，企业 2 出现亏损，这与图 6.2（b）的分析结果相一致。三个决策因素相比较，延保期对企业利润的影响最显著，延保价格次之，延保绿色度的影响力最小。因此，企业决策时要综合调节延保期、延保价格和延保绿色的变化范围，根据影响力的不同明确决策的关键因素，便于在较短的策略调整期内使得利润最大化。

（4）在情形 3 中以企业 3 为例，质保期 l_3 分别与延保绿色度 g_{3e} 和延保价格 p_{3e} 对企业利润 π_3 的影响如图 6.4 所示。

图 6.4 表明，企业利润随着产品质保期的增加而增加，并且延保绿色度越低或者延保价格越高，企业 3 的利润越大。这与图 6.2 类似。

（5）情形 3 中，质保期 l_3 和延保期 t_3 对企业 3 利润的影响如图 6.5 所示。

图 6.5 表明，企业 3 的利润随着质保期的增加而增加，存在最优的延保期使得企业利润最大。这说明，产品的质保期对企业利润的影响程度要明显强于延保期，这就要求企业尽量增加产品的质保期，从而提高产品的销量。再通过设定合理的延保期，提升已购产品的消费者再继续选择购买延保服务的比例，进而获得最大利润。

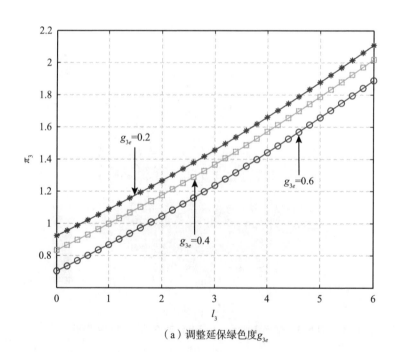

（a）调整延保绿色度 g_{3e}

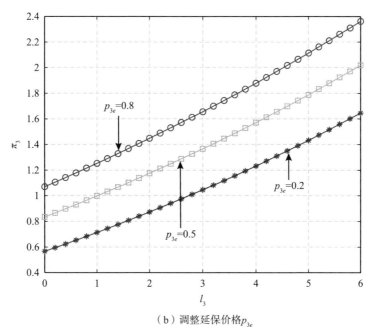

（b）调整延保价格 p_{3e}

图 6.4　情形 3 中质保期 l_3 对企业 3 利润的影响

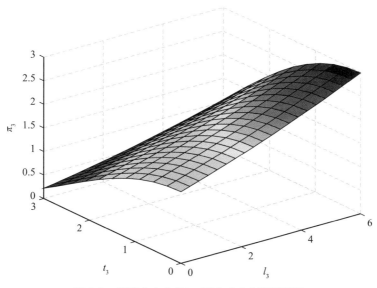

图 6.5　情形 3 中 l_3 和 t_3 对企业 3 利润的影响

（6）情形 3 中，质保期 l_3、延保期 t_3 和延保绿色度 g_{3e} 对企业 3 利润 π_3 的影响如图 6.6 所示。

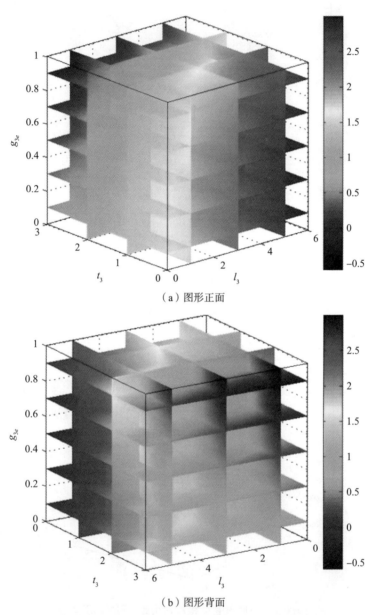

（a）图形正面

（b）图形背面

图 6.6　情形 3 中 l_3、t_3 和 g_{3e} 对企业 3 利润的影响

图 6.6 表明，当质保期较长、延保期较短、绿色度较低时，企业 3 的利润最大；当质保期较短、延保期较长、绿色度较高时，企业 3 的利润最小。总体而言，企业利润随着质保期的增加而增加，随着延保期的增加而降低，只有当延保期较长时才随着延保绿色度的增加而降低。由此可见，质保期对企业利润的影响力大于延保期，两者的影响力都大于绿色度。虽然绿色度的降低对企业有利，但是绿色度不是越低越好，否则会挫伤消费者购买绿色产品延保服务的积极性，将会对企业和产品的口碑造成负面影响。因此，这就要求企业在利益、企业形象、产品口碑等方面作出合理的取舍。

值得注意的是，命题 6.1～命题 6.3 给出的三种情形下的企业最优策略，这是以企业具有完全理性的决策行为为基础的，是以假定他们都能完全获得决策所需的市场信息为前提的。但是现实情况则是企业无法及时全面地获取决策信息，一般是基于企业自身的经验和历史数据进行决策的研判，是企业的一种有限理性的决策行为。此外，企业的最优策略也难以在短时间内一步到位地准确获得，而是需要博弈双方经过多周期的、反复的、持续不断的策略调整才能达成彼此双方都能接受的最优策略，这是一个动态的策略调整过程，也是一个从博弈初态逐渐逼近于最优策略的过程。接下来本章在企业受到延迟决策和有限理性等因素影响的基础上，从系统稳定性和复杂性的角度探究企业决策的动态演化博弈行为。

6.3 多周期三企业纳什时滞价格博弈特性研究

6.3.1 博弈模型构建

根据上述分析可知，情形 2 和情形 3 都是基于情形 1 得到的，也就是情形 1 是基础模型。因此，本节在考虑简化复杂运算的基础上选择情形 1 中的模型作为研究对象，分析三企业在纳什博弈过程中决策变量对系统复杂性和企业利润的影响，全面地描述系统的动力学演化行为特性，为科学决策提供参考。情形 2 和情形 3 中模型的复杂行为分析过程与情形 1 类似，本章将不再赘述。

针对情形 1 中的三企业，为了比较自适应预期规则和有限理性预期规则对企业决策的影响，假设企业 1 采取自适应预期规则，企业 2 和企业 3 都采取有限理性预期规则；企业 1 和企业 2 都采用延迟策略。三企业的边际利润为：

$$\begin{cases} \dfrac{\partial \pi_1(p_1,\ p_2,\ p_3)}{\partial p_1} = a - bp_1 + d(p_2 + p_3) - bp_{1e} - b(p_1 - c_1) \\[3mm] \dfrac{\partial \pi_2(p_1,\ p_2,\ p_3)}{\partial p_2} = a - bp_2 + d(p_1 + p_3) - bp_{2e} - b(p_2 - c_2) \\[3mm] \dfrac{\partial \pi_3(p_1,\ p_2,\ p_3)}{\partial p_3} = a - bp_3 + d(p_1 + p_2) - bp_{3e} - b(p_3 - c_3) \end{cases} \quad (6.18)$$

从而求得产品 1 的最优价格为：

$$p_1' = \frac{a + dp_2 + dp_3 - bp_{1e} + bc_1}{2b} \quad (6.19)$$

根据自适应决策预期规则，企业 1 会根据 p_1' 和 $p_1(t - \tau_1)$ 之间的差值作出价格调整。当差价大于零时会提高价格，反之会降低价格。产品 1 价格的动态调整过程为：

$$\dot{p}_1(t) = \gamma_1(p_1)[p_1' - p_1(t - \tau_1)] \quad (6.20)$$

其中，$\gamma_1(p_1)$ 为企业 1 的价格调整程度；τ_1 为企业 1 的延迟决策时滞参数。企业 2 和企业 3 都是有限理性的决策者，他们的决策依据是各自的边际利润。因此企业 2 和企业 3 的价格动态调整过程为：

$$\dot{p}_i(t) = \gamma_i(p_i)\frac{\partial \pi_i(p_1,\ p_2,\ p_3)}{\partial p_i},\ (i = 2,\ 3) \quad (6.21)$$

其中，$\gamma_i(p_i)$ 表示企业 i 的价格调整程度，$i = 2,\ 3$。假设三企业的价格调整程度都是线性形式：

$$\gamma_i(p_i) = v_i p_i,\ (i = 1,\ 2,\ 3) \quad (6.22)$$

其中，$v_i > 0$ 表示企业的价格调整速度。从而得到微分价格博弈模型为：

$$\begin{cases} \dot{p}_1(t) = v_1 p_1\left[\dfrac{1}{2b}(a + dp_2 + dp_3 - bp_{1e} + bc_1) - p_1(t - \tau_1)\right] \\[3mm] \dot{p}_2(t) = v_2 p_2[a - bp_2 + d(p_1 + p_3) - bp_{2e} - b(p_2 - c_2)] \\[3mm] \dot{p}_3(t) = v_3 p_3[a - bp_3 + d(p_1 + p_2) - bp_{3e} - b(p_3 - c_3)] \end{cases} \quad (6.23)$$

企业 2 根据当前价格和 τ_2 之前的历史价格进行综合决策，企业 2 的延迟决策价格为：

$$p_2^d(t) = wp_2(t) + (1-w)p_2(t-\tau_2) \tag{6.24}$$

其中，$w \in [0,1]$ 表示当前价格所占的权重。此时得到最终的博弈模型为：

$$\begin{cases} \dot{p}_1(t) = v_1 p_1 \left[\dfrac{1}{2b} \{ a + d[wp_2(t) + (1-w)p_2(t-\tau_2)] + dp_3 - bp_{1e} + bc_1 \} - p_1(t-\tau_1) \right] \\ \dot{p}_2(t) = v_2 p_2 \{ a - 2b[wp_2(t) + (1-w)p_2(t-\tau_2)] + d(p_1 + p_3) - bp_{2e} + bc_2 \} \\ \dot{p}_3(t) = v_3 p_3 \{ a - 2bp_3 + d[p_1 + wp_2(t) + (1-w)p_2(t-\tau_2)] - bp_{3e} + bc_3 \} \end{cases} \tag{6.25}$$

6.3.2　均衡点的局部渐近稳定性

经计算，系统（6.25）的均衡点见附录 D 中的式（D.1）。根据现实情况，只有正的均衡点才有意义。如果至少有一个企业的产品销售价格为零，则意味着该企业无法盈利将会被迫退出市场。三企业在正均衡点处意味着各自的利润达到最大化，他们的边际利润都为零，三者之间的博弈竞争达到了一个均衡状态。所以，本章只分析系统（6.25）在正均衡点 E_8 处的局部渐近稳定性。

命题 6.4　当 $\tau = 0$ 时，如果同时满足如下条件则系统（6.25）在均衡点处是局部渐近稳定的。

$$M_i > 0, \quad M_1 M_2 - M_0 > 0, \quad M_0(M_1 M_2 - M_0) > 0, \quad (i = 0, 1, 2)$$

证明：系统（6.25）在均衡点 $E_8(p_1^*, p_2^*, p_3^*)$ 处可以线性化为：

$$\begin{cases} \dot{p}_1(t) = -v_1 p_1^* p_1(t-\tau_1) + \dfrac{1}{2b} duv_1 p_1^* p_2(t) + \dfrac{1}{2b} d(1-w)v_1 p_1^* p_2(t-\tau_2) + \dfrac{1}{2b} dv_1 p_1^* p_3(t) \\ \dot{p}_2(t) = dv_2 p_2^* p_1(t) - 2buv_2 p_2^* p_2(t) - 2b(1-w)v_2 p_2^* p_2(t-\tau_2) + dv_2 p_2^* p_3(t) \\ \dot{p}_3(t) = dv_3 p_3^* p_1(t) + duv_3 p_3^* p_2(t) + d(1-w)v_3 p_3^* p_2(t-\tau_2) - 2bv_3 p_3^* p_3(t) \end{cases} \tag{6.26}$$

系统（6.26）的特征方程为：

$$\lambda^3 + A_2\lambda^2 + A_1\lambda + (B_2\lambda^2 + B_1\lambda + B_0)e^{-\lambda\tau_1}$$
$$+ (C_2\lambda^2 + C_1\lambda)e^{-\lambda\tau_2} + (D_1\lambda + D_0)e^{-\lambda(\tau_1+\tau_2)} = 0 \tag{6.27}$$

其中，$A_2 - A_1$，$B_2 - B_0$，$C_2 - C_1$，$D_1 - D_0$ 见附录 D 中的式（D.2）。

为了计算简便，假定企业 1 和企业 2 参照相同历史时期的价格进行决策，故令 $\tau_1 = \tau_2 = \tau$。在特征方程（6.27）两边同时乘以 $e^{\lambda\tau}$ 可得：

$$(B_2 + C_2)\lambda^2 + (B_1 + C_1)\lambda + B_0 + (\lambda^3 + A_2\lambda^2 + A_1\lambda)e^{\lambda\tau} + (D_1\lambda + D_0)e^{-\lambda\tau} = 0$$
（6.28）

当 $\tau = 0$ 时，特征方程（6.28）能够简化为：

$$\lambda^3 + M_2\lambda^2 + M_1\lambda + M_0 = 0 \qquad (6.29)$$

其中，$M_2 = A_2 + B_2 + C_2$，$M_1 = A_1 + B_1 + C_1 + D_1$，$M_0 = B_0 + D_0$。

根据赫尔维茨判据可知，当且仅当 $M_i > 0$，$M_1M_2 - M_0 > 0$，$M_0(M_1M_2 - M_0) > 0$，$i = 0$，1，2 时，式（6.29）每一个根都有负实部，所以系统（6.25）在均衡点处是局部渐近稳定的。

至此，命题 6.4 **证毕**。

命题 6.5 当 $\tau = \tau_0 > 0$ 时，如果 $m_0 < 0$，则特征方程（6.28）在均衡点处有一对纯虚根 $\pm i\omega_0$。其中，

$$\tau_0 = \frac{1}{\omega_0}\arccos\left(\frac{n_4\omega_0^4 + n_5\omega_0^2 + n_6}{\omega_0^6 + n_7\omega_0^4 + n_8\omega_0^2 + n_9}\right)$$

证明： 当 $\tau > 0$ 时，特征方程（6.28）可以简化为：

$$N_2\lambda^2 + N_1\lambda + B_0 + (\lambda^3 + A_2\lambda^2 + A_1\lambda)e^{\lambda\tau} + (D_1\lambda + D_0)e^{-\lambda\tau} = 0 \quad (6.30)$$

其中，$N_2 = B_2 + C_2$，$N_1 = B_1 + C_1$。

假定 $\lambda = i\omega$（$\omega > 0$）是式（6.30）的一个根，则有：

$$\begin{cases} (\omega^3 - A_1\omega - D_1\omega)\cos(\omega\tau) + (A_2\omega^2 + D_0)\sin(\omega\tau) = N_1\omega \\ (\omega^3 - A_1\omega + D_1\omega)\sin(\omega\tau) - (A_2\omega^2 - D_0)\cos(\omega\tau) = N_2\omega^2 - B_0 \end{cases} \quad (6.31)$$

从而有：

$$\begin{cases} \sin(\omega\tau) = \dfrac{n_1\omega^5 + n_2\omega^3 + n_3\omega}{\omega^6 + n_7\omega^4 + n_8\omega^2 + n_9} \\ \cos(\omega\tau) = \dfrac{n_4\omega^4 + n_5\omega^2 + n_6}{\omega^6 + n_7\omega^4 + n_8\omega^2 + n_9} \end{cases} \quad (6.32)$$

其中，$n_1 - n_9$ 见附录 D 中的式（D.3）。

进而有：

$$\omega^{12} + m_{10}\omega^{10} + m_8\omega^8 + m_6\omega^6 + m_4\omega^4 + m_2\omega^2 + m_0 = 0 \qquad (6.33)$$

其中，$m_{10} - m_0$ 见附录 D 中的式（D.4）。设 $r = \omega^2$，式（6.33）简化为：

$$r^6 + m_{10}r^5 + m_8r^4 + m_6r^3 + m_4r^2 + m_2r + m_0 = 0 \qquad (6.34)$$

令

$$h(r) = r^6 + m_{10}r^5 + m_8r^4 + m_6r^3 + m_4r^2 + m_2r + m_0$$

如果 $h(0) = m_0 < 0$，$\lim\limits_{r \to \infty} h(r) = \infty$，式（6.34）至少有一个正根。不失一般性，假定式（6.34）有 6 个正根，记为 r_k，$k = 1$，2，…，6。所以式（6.33）同样有 6 个正根 $\omega_k = \sqrt{r_k}$，$k = 1$，2，…，6。对于每一个 ω_k 都存在一系列的 $\{\tau_k^{(j)} | k = 1, 2, \cdots, 6; j = 0, 1, \cdots\}$ 与之对应。根据式（6.32）得到：

$$\tau_k^{(j)} = \frac{1}{\omega_k}\arccos\left(\frac{n_4\omega_k^4 + n_5\omega_k^2 + n_6}{\omega_k^6 + n_7\omega_k^4 + n_8\omega_k^2 + n_9}\right) + \frac{2j\pi}{\omega_k} \qquad (6.35)$$

此时，$(\tau_k^{(j)}, \omega_k)$ 是特征方程（6.28）的一个根，即当 $\tau = \tau_k^{(j)}$ 时，特征方程（6.28）有一对纯虚根 $\pm i\omega_k$。定义 $\tau_0 = \min\{\tau_k^{(j)} | k = 1, 2, \cdots, 6; j = 0, 1, \cdots\} = \min\{\tau_k^{(0)} | k = 1, 2, \cdots, 6\} = \tau_{k_0}$，$\omega_0 = \omega_{k_0}$。则有：

$$\tau_0 = \frac{1}{\omega_0}\arccos\left(\frac{n_4\omega_0^4 + n_5\omega_0^2 + n_6}{\omega_0^6 + n_7\omega_0^4 + n_8\omega_0^2 + n_9}\right) \qquad (6.36)$$

因此，特征方程式（6.28）在 $\tau = \tau_0$ 时有一对纯虚根 $\pm i\omega_0$。

至此，命题 6.5 **证毕**。

命题 6.6 如果 $\Delta \neq 0$，则 $\mathrm{Re}\left[\dfrac{\mathrm{d}\lambda(\tau_0)}{\mathrm{d}\tau}\right]^{-1}_{\lambda = i\omega_0} \neq 0$，$\mathrm{Re}\left[\dfrac{\mathrm{d}\lambda(\tau_0)}{\mathrm{d}\tau}\right]^{-1}_{\lambda = i\omega_0}$ 和 Δ 有相同的符号。其中，

$$\Delta = P_RQ_R + P_IQ_I$$

证明：对式（6.30）两边求 λ 关于 τ 的偏导数为：

$$\left[\frac{\mathrm{d}\lambda(\tau)}{\mathrm{d}\tau}\right]^{-1} = \frac{(3\lambda^2 + 2A_2\lambda + A_1)e^{\lambda\tau} + 2N_2\lambda + N_1 + D_1e^{-\lambda\tau}}{N_2\lambda^3 + N_1\lambda^2 + B_0\lambda + 2\lambda(D_1\lambda + D_0)e^{-\lambda\tau}} - \frac{\tau}{\lambda} \qquad (6.37)$$

进而得：

$$\mathrm{Re}\left[\frac{\mathrm{d}\lambda(\tau_0)}{\mathrm{d}\tau}\right]^{-1}_{\lambda = i\omega_0} = \frac{P_RQ_R + P_IQ_I}{Q_R^2 + Q_I^2} = \frac{\Delta}{Q_R^2 + Q_I^2} \qquad (6.38)$$

其中，

$$P_R = -2\omega_0A_2\sin(\omega_0\tau_0) + (A_1 + D_1 - 3\omega_0^2)\cos(\omega_0\tau_0) + N_1$$

$$P_I = 2\omega_0 A_2 \cos(\omega_0 \tau_0) + 2N_2 \omega_0 + (A_1 - D_1 - 3\omega_0^2)\sin(\omega_0 \tau_0)$$

$$Q_R = 2\omega_0(D_1 \omega_0 + D_0)\sin(\omega_0 \tau_0) - N_1 \omega_0^2$$

$$Q_I = -N_2 \omega_0^3 + B_0 \omega_0 + 2D_0 \omega_0 \cos(\omega_0 \tau_0)$$

显然，如果 $\Delta \neq 0$，则 $\mathrm{Re}\left[\dfrac{\mathrm{d}\lambda(\tau_0)}{\mathrm{d}\tau}\right]^{-1}_{\lambda=i\omega_0} \neq 0$。所以 $\mathrm{Re}\left[\dfrac{\mathrm{d}\lambda(\tau_0)}{\mathrm{d}\tau}\right]^{-1}_{\lambda=i\omega_0}$ 与 Δ 符号相同，即系统满足 Hopf 分岔的横截性条件。

至此，命题 6.6 证毕。

根据命题 6.4～命题 6.6 和文献中的 Hopf 分岔理论得到如下结论（库兹涅佐夫，1998；哈萨德等，1981）：

定理 6.1　如果命题 6.4～命题 6.6 成立，则当 $\tau \in [0, \tau_0)$ 时系统（6.25）在均衡点 E_8 处是局部渐近稳定的；当 $\tau > \tau_0$ 时系统（6.25）是不稳定的；当 $\tau = \tau_0$ 时系统（6.25）产生 Hopf 分岔。

6.3.3　动态博弈特性分析

通过数值模拟验证理论分析的正确性及探究决策变量对系统稳定性和系统演化行为的影响。令 $v_1 = 0.5$，$v_2 = 0.5$，$v_3 = 0.5$，$w = 0.5$，其他参数保持不变。

6.3.3.1　不采用延迟策略

当 $\tau = 0$ 时，即企业 1 和企业 2 都不采用延迟策略，经计算系统的均衡点为 $E_8(1.7548, 1.7548, 1.7342)$，$M_1 = 3.5649 > 0$，$M_2 = 3.3196 > 0$，$M_1 M_2 - M_0 = 10.5861 > 0$，$M_0(M_1 M_2 - M_0) = 13.2139 > 0$。根据赫尔维茨判据可知，无延迟系统在均衡点处是局部渐近稳定的。在此情形下系统的演化行为如图 6.7 所示。

图 6.7（a）表明，在稳定的系统中，三企业从不同的价格初值开始博弈，最终都会收敛于均衡态。对比图 6.7（a）和（b）发现，企业 2 降低延保价格，虽然系统的稳定性不受影响，但是三种产品的销售价格都会上涨，其中产品 2 的价格上涨最为明显。对比图 6.7（a）和（c）可知，产品需求量的增加会引起产品价格的大幅上涨，这对消费者不利但对企业有利。

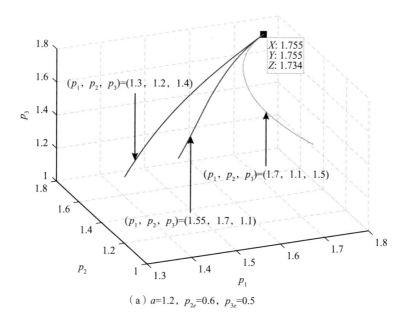

（a）$a=1.2$，$p_{2e}=0.6$，$p_{3e}=0.5$

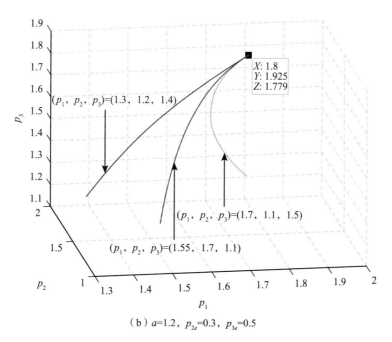

（b）$a=1.2$，$p_{2e}=0.3$，$p_{3e}=0.5$

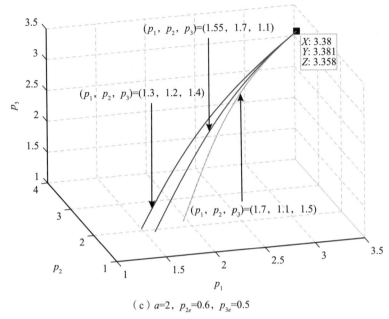

（c）$a=2$，$p_{2e}=0.6$，$p_{3e}=0.5$

图 6.7 不同情形下的系统吸引子

6.3.3.2 采用延迟策略

当 $\tau > 0$ 时，经计算得 $\omega_0 = 14.716$，$\tau_0 = 1.892$，$m_0 = -0.476$，$P_R Q_R + P_I Q_I \neq 0$。根据定理 6.1 可知，$\tau_0 = 1.892$ 是系统（6.25）的分岔临界值。

（1）时滞参数 τ 对系统稳定性的影响如图 6.8 所示。

图 6.8 给出了系统随时滞参数 τ 变化的演化趋势，随着 τ 的增大系统的稳定性变差，混沌程度增强。当系统稳定时，产品价格和企业利润都收敛于均衡解，但是如果企业 1 和企业 2 选取的历史时刻超出稳定域时，价格和利润会同步失稳。从图 6.8（a）中发现，采取自适应预期规则和延迟策略的企业 1，在失稳时其价格 p_1 振幅最大，混沌程度最高。换言之，企业 1 的价格受时滞变量的不利影响最严重。采取有限理性预期规则和延迟策略的企业 2，其价格 p_2 的混沌程度次之。仅采取有限理性预期规则而不采用延迟策略的企业 3，其价格 p_3 受时滞变量的不利影响最小。李雅普诺夫指数图验证了系统状态的变化，如图 6.8（b）所示。图 6.8（c）表明，采取延迟策略的企业 1 和企业 2 的利润都呈现下降趋势，而没有采取延迟策略的企业 3 的利润则为

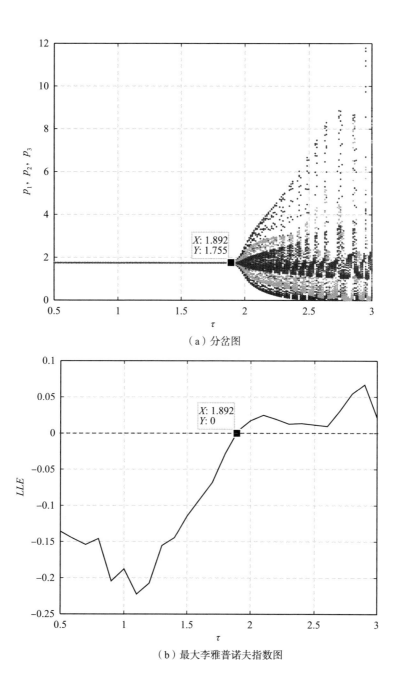

（a）分岔图

（b）最大李雅普诺夫指数图

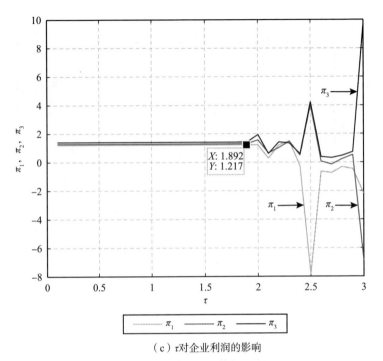

（c）τ对企业利润的影响

图6.8 τ对产品价格和企业利润的影响

上升的趋势。这说明，企业1和企业2在延迟决策时需谨慎，要尽量选取距离当前时刻较近的历史价格作为决策参考，以避免系统的震荡。

下面用吸引子描述图6.8（a）中系统从稳定状态到不稳定状态，直至进入混沌状态的过程，如图6.9所示。

图6.9（a）表示系统处于稳定状态的吸引子，系统经过长期博弈后收敛于均衡点，此时企业实现各自利润最大化。图6.9（b）表示系统博弈后将趋于极限环，此时的价格呈周期性的变化。图6.9（c）表示系统呈现拟周期性的变化趋势。图6.9（d）表示系统进入混沌状态，此时价格呈现无规则的运动。这说明，时滞参数的增加引起系统经历了不同状态的变化，也就是系统从稳定到混沌是一个从有序到无序的递进变化过程。

将产品价格敏感系数由 $b=0.7$ 调整为 $b=0.8$，此时系统关于时滞参数 τ 的分岔图如图6.10所示。

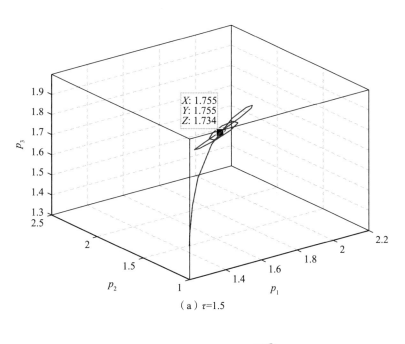

（a）τ=1.5

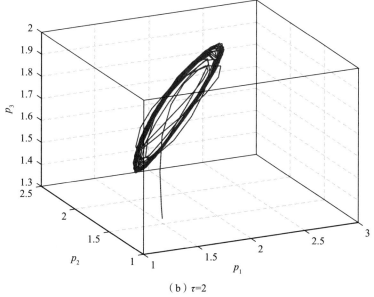

（b）τ=2

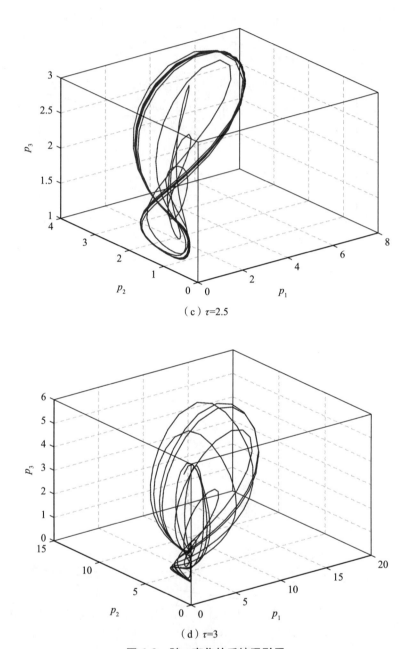

（c）τ=2.5

（d）τ=3

图 6.9　随 τ 变化的系统吸引子

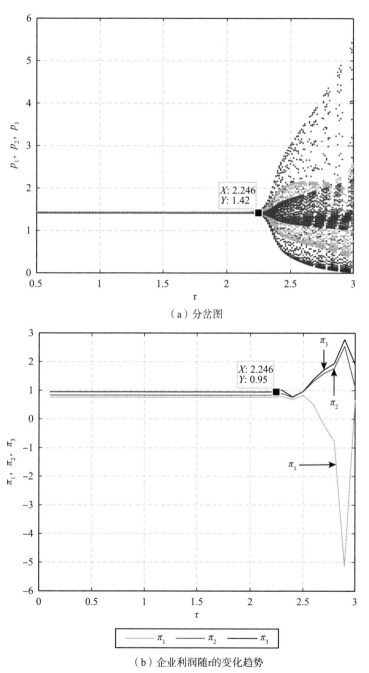

（a）分岔图

（b）企业利润随τ的变化趋势

图 6.10 $b=0.8$ 时 τ 对产品价格和企业利润的影响

图 6.8（a）是 $b=0.7$ 时的系统分岔图，对比图 6.10（a）和图 6.8（a）可以发现，随着价格敏感 b 的增加，τ 的稳定域在扩大，均衡价格在下降，系统混沌程度有所降低。对比图 6.10（b）和图 6.8（c）可以看出，随着 b 的增加企业的均衡利润有所下降，但是价格的不稳定依然引起利润的波动，且企业 1 的利润受此影响最为明显。这说明，提高价格敏感度 b 有助于增强系统的稳定性，产品的低价格对消费者有利但对企业不利。

（2）系统状态对企业利润的影响如图 6.11 所示。

图 6.11（a）和（b）描述了当系统稳定时，企业利润最终都会收敛于均衡利润，只是竞争产品价格敏感度的增加会引起利润的上涨。当 $d=0.3$ 时，均衡利润为（1.344，1.378，1.468），而当 $d=0.8$ 时，均衡利润为（3.882，3.916，4.073）。图 6.11（c）和（d）描述了系统不稳定时企业利润的演化轨迹，此时的利润是混沌的，提高竞争产品的价格敏感度会增强系统的混沌程度。这说明，企业要追逐高额利润必须确保系统是稳定的，并在其他条件不变时尽量提高消费者对竞争产品价格的敏感度。

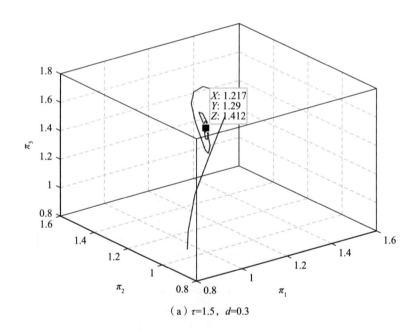

（a）$\tau=1.5$，$d=0.3$

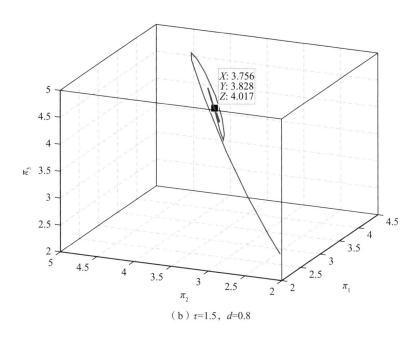

（b）τ=1.5，d=0.8

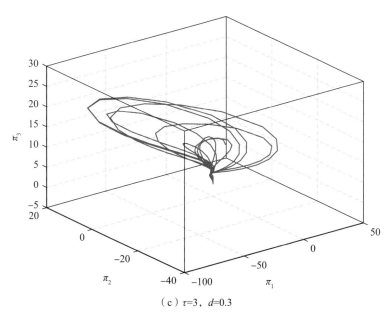

（c）τ=3，d=0.3

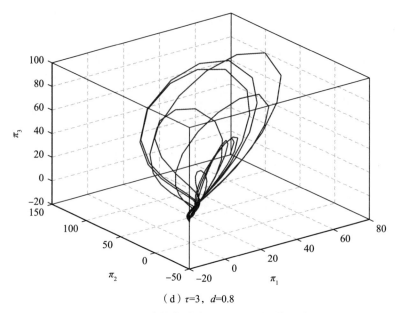

（d）$\tau=3$，$d=0.8$

图 6.11　系统状态对企业利润吸引子的影响

（3）价格调整速度 v_1 和 v_2 对系统稳定性的影响。

企业不断提高价格调整速度以实现利润最大化，但是过快的调整会对价格博弈系统产生负面影响。当系统稳定时（$\tau=1.5$，下同），企业 1 的价格调整速度 v_1 和企业 2 的价格调整速度 v_2 对系统稳定性的影响如图 6.12 所示。

对比图 6.12（a）和（c）可以发现，当 v_1 从 0.5 调整为 0.7 时，保持其他条件不变，系统关于 v_2 的稳定域消失，系统一直处于混沌状态。在此过程中价格 p_1 变化最显著。对比图 6.12（b）和（d）可知，当 $v_1=0.5$ 时，企业利润在 $v_2=0.8$ 时失去稳定，此后逐渐下降，其中企业 2 的利润下降幅度最大。当 $v_1=0.7$ 时，企业利润关于 v_2 的稳定域消失，利润一直处于上下波动的状态。当 $v_2>1.4$ 时，企业 1 和企业 3 的利润开始增加，而企业 2 的利润突然下降。这说明，系统混沌对企业 1 和企业 3 相对有利，而对企业 2 不利。基于此，企业 1 和企业 3 都希望 v_2 增大，而企业 2 必须对调整速度 v_2 加以控制。

将权重 w 由 0.3 调整为 0.4，此时 v_2 对产品价格和企业利润的影响如图 6.13 所示。

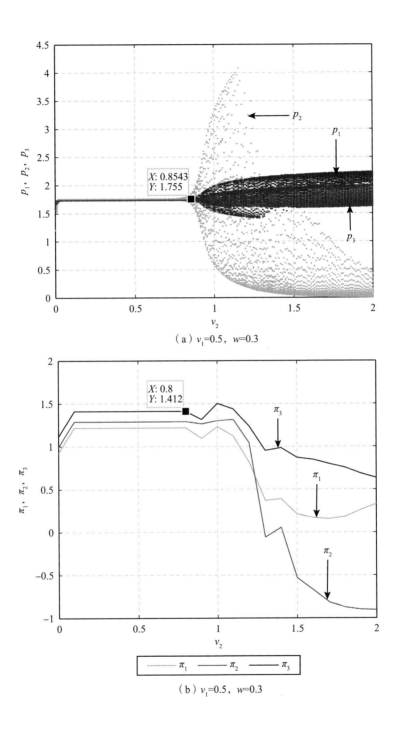

（a）$v_1=0.5$，$w=0.3$

（b）$v_1=0.5$，$w=0.3$

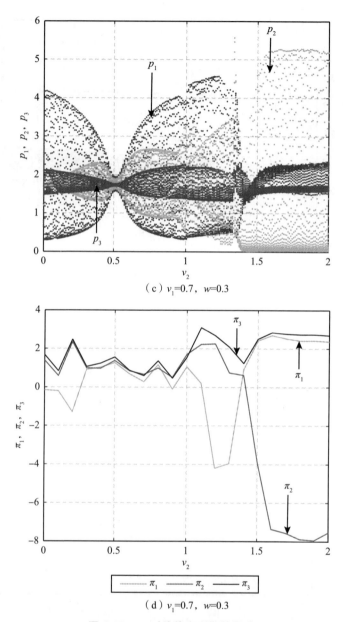

（c）v_1=0.7，w=0.3

（d）v_1=0.7，w=0.3

图 6.12 v_2 对价格和利润的影响

注：（a）和（c）为价格分岔图，（b）和（d）为利润变化趋势。

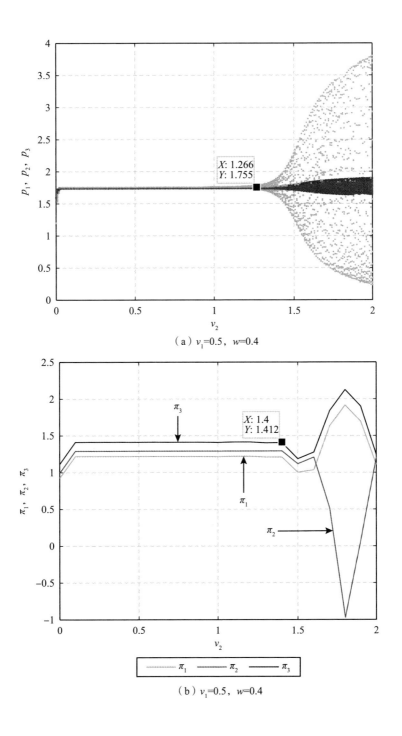

（a）v_1=0.5，w=0.4

（b）v_1=0.5，w=0.4

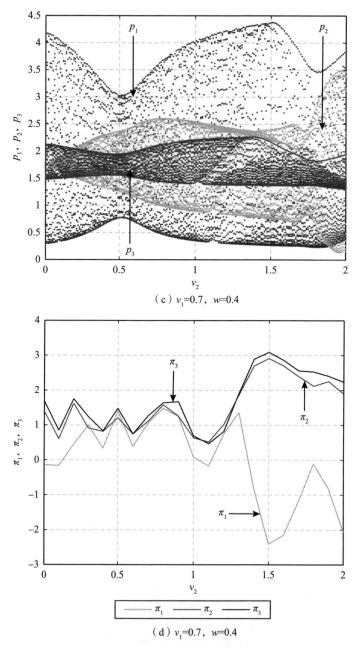

（c）v_1=0.7，w=0.4

（d）v_1=0.7，w=0.4

图 6.13 v_2 对价格和利润的影响

注：（a）和（c）为价格分岔图，（b）和（d）为利润变化趋势。

从图 6. 13 （a） 和 （b） 可以看出，当 $v_1 = 0.5$ 时，系统随着 v_2 的加快从稳定状态经分岔进入混沌状态，分岔临界值为 $v_2 = 1.266$。此时利润的失稳临界值为 $v_2 = 1.4$。只要系统保持稳定，价格和利润都将收敛于均衡解。提高企业 1 的价格调整速度至 $v_1 = 0.7$ 时，v_2 的稳定域同样消失，系统的混沌程度也会增强，但是 v_2 的增大对企业 2 和企业 3 有利，对企业 1 不利，如图 6. 13 （c） 和 （d） 所示。对比图 6. 12 （c） 和图 6. 13 （c） 可知，同时提高 v_1 和 w，系统的混沌程度比只提高一个决策变量要显著得多。这说明，企业之间的博弈不但是策略调整的过程，而且是不同决策变量之间相互影响、相互制约的过程。

此外，对比图 6. 12 （a） 和图 6. 13 （a） 可以发现，仅提高决策权重 w 会增加系统的稳定域以及降低系统的混沌程度，但不会改变价格的均衡策略。此时企业利润的稳定域也会扩大，企业利润的均衡解同样不受影响，企业 2 和企业 3 的利润由混沌时的下降变为了上升。这说明，企业 2 提高当前价格在决策中的权重可以增强系统的稳定性，在混沌状态时对自身利润依然不利，但是对企业 1 和企业 3 有利，如图 6. 12 （b） 和图 6. 13 （b） 所示。对比图 6. 12 （c）、图 6. 13 （a） 和 （c） 可以发现，仅当 w 由 0. 3 调整为 0. 4 时系统存在稳定状态，此后才通过分岔陷入混沌状态；仅当 v_1 由 0. 5 调整为 0. 7 时系统不存在稳定状态，而是一直处于混沌状态；当 w 和 v_1 同时做上述调整时，系统仍然一直处于混沌状态，并且混沌程度明显加强。这说明，系统状态对价格调整速度 v_1 更敏感，决策变量的叠加效应更显著。

对比图 6. 12 （d）、图 6. 13 （b） 和 （d） 还可以发现，仅调整 w 或 v_1 不会改变混沌状态中企业 2 利润呈现下降且亏损的态势，但是对企业 1 和企业 3 是有利的；同时调整 w 和 v_1 则能扭转企业 2 的亏损态势，此时对企业 2 和企业 3 有利，但对企业 1 不利。无论如何调整这两个决策变量，企业 3 一直是受益者。

（4） 以企业 2 为例，延保价格 p_{2e} 和绿色度 g_{2e} 对企业 2 利润 π_2 的影响如图 6. 14 所示。

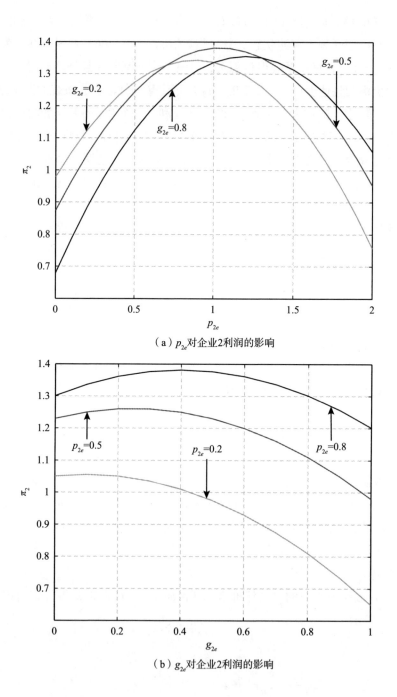

（a）p_{2e}对企业2利润的影响

（b）g_{2e}对企业2利润的影响

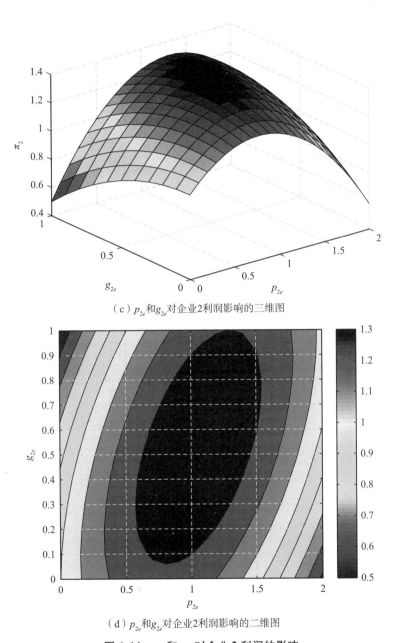

（c）p_{2e}和g_{2e}对企业2利润影响的三维图

（d）p_{2e}和g_{2e}对企业2利润影响的二维图

图 6.14　p_{2e} 和 g_{2e} 对企业 2 利润的影响

图 6.14（a）表明，存在最优的延保价格在延保绿色度适中时使得企业 2 的利润最大，过高或过低的延保绿色度都无法确保企业利润最大。图 6.14（b）表明，存在最优的延保绿色度在延保价格较高时使得企业 2 的利润最大，换言之，只有当延保绿色度和延保价格都较高时，企业 2 才能获得最大的利润。图 6.14（c）进一步描述了 p_{2e} 和 g_{2e} 对企业 2 利润的影响，存在最优值 $p_{2e} = 1.1$ 和 $g_{2e} = 0.6$ 使得企业 2 的利润最大为 1.38。图 6.14（d）表明，延保价格对企业利润的影响力要强于延保绿色度，随着 p_{2e} 的增加企业利润先阶梯式增长，此后再阶梯式下降。此外，在延保价格和延保绿色度中，当一方较小且另一方较大时企业的利润最低。总之，企业要追逐高额的利润应该首先设定恰当的延保价格，然后再微调延保绿色度，尽力使他们的决策值最优。

（5）系统稳定时，延保价格敏感系数 α 和延保绿色度敏感系数 β 对企业利润演化行为的影响如图 6.15 所示。

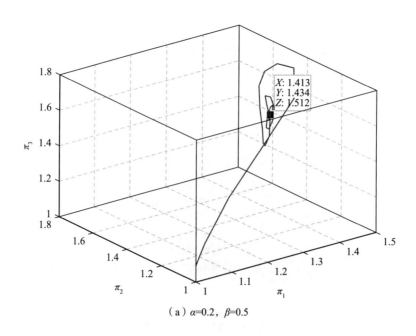

（a）$\alpha=0.2$，$\beta=0.5$

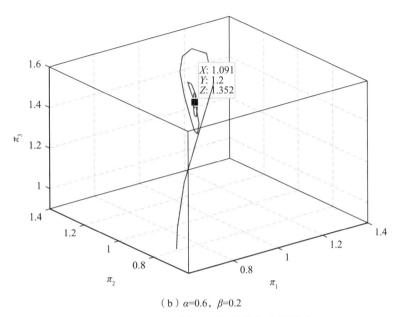

（b）α=0.6，β=0.2

图 6.15　α 和 β 对企业利润演化行为的影响

比较图 6.11（a）（$\alpha=0.6$，$\beta=0.5$）和图 6.15 发现，仅将 α 由 0.6 调整为 0.2 时，即降低消费者对延保价格的敏感度，此时企业利润都会增加。仅将 β 由 0.5 调整为 0.2 时，即降低消费者对延保绿色度的敏感性，此时企业利润都会降低。总之，企业要想获得更多的利润，需要提高消费者对延保绿色度的敏感性，以及降低消费者对延保价格的敏感性。

6.3.4　混沌控制

通过图 6.8（a）可知，系统（6.25）在 $\tau=3>\tau_0$ 时是混沌的，对应的时间序列如图 6.16 所示。显然，混沌系统中的产品价格呈现出剧烈的波动。因此，有必要采取措施对混沌系统进行控制。

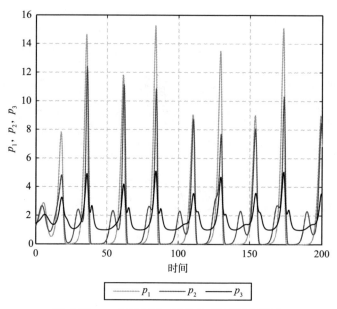

图 6.16 $\tau = 3$ 时系统（6.25）的时间序列图

本节采用延迟反馈控制法对混沌系统进行控制，在系统（6.25）上添加控制项后为：

$$\begin{cases} \dot{p}_1(t) = v_1 p_1\left(\dfrac{1}{2b}\{a + d[wp_2(t) + (1-w)p_2(t-\tau_2)] + dp_3 - bp_{1e} + bc_1\} - p_1(t-\tau_1)\right) \\ \qquad -\mu[p_1 - p_1(t-\tau)] \\ \dot{p}_2(t) = v_2 p_2\{a - 2b[wp_2(t) + (1-w)p_2(t-\tau_2)] + d(p_1 + p_3) - bp_{2e} + bc_2) \\ \qquad -\mu[p_2 - p_2(t-\tau)]\} \\ \dot{p}_3(t) = v_3 p_3\{a - 2bp_3 + d[p_1 + wp_2(t) + (1-w)p_2(t-\tau_2)] - bp_{3e} + bc_3\} \end{cases}$$

$$(6.39)$$

其中，$\mu[p_i - p_i(t-\tau)]$ 为延迟反馈控制项，μ 为控制参数，$i = 1$，2。调节 μ 可以实现对混沌系统的控制。系统（6.39）关于控制参数 μ 的分岔图如图 6.17 所示，系统分岔的临界值是 $\mu_0 = 0.191$。如果 $\mu < \mu_0$ 系统是混沌的，如果 $\mu > \mu_0$ 系统是稳定的。

分别取 $\mu = 0.15 < \mu_0$ 和 $\mu = 0.24 > \mu_0$，其对应的时间序列和吸引子如图 6.18 所示。

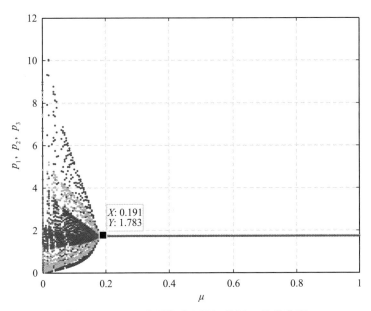

图 6.17 $\tau = 3$ 时系统（6.39）关于 μ 的分岔图

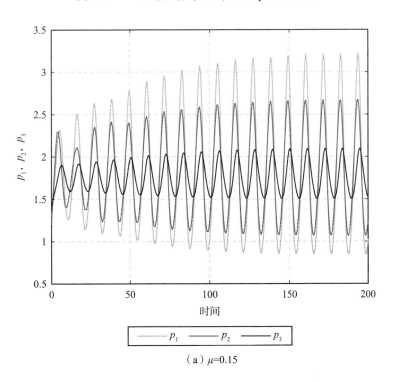

（a）$\mu = 0.15$

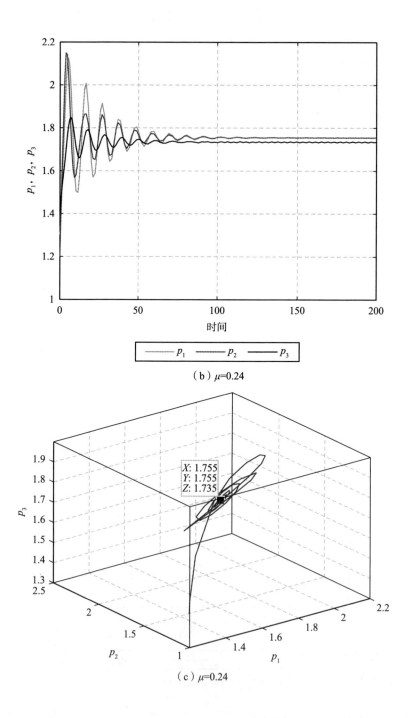

（b）μ=0.24

（c）μ=0.24

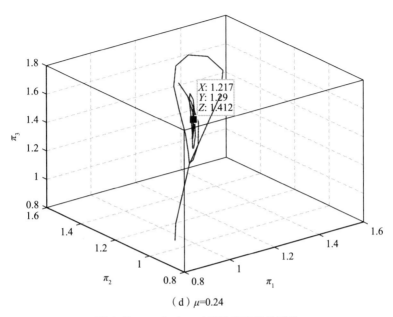

（d）μ=0.24

图 6.18　τ=3 时 μ 对系统稳定性的影响

图 6.18 表明，当 μ=0.15 时系统没有得到较好的控制；当 μ=0.24 时系统得到了有效控制，此时产品价格和企业利润都逼近于系统（6.25）稳定时的均衡解。这说明，对于失稳的价格市场可以通过外部政策的干预和调节使其恢复到平稳运营状态。

6.4　本章小结

在考虑企业为消费者提供延保服务的基础上，建立了单周期的纳什价格博弈模型和多周期的动态时滞价格博弈模型，研究了多种因素影响下的最优策略，分析了决策参数对最优策略和系统稳定性的影响，探讨了企业从博弈初态通过策略调整收敛于最优策略的演化行为。

对比分析了单周期决策中固定延保期、可变延保期和可变质保期三种情形下的价格最优策略，给出了最优策略的解析式，讨论了延保价格、延保绿色度、延保期、质保期等决策参数对最优策略的影响。研究表明，产品的最优价格均与各自的延保期和质保期正相关；存在最优的延保价格、延保绿色度和延保期使得企业利润最大；依据对企业利润的影响程度从强到弱依次为质保期、延保期、延保价格和延保绿色度；企业同时为消费者提供绿色延保服务、可变延保期服务和可变质保期服务才能获得更高利润。

通过构建多周期的动态时滞价格博弈模型，分析了均衡点的局部渐近稳定性，给出了博弈模型的稳定性条件。探讨了时滞变量、价格调整速度、决策权重、延保价格和延保绿色度等决策因素对博弈系统稳定性和演化行为的影响，采用延迟反馈控制法对混沌系统进行了有效控制。研究表明，企业降低延保价格不影响系统的稳定性，但是会引起产品价格的上涨；历史价格的选取应尽量靠近当前时刻，此时系统的稳定性最强；选取过早的历史价格会导致系统陷入混沌状态；提高消费者的价格敏感度有利于增强系统的稳定性，但对企业不利；在系统稳定的前提下，提高消费者对竞争产品的敏感度有助于企业获利；系统混沌对企业 2 不利，但对企业 1 和企业 3 有利，这说明混沌系统不总是有害的；提高当前价格的权重能够增强系统的稳定性；系统对价格调整速度的敏感度高于对决策权重的敏感度；过高或过低的延保绿色度都不利于企业利润最大化，并且延保绿色度和延保价格同步提高才能获得更大的利润；提高延保绿色度敏感系数或降低延保价格敏感系统更有助于企业盈利；延迟反馈控制法能够使混沌系统重返稳定状态，并且产品价格和企业利润无限逼近于完全信息下的最优策略。

第 7 章
总 结 与 展 望

本章归纳总结本书的主要研究内容和研究结论，进而对未来的研究工作进行展望。

7.1 研 究 总 结

在努力发展低碳经济和产业转型升级的大背景下，本书以企业产品的绿色生产和销售为研究对象，主要借助非线性动力学理论、系统复杂性理论和博弈理论，在考虑企业采用延迟策略和有限理性决策的基础上，研究了产品的不同阶段、多种影响因素下、多延迟的交互作用、不同数目的企业间存在的价格和产量的最优策略和演化博弈行为，通过对博弈系统稳定性、复杂性和演化轨迹的分析，取得了一些有价值的研究结论。全书的主要研究内容和研究结论总结如下：

（1）紧跟发展低碳经济和共享经济的趋势，对产品绿色生产和销售阶段中存在的企业的价格和产量博弈问题展开深入研究，具体涉及低碳产能分享、低碳技术分享、产品的绿色水平、延保服务的绿色度、延迟决策的效应、博弈权利结构、博弈演化趋势与系统稳定性的关系、混沌系统的控制等内容。全书主要对上述内容进行研究，分析多种因素影响下的最优博弈策略，探究决策变量及其交互作用对企业健康运营和稳定获利的影响。

（2）在考虑企业碳排放量约束政策和低碳产能分享的情形下，对比分析了单周期 Stackelberg 博弈中有无产能分享下的最优策略，探究了单位产品碳排放量、碳税、碳限额、产能分享服务费、分享匹配度、最大产品需求量、价格敏感系数等决策变量对最优策略的影响。通过建立多周期的斯坦科尔伯格两企业时滞价格微分博弈模型，把两企业产品的价格和产能匹配度作为研究变量，分析了博弈模型在均衡点处 Hopf 分岔的存在性及局部渐近稳定性的条件，比较分析了是否采用延迟策略对博弈均衡解的影响。探讨了企业决策从初始态到均衡态的演化过程，明确了得到最优策略所经过的博弈轨迹。同时，还通过数值仿真中的分岔图、李雅普诺夫指数图、混沌吸引子、时间序列图等工具对延迟参数、价格调整速度、决策权重等变量对博弈系统复杂特性的影响进行了分析，证实了系统的稳定性能够影响演化趋势和企业利润。

研究表明：第一，通过碳税、碳限额和碳交易等政策能够对企业的低碳生产行为进行有效干预，提高碳税会导致产品价格上涨，此时是否会增加企业利润则取决于碳限额；碳限额不会影响产品价格，只会影响企业利润。第二，提高低碳产能分享费会促进两企业产品价格的上涨，能够持续增加产能供给方的利润，但是存在最优分享费使得产能需求方的利润最大。第三，产品需求量越大越有助于企业间的产能分享；提高低碳产能分享匹配度，在一定范围内对产能供需双方都有利，存在最优值使得产能供给方的利润最大，但始终对产能需求方有利。第四，消费者对产品价格的单一敏感性容易造成企业利润的不稳定，为此企业可以采取提高产品质量和服务水平等多种措施吸引消费者。第五，企业参照的历史价格如果超出稳定域，则博弈系统会通过分岔进入混沌状态；在稳定的系统中，企业从不同的博弈初态经过长期的策略调整都会收敛于博弈均衡态，但是不稳定的系统会导致博弈结果出现较大偏差，企业难以稳定获利；延迟变量、价格调整速度、决策权重等都存在稳定域以确保系统的稳定，但是延迟变量和价格调整速度越大系统的稳定性越差，而决策权重则相反。

（3）针对企业产品的绿色生产，除低碳产能分享外还考虑了低碳技术分享对产品价格的影响。以单位产品的碳减排量作为衡量企业低碳技术水平的标准，技术供给企业通过低碳技术研发和技术分享获取收益。提出了技术研发和技术分享对技术供需双方企业单位产品成本的动态调整机制。在考虑低碳技术对产品需求正向作用的基础上，对比分析了斯坦科尔伯格博弈下的无

技术研发无技术分享、有技术研发无技术分享、有技术研发有技术分享三种
情形下的最优策略。探讨了低碳技术水平、单位技术分享费、低碳技术敏感
度等决策变量对最优策略的影响。通过构建多周期斯坦科尔伯格时滞两企业
价格微分博弈模型，分析了企业从博弈初始状态到博弈均衡状态的演化趋势
和演化轨迹。以延迟变量作为系统分岔的研究对象，给出了延迟变量的稳定
域及存在条件。通过数值仿真探讨了延迟变量、价格调整速度、产品需求量、
低碳技术水平等决策变量对系统稳定性和复杂性的影响，以及分析了系统的
稳定性对博弈演化趋势的影响。探究了博弈系统的分岔、混沌、初值敏感性
等混沌特性，给出了博弈系统关于技术分享比例和技术分享费的稳定域。

　　研究表明：第一，企业双方在有低碳技术研发且有低碳技术分享情形下
的利润最大，此种情形对企业双方都有利，但技术供给方获利更大。第二，
单位技术分享费和技术分享比例会直接影响企业利润，适中的技术分享费和
较高的分享比例对企业双方更有利。第三，无论是否存在技术分享，低碳技
术的研发水平都存在最优值使得技术供给方企业的利润最大，技术需求方企
业是否获利则取决于技术分享费和技术分享比例；消费者对企业低碳生产能
力的认可度越高，企业双方通过技术分享获利就越大。第四，在稳定的系统
中，企业双方是否采取延迟决策并不影响博弈系统的均衡解，且演化博弈的
均衡解收敛于完全信息下的最优策略。第五，系统的稳定性能够影响博弈演
化的轨迹和结果，在稳定的系统中初值的变化不影响系统收敛于均衡解；但
是在不稳定的系统中，博弈过程具有高度的初值敏感性，初值的微小改变都
会造成博弈结果的巨大偏差；价格调整速度和产品的最大需求量都必须在合
理的范围内调节才能确保企业持久稳定获利。

　　（4）无论是低碳产能分享还是低碳技术分享，都是为了实现低碳生产和
提高产品的绿色度。在考虑企业产品绿色度差异以及绿色度对产品需求正向
作用的基础上，分析了三企业纳什博弈中基于产品绿色度的无干预机制、补
贴机制、奖惩机制和税收机制下的最优策略，探究了产品绿色度、补贴力度、
奖惩力度和税收力度对最优策略的影响。构建了纳什博弈情形下的时滞三企
业微分产量博弈模型，分析了博弈模型的均衡点及其稳定性，研究了产品的
绿色度、延迟变量等因素对系统演化博弈行为的影响，给出了博弈系统受延
迟变量影响产生分岔的临界值及其存在条件，探讨了系统从稳定到混沌所经

历的状态转变过程，通过分岔图、熵图等工具刻画了不同延迟变量之间的交互作用对系统稳定性和复杂性的影响。针对混沌系统给企业决策带来的危害，采用变量反馈控制法对其进行了有效控制。

研究表明：第一，企业产量和利润都与自身产品的绿色度正相关，而与竞争产品的绿色度负相关，并且存在最优的产品绿色度使得企业自身利润最大化。采取多种措施的组合能够有效干预企业的低碳生产。第二，增加产品的需求量，或者提升消费者对产品绿色度的信心，或者降低价格对产量的敏感性都有助于企业获利。第三，延迟交互作用和价格调整速度的不合理设置都会引起系统的失稳，从而同步提高系统的复杂度；混沌的系统不但会造成产量的较大波动，而且带来产量决策的初值敏感性。第四，博弈系统随着延迟变量的持续增加，将经历稳定状态、周期状态、拟周期状态、混沌状态，进而导致企业陷入无序的竞争中；企业参照的历史产量越靠近当前期系统越稳定。第五，对失稳系统的控制效果依赖于控制参数的调节程度，这说明对于不良竞争或者不合理的政策调整等因素所导致的市场震荡，可以通过外部政策干预或者调整决策主体之间的关系使其重返稳定运营状态。

（5）由于产品的绿色生产需要企业为之付出较高的生产成本，因此造成产品价格的上涨。为了加大产品销售和稳定获利，企业可以为消费者提供延保服务以满足其对产品更长保修期的需求。在考虑延保绿色度的基础上，对比分析了完全理性下的固定延保期、可变延保期和可变质保期三种情形下的最优策略，研究了延保价格、延保绿色度、延保期、质保期等决策变量对最优策略的影响。通过构建多周期的纳什博弈下的三企业时滞微分价格博弈模型分析了企业的演化博弈行为。确定了博弈模型的均衡价格，探究了博弈系统在均衡价格处的局部渐近稳定性条件。重点探讨了博弈系统的复杂性，并对混沌系统采用延迟反馈控制法实现了稳定性控制。

研究表明：第一，产品的最优价格均与各自的延保期和质保期正相关；存在最优的延保价格、延保绿色度和延保期使得企业利润最大。第二，依据对企业利润的影响程度从强到弱依次为质保期、延保期、延保价格和延保绿色度；企业同时为消费者提供绿色延保服务、可变延保期服务和可变质保期服务才能获得更高利润。第三，系统陷入混沌不是对所有企业都有害；系统在混沌状态下的价格大于系统稳定状态下的价格，且系统混沌程度越高价格涨幅越明显。第四，无论企业是否采用延迟策略，在稳定的系统中对博弈初值不敏感；企业参照的延迟变量超出稳定域越多系统的混沌特性越明显；混沌系统中没有采取延迟决策企业的利润远大于稳定系统中的利润值，采取了延迟决策的企业则在混沌系统中出现了亏损。第五，消费者对竞争产品价格敏感度的增强会引起系统混沌，为此企业应该摆脱单一依靠价格抢占市场的方式；延迟反馈控制法使得控制后的价格和利润逼近于之前稳定系统的均衡价格和均衡利润，控制效果较为理想。

（6）本书研究对企业运营的贡献：第一，有助于企业明确各个决策变量之间的交互关系，有助于企业理清决策变量的变化对博弈最优策略的影响程度，有助于企业采取延迟决策提高价格和产量决策的准确性，有助于企业认识到市场中的博弈行为是一个长期的、反复的、策略不断调整的动态过程，只有在稳定的市场环境中经过博弈才能达到彼此都相对满意的策略。第二，即使市场运营中出现了不可预知的市场震荡，通过企业自身的策略调整或者市场外部政策的干预能够使其在一定程度上重返稳定运营状态，因为稳定的市场环境才是企业获利和健康发展的基础。第三，企业要发展低碳经济提高产品的绿色水平，虽然通过本书提出的低碳产能分享和低碳技术分享能够实现，但获利远低于企业自身低碳技术研发的水平，所以资源共享只是企业实现盈利的一个有效途径，企业技术的创新才是发展的永久驱动力。第四，企业发展低碳经济需要承担更大的成本，所以企业一方面可以争取低碳补贴、碳排放额度等优惠政策增强绿色产品生产的能力，另一方面可以通过为消费者提供延保服务、延长质保期和延保期等措施拓展消费群体。第五，企业不可盲目追求利润最大化，决策变量的调整通常是有限度的，否则容易导致博弈市场失去稳定，给企业自身和整个行业带来危害。

7.2 研究展望

本书主要针对企业产品的绿色生产和销售问题展开研究，对低碳产能分享、低碳技术分享、产品绿色度、延保服务等因素影响下的博弈策略和系统的复杂特性进行了分析。构建了单周期和多周期的、完全理性和有限理性的、斯坦科尔伯格博弈和纳什博弈的、两企业和三企业的、价格和产量的微分博弈模型，通过理论推导和数值仿真分析了企业的决策变量对最优策略、系统的稳定性、系统的复杂性和演化行为的影响，探究了系统的稳定性对演化轨迹的影响。虽然本书的研究取得了一定的研究成果，但是所构建的博弈模型具有一定的抽象性，与现实经济运行状况的吻合度有待提高。因此，本书在未来的研究中将从以下三个方面进行完善和提高。

（1）借助互联网平台实现资源共享。本书所研究的低碳产能分享和低碳技术分享都是企业之间的一种直接的资源共享方式，虽然考虑了分享匹配度、分享费、碳排放约束和技术研发水平等决策变量，但是没有将其融入第三方的互联网资源共享平台。为此，在后续的研究中可以综合考虑资源供给方、资源共享平台、资源需求方三者之间的一种资源共享博弈关系，这样有利于增加参与资源共享企业的数目，以及提高资源共享率。

（2）充实延保服务的内容，提高延保服务的购买率。本书虽然研究了延保价格、延保绿色度、延保期和质保期等因素对消费者选择购买延保服务的影响。但是在现实生活中，消费者还往往考虑产品质量、企业服务水平、用户体验等因素。因此，在后续的研究中可以考虑将这些因素融入已有模型中，为消费者提供可选度更高的延保服务，并对其进行复杂性分析。

（3）构建并分析多机制下的混合博弈模型。本书的第 3 章、第 4 章和第 6 章都是建立的带延迟决策的价格博弈模型，第 5 章是建立的带延迟决策的产量博弈模型，所构建的博弈模型都是基于有限理性预期规则的。因此，在后续的研究中可以考虑构建带延迟决策的价格和产量的混合博弈模型，并将资源分享机制、基于产品绿色度的奖惩机制和税收机制、延保机制等融入其中，对比分析多机制下不同类型博弈模型的复杂特性和演化行为，更深层次地挖掘其经济和管理方面的意义。

A. 第 3 章

一、系统（3.21）的均衡点

$$
\begin{cases}
E_1(0,\ 0,\ 0) \\[2mm]
E_2\left(-\dfrac{\Delta_1}{\Delta_5},\ 0,\ 0\right) \\[4mm]
E_3\left(0,\ 0,\ \dfrac{\Delta_3}{\eta}\right) \\[4mm]
E_4\left(0,\ \dfrac{\Delta_2}{2\alpha},\ 0\right) \\[4mm]
E_5\left(0,\ -\dfrac{-\Delta_2\eta-\gamma\Delta_3\varphi}{2\alpha\eta},\ \dfrac{\Delta_3}{\eta}\right) \\[4mm]
E_6\left(-\dfrac{\Delta_3\Delta_4+\Delta_1\eta}{\Delta_4^2+\Delta_5\eta},\ 0,\ -\dfrac{\Delta_1\Delta_4-\Delta_3\Delta_5}{\Delta_4^2+\Delta_5\eta}\right) \\[4mm]
E_7\left(-\dfrac{\Delta_1}{\Delta_5},\ -\dfrac{\beta\Delta_1-\Delta_2\Delta_5}{2\alpha\Delta_5},\ 0\right) \\[4mm]
E_8(p_1^*,\ p_2^*,\ \theta^*)
\end{cases}
\tag{A.1}
$$

其中，$p_1^*=-\dfrac{\Delta_3\Delta_4+\Delta_1\eta}{\Delta_4^2+\Delta_5\eta}$，$p_2^*=-\dfrac{\beta\Delta_3\Delta_4-\Delta_2\Delta_4^2+\beta\Delta_1\eta-\Delta_2\Delta_5\eta+\gamma\Delta_1\Delta_4\varphi-\gamma\Delta_3\Delta_5\varphi}{2\alpha(\Delta_4^2+\Delta_5\eta)}$，

$\theta^*=-\dfrac{\Delta_1\Delta_4-\Delta_3\Delta_5}{\Delta_4^2+\Delta_5\eta}$。

二、式（3.24）的系数值

$$
\left\{
\begin{aligned}
A_2 &= \eta k_3 \theta^* - k_1 w_1 \Delta_5 p_1^* + 2\alpha k_2 w_2 p_2^* \\
A_1 &= 2\alpha \eta k_2 k_3 w_2 \theta^* p_2^* - k_1 k_3 w_1 \Delta_4^2 \theta^* p_1^* - \eta k_1 k_3 w_1 \Delta_5 \theta^* p_1^* \\
&\quad - 2\alpha k_1 k_2 w_1 w_2 \Delta_5 p_1^* p_2^* \\
A_0 &= -2\alpha k_1 k_2 k_3 w_1 w_2 \Delta_4^2 \theta^* p_1^* p_2^* - 2\alpha \eta k_1 k_2 k_3 w_1 w_2 \Delta_5 \theta^* p_1^* p_2^* \\
B_2 &= k_1 w_1 \Delta_5 p_1^* - k_1 \Delta_5 p_1^* + 2\alpha k_2 p_2^* - 2\alpha k_2 w_2 p_2^* \\
B_1 &= k_1 k_3 w_1 \Delta_4^2 \theta^* p_1^* - k_1 k_3 \Delta_4^2 \theta^* p_1^* - \eta k_1 k_3 \Delta_5 \theta^* p_1^* \\
&\quad + \eta k_1 k_3 w_1 \Delta_5 \theta^* p_1^* + 2\alpha \eta k_2 k_3 \theta^* p_2^* \\
&\quad - 2\alpha \eta k_2 k_3 w_2 \theta^* p_2^* - 2\alpha k_1 k_2 w_1 \Delta_5 p_1^* p_2^* \\
&\quad - 2\alpha k_1 k_2 w_2 \Delta_5 p_1^* p_2^* + 4\alpha k_1 k_2 w_1 w_2 \Delta_5 p_1^* p_2^* \\
B_0 &= -2\alpha k_1 k_2 k_3 w_1 \Delta_4^2 \theta^* p_1^* p_2^* - 2\alpha k_1 k_2 k_3 w_2 \Delta_4^2 \theta^* p_1^* p_2^* \\
&\quad + 4\alpha k_1 k_2 k_3 w_1 w_2 \Delta_4^2 \theta^* p_1^* p_2^* - 2\alpha \eta k_1 k_2 k_3 w_1 \Delta_5 \theta^* p_1^* p_2^* \\
&\quad - 2\alpha \eta k_1 k_2 k_3 w_2 \Delta_5 \theta^* p_1^* p_2^* + 4\alpha \eta k_1 k_2 k_3 w_1 w_2 \Delta_5 \theta^* p_1^* p_2^* \\
C_1 &= -2\alpha k_1 k_2 \Delta_5 p_1^* p_2^* + 2\alpha k_1 k_2 w_1 \Delta_5 p_1^* p_2^* + 2\alpha k_1 k_2 w_2 \Delta_5 p_1^* p_2^* \\
&\quad - 2\alpha k_1 k_2 w_1 w_2 \Delta_5 p_1^* p_2^* \\
C_0 &= -2\alpha k_1 k_2 k_3 \Delta_4^2 \theta^* p_1^* p_2^* + 2\alpha k_1 k_2 k_3 w_1 \Delta_4^2 \theta^* p_1^* p_2^* \\
&\quad + 2\alpha k_1 k_2 k_3 w_2 \Delta_4^2 \theta^* p_1^* p_2^* - 2\alpha k_1 k_2 k_3 w_1 w_2 \Delta_4^2 \theta^* p_1^* p_2^* \\
&\quad - 2\alpha \eta k_1 k_2 k_3 \Delta_5 \theta^* p_1^* p_2^* + 2\alpha \eta k_1 k_2 k_3 w_1 \Delta_5 \theta^* p_1^* p_2^* \\
&\quad + 2\alpha \eta k_1 k_2 k_3 w_2 \Delta_5 \theta^* p_1^* p_2^* - 2\alpha \eta k_1 k_2 k_3 w_1 w_2 \Delta_5 \theta^* p_1^* p_2^*
\end{aligned}
\right.
\tag{A.2}
$$

三、式（3.29）的系数值

$$
\begin{cases}
D_{10} = -4A_1 + 2A_2^2 - B_2^2 \\
D_8 = 6A_1^2 - 4A_0A_2 - 4A_1A_2^2 + A_2^4 - B_1^2 + 2B_0B_2 + 2A_1B_2^2 - A_2^2B_2^2 + 2B_2^2C_1 - 2C_1^2 \\
D_6 = 2A_0^2 - 4A_1^3 + 8A_0A_1A_2 + 2A_1^2A_2^2 - 4A_0A_2^3 - B_0^2 + 2A_1B_1^2 - A_2^2B_1^2 - 4A_1B_0B_2 \\
\qquad + 2A_2^2B_0B_2 - A_1^2B_2^2 + 2A_0A_2B_2^2 + 4B_1B_2C_0 - 2A_2B_2^2C_0 - 2C_0^2 \\
\qquad - 2B_1^2C_1 - 4B_0B_2C_1 + 4A_2B_1B_2C_1 - 2A_1B_2^2C_1 + 4A_1C_1^2 - 2A_2^2C_1^2 - B_2^2C_1^2 \\
D_4 = -\omega^4 \ (4A_0^2A_1 - A_1^4 + 4A_0A_1^2A_2 - 6A_0^2A_2^2 - 2A_1B_0^2 + A_2^2B_0^2 + A_1^2B_1^2 - 2A_0A_2B_1^2 \\
\qquad - 2A_1^2B_0B_2 + 4A_0A_2B_0B_2 + A_0^2B_2^2 + 4B_0B_1C_0 - 2A_2B_1^2C_0 - 4A_2B_0B_2C_0 \\
\qquad + 4A_1B_1B_2C_0 - 2A_0B_2^2C_0 - 4A_1C_0^2 + 2A_2^2C_0^2 + B_2^2C_0^2 - 2B_0^2C_1 + 4A_2B_0B_1C_1 \\
\qquad - 2A_1B_1^2C_1 - 4A_1B_0B_2C_1 + 4A_0B_1B_2C_1 + 2A_1^2C_1^2 - 4A_0A_2C_1^2 + B_1^2C_1^2 \\
\qquad - 2B_0B_2C_1^2 - C_1^4) \\
D_2 = -\omega^2 \ (-2A_0^2A_1^2 + 4A_0^3A_2 + A_1^2B_0^2 - 2A_0A_2B_0^2 + A_0^2B_1^2 - 2A_0^2B_0B_2 + 2A_2B_0^2C_0 \\
\qquad - 4A_1B_0B_1C_0 + 2A_0B_1^2C_0 + 4A_0B_0B_2C_0 + 2A_1^2C_0^2 - 4A_0A_2C_0^2 + B_1^2C_0^2 \\
\qquad - 2B_0B_2C_0^2 + 2A_1B_0^2C_1 - 4A_0B_0B_1C_1 + 2A_0^2C_1^2 + B_0^2C_1^2 - 2C_0^2C_1^2) \\
D_0 = A_0^4 - A_0^2B_0^2 + 2A_0B_0^2C_0 - 2A_0^2C_0^2 - B_0^2C_0^2 + C_0^4
\end{cases}
\tag{A.3}
$$

四、式（3.34）的变量值

$$
\begin{cases}
G_R = -3\omega_0^2\cos(\omega_0\tau_0) - 2A_2\omega_0\sin(\omega_0\tau_0) + A_1\cos(\omega_0\tau_0) \\
\qquad + C_1\cos(\omega_0\tau_0) + B_1 \\
G_I = -3\omega_0^2\sin(\omega_0\tau_0) + 2A_2\omega_0\cos(\omega_0\tau_0) + A_1\sin(\omega_0\tau_0) \\
\qquad - C_1\sin(\omega_0\tau_0) + 2B_2\omega_0 \\
D_R = \omega_0^4\cos(\omega_0\tau_0) + A_2\omega_0^3\sin(\omega_0\tau_0) + C_1\omega_0^2\cos(\omega_0\tau_0) \\
\qquad - C_0\omega_0\sin(\omega_0\tau_0) \\
D_I = \omega_0^4\sin(\omega_0\tau_0) - A_2\omega_0^3\cos(\omega_0\tau_0) - C_1\omega_0^2\sin(\omega_0\tau_0) \\
\qquad - C_0\omega_0\cos(\omega_0\tau_0)
\end{cases}
\tag{A.4}
$$

B. 第 4 章

命题 4.3 中的最优策略值

$$
\begin{aligned}
p_{1.s}^{*} = \frac{1}{\Delta_2}(\alpha c_2\{ & -\beta\eta[-2\alpha^2\eta + \beta(\delta + \beta\eta - \gamma\theta) + \alpha(-2\gamma + 2\delta\theta + \beta\eta\theta)] \\
& -2\alpha\beta\mu + \alpha\theta[-2\alpha^2\eta + \beta(-3\delta + \beta\eta + 3\gamma\theta) + \alpha(2\gamma - 2\delta\theta + \beta\eta\theta)]p_c\} \\
& + a(2\alpha + \beta)[2\alpha\gamma\eta + 2\alpha^2\eta^2 - \alpha(2\delta + \beta\eta)\theta\eta - \beta\eta(\delta + \beta\eta - \gamma\theta) - 2\alpha\mu] \\
& + a\alpha\theta p_c[\gamma\beta\theta - \delta\beta - \beta^2\eta + 2\alpha^2(\eta + 2\eta\theta) + 2\delta\alpha(\theta - 2) + 3\beta\eta\theta\alpha \\
& + \gamma\alpha(4\theta - 2) - 4\alpha(\alpha + \beta)\theta p_c] + c_1\{\beta^2(\delta - \gamma\theta)(\delta + \beta\eta - \gamma\theta) \\
& + \alpha^2[4\gamma^2 - 2\beta\delta\eta - 2\gamma(4\delta + \beta\eta)\theta + (2\delta + \beta\eta)^2\theta^2] - 2\alpha^3(2\delta\eta\theta - 2\gamma\eta \\
& + \beta\eta\eta\theta + 2\mu) + \alpha\beta[4\gamma^2\theta + (2\delta + \beta\eta)^2\theta - 2\gamma(2\delta + \beta\eta)(1 + \theta^2) \\
& + 2\beta\mu] + \alpha\theta p_c[4\alpha^3\eta\theta - \beta^2(\delta + \beta\eta - \gamma\theta) + \alpha^2(-4\delta + 2\beta\eta + 4\gamma\theta) \\
& + \alpha\beta(6\gamma - 6\delta\theta - 5\beta\eta\theta) + 4\alpha(-\alpha^2 + \beta^2)\theta p_c]\}\}) \qquad\qquad (B.1)
\end{aligned}
$$

$$
\begin{aligned}
p_{2.s}^{*} = \frac{1}{\Delta_2}a(2\alpha^3\eta^2(1 + \theta) & + \alpha^2\{4\gamma\eta - \beta\eta^2(-2 + \theta + \theta^2) + 2\delta\eta[-1 + \theta(2 \\
& + \theta)] -4\mu\} - \beta[\beta\gamma\eta(1 - 2\theta) + \gamma\delta (\theta - 1)^2 + \gamma^2(\theta - 1)\theta + (\delta \\
& + \beta\eta)(\delta + \beta\eta - \delta\theta) - \beta\mu] - \alpha\{2\gamma^2(\theta - 1) - 2\delta^2(\theta - 1)\theta \\
& + \beta^2\eta^2(1 + 2\theta) + \beta\delta\eta[1 - (\theta - 4)\theta] - 2\gamma[\delta(\theta - 1)^2 + \beta\eta(1 + \theta^2)] \\
& + 2\beta\mu\} + \alpha\theta p_c\{ -2\alpha(\gamma + \delta) + 2\alpha^2\eta(-1 + 3\theta) + \alpha[2(\gamma + \delta) + 5\beta\eta]\theta \\
& + \beta[2\gamma + \delta + \beta\eta - (\gamma + 2\delta + 2\beta\eta)\theta] - 2(3\alpha - \beta)(\alpha + \beta)\theta p_c\}) \\
& + c_1\{\alpha^3\eta[\beta\eta\theta^2 + 2\delta(\theta^2 - 1)] - 2\alpha^4\eta^2\theta + \alpha\beta\{ -2\gamma(3\delta + \beta\eta)\theta \\
& + \gamma^2(2 + \theta^2) + \delta[\delta + 2\delta\theta^2 + \beta\eta(1 + \theta^2)]\} + \beta^2[(\delta + \beta\eta - \gamma\theta)(\delta\theta - \gamma) \\
& + \beta\mu] + \alpha\theta p_c[2\alpha^3\eta - \alpha\beta(3\delta + \beta\eta - 3\gamma\theta) + \alpha^2(2\gamma - 2\delta\theta + \beta\eta\theta) \\
& - 2\beta^2(-\gamma + \delta\theta + \beta\eta\theta) + 2\beta(-\alpha + \beta)(\alpha + \beta)\theta p_c]\} + \alpha c_2\{2\alpha^3\eta^2 \\
& + \alpha[2\gamma^2 - \beta\eta(\delta + \beta\eta) - 4\gamma\delta\theta + \delta(2\delta + \beta\eta)\theta^2] - \alpha^2[-4\gamma\eta + \eta(4\delta \\
& + \beta\eta)\theta + 4\mu] + \beta[(\delta + \beta\eta - \gamma\theta)(-\gamma + \delta\theta) + \beta\mu] + \theta p_c[2\alpha^3\eta\theta \\
& - 2\alpha^2(3\delta + \beta\eta - 3\gamma\theta) + \beta^2(\delta + \beta\eta - \gamma\theta) - \alpha\beta(-4\gamma + 4\delta\theta + \beta\eta\theta) \\
& + 2\alpha(\beta^2 - \alpha^2)\theta p_c]\}) + \alpha^2\{2\gamma^2\theta + 2\delta^2\theta - 2\gamma[\delta - \beta\eta + (\delta + \beta\eta)\theta^2]
\end{aligned}
$$

$$+ \beta(\beta\eta^2\theta - 2\mu) \} \tag{B.2}$$

$$e_s^* = -\frac{1}{\Delta_2} \{ [2\alpha\gamma + 2\alpha^2\eta - \alpha\theta(2\delta + \beta\eta) - \beta(\delta + \beta\eta - \gamma\theta)][a(2\alpha + \beta)$$

$$+ (\beta^2 - 2\alpha^2)c_1 + \alpha\beta c_2] + 4\alpha^2\theta p_c(\alpha + \beta)(a + \beta c_2 - \alpha c_2) \} \tag{B.3}$$

其中，

$$\Delta_2 = [-2\alpha^2\eta + \beta(\delta + \beta\eta - \gamma\theta) + \alpha(-2\gamma + 2\delta\theta + \beta\eta\theta)]^2 + 4\alpha(\beta^2 - 2\alpha^2)\mu$$

$$+ 8\alpha^2\theta p_c \{ \beta\gamma - \alpha\delta + [\alpha\gamma + \alpha^2\eta - \beta(\delta + \beta\eta)]\theta + (\beta^2 - \alpha^2)\theta p_c \}$$

C. 第 5 章

一、系统（5.24）的系数值

$$\begin{cases}
a_{11} = ak_1 - 2bk_1q_1^*(1 + w_1) - bk_1q_2^* - [bq_3^* - d_1A_1 + g_1(A_2 + A_3) + c_1]k_1 \\
a_{12} = -2bk_1q_1^*(1 - w_1) \\
a_{13} = -bw_2k_1q_1^* \\
a_{14} = -bk_1q_1^*(1 - w_2) \\
a_{15} = -bk_1q_1^* \\
a_{21} = -bw_1k_2q_2^* \\
a_{22} = -bk_2q_2^*(1 - w_1) \\
a_{23} = ak_2 - 2bk_2q_2^*(1 + w_2) - bk_2q_1^* - (bq_3^* - d_2A_2 + g_2(A_1 \\
\qquad + A_3) + c_2)k_2 \\
a_{24} = -2bk_2q_2^*(1 - w_2) \\
a_{25} = -bk_2q_2^* \\
a_{31} = -bw_1k_3q_3^* \\
a_{32} = -bk_3q_3^*(1 - w_1) \\
a_{33} = -bw_2k_3q_3^* \\
a_{34} = -bk_3q_3^*(1 - w_2) \\
a_{35} = ak_3 - 4bk_3q_3^* - (bq_1^* + bq_2^* - d_3A_3 + g_3(A_1 + A_2) + c_3)k_3
\end{cases} \tag{C.1}$$

二、方程（5.26）的系数值

$$\begin{cases}
M_{42} = -a_{11} - a_{23} - a_{35} \\
M_{41} = a_{11}a_{23} - a_{13}a_{21} + a_{11}a_{35} - a_{15}a_{31} + a_{23}a_{35} - a_{25}a_{33} \\
M_{40} = a_{11}a_{25}a_{33} - a_{11}a_{23}a_{35} + a_{13}a_{21}a_{35} - a_{13}a_{25}a_{31} \\
\qquad - a_{15}a_{21}a_{33} + a_{15}a_{23}a_{31} \\
M_{32} = -a_{12} \\
M_{31} = a_{12}a_{35} - a_{15}a_{32} + a_{12}a_{23} - a_{13}a_{22} \\
M_{30} = a_{12}a_{25}a_{33} - a_{12}a_{23}a_{35} + a_{13}a_{22}a_{35} - a_{13}a_{25}a_{32} \\
\qquad - a_{15}a_{22}a_{33} + a_{15}a_{23}a_{32} \\
M_{22} = -a_{24} \\
M_{21} = a_{24}a_{35} - a_{25}a_{34} + a_{11}a_{24} - a_{14}a_{21} \\
M_{20} = a_{11}a_{25}a_{34} - a_{11}a_{24}a_{35} + a_{14}a_{21}a_{35} - a_{14}a_{25}a_{31} \\
\qquad - a_{15}a_{21}a_{34} + a_{15}a_{24}a_{31} \\
M_{11} = a_{12}a_{24} - a_{14}a_{22} \\
M_{10} = a_{12}a_{25}a_{34} - a_{12}a_{24}a_{35} + a_{14}a_{22}a_{35} - a_{14}a_{25}a_{32} \\
\qquad - a_{15}a_{22}a_{34} + a_{15}a_{24}a_{32}
\end{cases} \tag{C.2}$$

三、式（5.39）的系数值

$$\begin{cases}
Q_1 = M_{22}\omega_2^2 - M_{20} - M_{11}\omega_2\sin(\omega_2\tau_1) - M_{10}\cos(\omega_2\tau_1) \\
Q_2 = M_{21}\omega_2 + M_{11}\omega_2\cos(\omega_2\tau_1) - M_{10}\sin(\omega_2\tau_1) \\
Q_3 = \omega_2^3 - M_{41}\omega_2 - M_{32}\omega_2^2\sin(\omega_2\tau_1) - M_{31}\omega_2\cos(\omega_2\tau_1) \\
\qquad + M_{30}\sin(\omega_2\tau_1) \\
Q_4 = M_{21}\omega_2 + M_{11}\omega_2\cos(\omega_2\tau_1) - M_{10}\sin(\omega_2\tau_1) \\
Q_5 = -[M_{22}\omega_2^2 - M_{20} - M_{11}\omega_2\sin(\omega_2\tau_1) - M_{10}\cos(\omega_2\tau_1)] \\
Q_6 = M_{42}\omega_2^2 - M_{40} + M_{32}\omega_2^2\cos(\omega_2\tau_1) - M_{31}\omega_2\sin(\omega_2\tau_1) \\
\qquad - M_{30}\cos(\omega_2\tau_1)
\end{cases} \tag{C.3}$$

四、式（5.40）的变量值

$$
\begin{cases}
H_0 = M_{21}\omega_2^4 + M_{11}\omega_2^4\cos(\omega_2\tau_1) - M_{10}\omega_2^3\sin(\omega_2\tau_1) - M_{41}M_{21}\omega_2^2 \\
\quad - M_{41}M_{11}\omega_2^2\cos(\omega_2\tau_1) + M_{41}M_{10}\omega_2\sin(\omega_2\tau_1) - M_{32}M_{21}\omega_2^3\sin(\omega_2\tau_1) \\
\quad - M_{31}M_{21}\omega_2^2\cos(\omega_2\tau_1) - M_{31}M_{11}\omega_2^2 + M_{30}M_{21}\omega_2\sin(\omega_2\tau_1) - M_{30}M_{10} \\
\quad + M_{32}M_{10}\omega_2^2 - M_{22}M_{42}\omega_2^4 + M_{22}M_{40}\omega_2^2 - M_{22}M_{32}\omega_2^4\cos(\omega_2\tau_1) \\
\quad + M_{22}M_{31}\omega_2^3\sin(\omega_2\tau_1) + M_{22}M_{30}\omega_2^2\cos(\omega_2\tau_1) + M_{20}M_{42}\omega_2^2 - M_{20}M_{40} \\
\quad + M_{20}M_{32}\omega_2^2\cos(\omega_2\tau_1) - M_{20}M_{31}\omega_2\sin(\omega_2\tau_1) - M_{20}M_{30}\cos(\omega_2\tau_1) \\
\quad + M_{11}M_{42}\omega_2^3\sin(\omega_2\tau_1) - M_{11}M_{40}\omega_2\sin(\omega_2\tau_1) + M_{10}M_{42}\omega_2^2\cos(\omega_2\tau_1) \\
\quad - M_{10}M_{40}\cos(\omega_2\tau_1) \\
H_1 = M_{21}\omega_2 + M_{11}\omega_2\cos(\omega_2\tau_1) - M_{10}\sin(\omega_2\tau_1) \\
H_2 = M_{22}\omega_2^2 - M_{20} - M_{11}\omega_2\sin(\omega_2\tau_1) - M_{10}\cos(\omega_2\tau_1)
\end{cases} \tag{C.4}
$$

五、式（5.41）的系数值

$$
\begin{cases}
n_5 = -2M_{32}\sin(\omega_2\tau_1) \\
n_4 = -2M_{41} + M_{32}^2 - 2M_{31}\cos(\omega_2\tau_1) + M_{42}^2 \\
\quad + 2M_{32}M_{42}\cos(\omega_2\tau_1) - M_{22}^2 \\
n_3 = 2M_{32}M_{41}\sin(\omega_2\tau_1) + 2M_{30}\sin(\omega_2\tau_1) - 2M_{31}M_{42}\sin(\omega_2\tau_1) \\
\quad + 2M_{11}M_{22}\sin(\omega_2\tau_1) \\
n_2 = M_{41}^2 + M_{31}^2 + 2M_{31}M_{41}\cos(\omega_2\tau_1) - 2M_{30}M_{32} - 2M_{40}M_{42} \\
\quad - 2M_{32}M_{40}\cos(\omega_2\tau_1) - 2M_{30}M_{42}\cos(\omega_2\tau_1) + 2M_{20}M_{22} \\
\quad - M_{11}^2 + 2M_{10}M_{22}\cos(\omega_2\tau_1) - M_{21}^2 - 2M_{11}M_{21} \\
n_1 = -2M_{30}M_{41}\sin(\omega_2\tau_1) + 2M_{31}M_{40}\sin(\omega_2\tau_1) - 2M_{11}M_{20}\sin(\omega_2\tau_1) \\
\quad + 2M_{10}M_{21}\sin(\omega_2\tau_1) \\
n_0 = M_{30}^2 + M_{40}^2 - M_{10}^2 + 2M_{30}M_{40}\cos(\omega_2\tau_1) - M_{20}^2 \\
\quad - 2M_{10}M_{20}\cos(\omega_2\tau_1)
\end{cases} \tag{C.5}
$$

六、式（5.42）的变量值

$$
\begin{cases}
\begin{aligned}
H_0' =\ & M_{21}\omega_{2k}^4 + M_{11}\omega_{2k}^4\cos(\omega_{2k}\tau_1) - M_{10}\omega_{2k}^3\sin(\omega_{2k}\tau_1) - M_{41}M_{21}\omega_{2k}^2 \\
& - M_{41}M_{11}\omega_{2k}^2\cos(\omega_{2k}\tau_1) + M_{41}M_{10}\omega_{2k}\sin(\omega_{2k}\tau_1) - M_{32}M_{21}\omega_{2k}^3\sin(\omega_{2k}\tau_1) \\
& - M_{31}M_{21}\omega_{2k}^2\cos(\omega_{2k}\tau_1) - M_{31}M_{11}\omega_{2k}^2 + M_{30}M_{21}\omega_{2k}\sin(\omega_{2k}\tau_1) - M_{30}M_{10} \\
& + M_{32}M_{10}\omega_{2k}^2 - M_{22}M_{42}\omega_{2k}^4 + M_{22}M_{40}\omega_{2k}^2 - M_{22}M_{32}\omega_{2k}^4\cos(\omega_{2k}\tau_1) \\
& + M_{22}M_{31}\omega_{2k}^3\sin(\omega_{2k}\tau_1) + M_{22}M_{30}\omega_{2k}^2\cos(\omega_{2k}\tau_1) + M_{20}M_{42}\omega_{2k}^2 - M_{20}M_{40} \\
& + M_{20}M_{32}\omega_{2k}^2\cos(\omega_{2k}\tau_1) - M_{20}M_{31}\omega_{2k}\sin(\omega_{2k}\tau_1) - M_{20}M_{30}\cos(\omega_{2k}\tau_1) \\
& + M_{11}M_{42}\omega_{2k}^3\sin(\omega_{2k}\tau_1) - M_{11}M_{40}\omega_{2k}\sin(\omega_{2k}\tau_1) + M_{10}M_{42}\omega_{2k}^2\cos(\omega_{2k}\tau_1) \\
& - M_{10}M_{40}\cos(\omega_{2k}\tau_1) \\
H_1' =\ & M_{21}\omega_{2k} + M_{11}\omega_{2k}\cos(\omega_{2k}\tau_1) - M_{10}\sin(\omega_{2k}\tau_1) \\
H_2' =\ & M_{22}\omega_{2k}^2 - M_{20} - M_{11}\omega_{2k}\sin(\omega_{2k}\tau_1) - M_{10}\cos(\omega_{2k}\tau_1)
\end{aligned}
\end{cases}
\tag{C.6}
$$

七、式（5.43）的变量值

$$
\begin{cases}
\begin{aligned}
H_0'' =\ & M_{21}\omega_{20}^4 + M_{11}\omega_{20}^4\cos(\omega_{20}\tau_1) - M_{10}\omega_{20}^3\sin(\omega_{20}\tau_1) - M_{41}M_{21}\omega_{20}^2 \\
& - M_{41}M_{11}\omega_{20}^2\cos(\omega_{20}\tau_1) + M_{41}M_{10}\omega_{20}\sin(\omega_{20}\tau_1) \\
& - M_{32}M_{21}\omega_{20}^3\sin(\omega_{20}\tau_1) - M_{31}M_{21}\omega_{20}^2\cos(\omega_{20}\tau_1) - M_{31}M_{11}\omega_{20}^2 \\
& + M_{30}M_{21}\omega_{20}\sin(\omega_{20}\tau_1) - M_{30}M_{10} + M_{32}M_{10}\omega_{20}^2 - M_{22}M_{42}\omega_{20}^4 \\
& + M_{22}M_{40}\omega_{20}^2 - M_{22}M_{32}\omega_{20}^4\cos(\omega_{20}\tau_1) + M_{22}M_{31}\omega_{20}^3\sin(\omega_{20}\tau_1) \\
& + M_{22}M_{30}\omega_{20}^2\cos(\omega_{20}\tau_1) + M_{20}M_{42}\omega_{20}^2 - M_{20}M_{40} \\
& + M_{20}M_{32}\omega_{20}^2\cos(\omega_{20}\tau_1) - M_{20}M_{31}\omega_{20}\sin(\omega_{20}\tau_1) \\
& - M_{20}M_{30}\cos(\omega_{20}\tau_1) + M_{11}M_{42}\omega_{20}^3\sin(\omega_{20}\tau_1) \\
& - M_{11}M_{40}\omega_{20}\sin(\omega_{20}\tau_1) + M_{10}M_{42}\omega_{20}^2\cos(\omega_{20}\tau_1) \\
& - M_{10}M_{40}\cos(\omega_{20}\tau_1) \\
H_1'' =\ & M_{21}\omega_{20} + M_{11}\omega_{20}\cos(\omega_{20}\tau_1) - M_{10}\sin(\omega_{20}\tau_1) \\
H_2'' =\ & M_{22}\omega_{20}^2 - M_{20} - M_{11}\omega_{20}\sin(\omega_{20}\tau_1) - M_{10}\cos(\omega_{20}\tau_1)
\end{aligned}
\end{cases}
\tag{C.7}
$$

八、式（5.46）的变量值

$$
\begin{cases}
R_{21} = M_{22}\omega_{20}^3 \sin(\omega_{20}\tau_1) - M_{21}\omega_{20}^2 \cos(\omega_2\tau_1) - M_{20}\omega_{20}\sin(\omega_{20}\tau_1) - M_{11}\omega_{20}^2 \\[2mm]
R_{22} = -3\omega_{20}^2 \cos[\omega_{20}(\tau_1 + \tau_{20})] - 2M_{42}\omega_{20}\sin[\omega_{20}(\tau_1 + \tau_{20})] \\[1mm]
\qquad\;\; -\tau_1 M_{32}\omega_{20}^2 \cos(\omega_2\tau_{20}) - \tau_1 M_{31}\omega_{20}\sin(\omega_{20}\tau_{20}) + \tau_1 M_{30}\cos(\omega_{20}\tau_{20}) \\[1mm]
\qquad\;\; -2M_{32}\omega_{20}\sin(\omega_{20}\tau_{20}) + M_{31}\cos(\omega_{20}\tau_{20}) - \tau_1 M_{10} + M_{11} \\[1mm]
\qquad\;\; -2M_{22}\omega_{20}\sin(\omega_{20}\tau_{20}) + M_{21}\cos(\omega_{20}\tau_{20}) \\[2mm]
I_{21} = -M_{22}\omega_{20}^3 \cos(\omega_{20}\tau_1) - M_{21}\omega_{20}^2 \sin(\omega_{20}\tau_1) + M_{20}\omega_{20}\cos(\omega_{20}\tau_1) \\[1mm]
\qquad\;\; + M_{10}\omega_{20} \\[2mm]
I_{22} = -3\omega_{20}^2 \sin[\omega_{20}(\tau_1 + \tau_{20})] + 2M_{42}\omega_{20}\cos[\omega_{20}(\tau_1 + \tau_{20})] \\[1mm]
\qquad\;\; -\tau_1 M_{32}\omega_{20}^2 \sin(\omega_{20}\tau_{20}) + \tau_1 M_{31}\omega_{20}\cos(\omega_{20}\tau_{20}) + \tau_1 M_{30}\sin(\omega_{20}\tau_{20}) \\[1mm]
\qquad\;\; +2M_{32}\omega_{20}\cos(\omega_{20}\tau_{20}) + M_{31}\sin(\omega_{20}\tau_{20}) - \tau_1 M_{11}\omega_{20} \\[1mm]
\qquad\;\; +2M_{22}\omega_{20}\cos(\omega_{20}\tau_{20}) + M_{21}\sin(\omega_{20}\tau_{20})
\end{cases}
\tag{C.8}
$$

D. 第6章

一、系统（6.25）的均衡点

$$
\begin{cases}
E_1(0,\,0,\,0) \\[2mm]
E_2\left(0,\,0,\,\dfrac{a - bp_{3e} + bw_3}{2b}\right) \\[3mm]
E_3\left(0,\,\dfrac{a - bp_{2e} + bw_2}{2b},\,0\right) \\[3mm]
E_4\left(\dfrac{a - bp_{1e} + bw_1}{2b},\,0,\,0\right) \\[3mm]
E_5\left(0,\,\dfrac{2b(a - bp_{2e} + bw_2) + d(a - bp_{3e} + bw_3)}{4b^2 - d^2},\,\dfrac{2ab + ad - bdp_{2e} - 2b^2 p_{3e} + bdw_2 + 2b^2 w_3}{4b^2 - d^2}\right) \\[3mm]
E_6\left(\dfrac{2b(a - bp_{1e} + bw_1) + d(a - bp_{3e} + bw_3)}{4b^2 - d^2},\,0,\,\dfrac{2ab + ad - bdp_{1e} - 2b^2 p_{3e} + bdw_1 + 2b^2 w_3}{4b^2 - d^2}\right) \\[3mm]
E_7\left(\dfrac{2b(a - bp_{1e} + bw_1) + d(a - bp_{2e} + bw_2)}{4b^2 - d^2},\,\dfrac{2ab + ad - bdp_{1e} - 2b^2 p_{2e} + bdw_1 + 2b^2 w_2}{4b^2 - d^2},\,0\right) \\[3mm]
E_8(p_1^*,\,p_2^*,\,p_3^*)
\end{cases}
\tag{D.1}
$$

其中，$p_1^* = p_{1.f}^*$，$p_2^* = p_{2.f}^*$，$p_3^* = p_{3.f}^*$

二、式（6.27）的系数值

$$
\begin{cases}
A_2 = 2bwv_2p_2^* + 2bv_3p_3^* \\
A_1 = \dfrac{d^2v_1v_3p_1^*p_3^*}{2b} - \dfrac{d^2wv_1v_2p_1^*p_2^*}{2b} + 4b^2wv_2v_3p_2^*p_3^* - d^2wv_2v_3p_2^*p_3^* \\
B_2 = v_1p_1^* \\
B_1 = 2bwv_1v_2p_1^*p_2^* + 2bv_1v_3p_1^*p_3^* \\
B_0 = 4b^2wv_1v_2v_3p_1^*p_2^*p_3^* - d^2wv_1v_2v_3p_1^*p_2^*p_3^* \\
C_2 = 2bv_2p_2^* - 2bwv_2p_2^* \\
C_1 = \dfrac{d^2wv_1v_2p_1^*p_2^*}{2b} - \dfrac{d^2v_1v_2p_1^*p_2^*}{2b} + 4b^2v_2v_3p_2^*p_3^* - d^2v_2v_3p_2^*p_3^* \\
\qquad - 4b^2wv_2v_3p_2^*p_3^* + d^2wv_2v_3p_2^*p_3^* \\
D_1 = 2bv_1v_2p_1^*p_2^* - 2bwv_1v_2p_1^*p_2^* \\
D_0 = 4b^2v_1v_2v_3p_1^*p_2^*p_3^* - d^2v_1v_2v_3p_1^*p_2^*p_3^* - 4b^2wv_1v_2v_3p_1^*p_2^*p_3^* \\
\qquad + d^2wv_1v_2v_3p_1^*p_2^*p_3^*
\end{cases}
\tag{D.2}
$$

三、式（6.32）的系数值

$$
\begin{cases}
n_1 = N_2 \\
n_2 = N_1A_2 - B_0 - A_1N_2 - N_2D_1 \\
n_3 = A_1B_0 + B_0D_1 - N_1D_0 \\
n_4 = N_1 - A_2N_2 \\
n_5 = A_2B_0 - A_1N_1 + A_2N_2 - N_2D_0 + N_1D_1 \\
n_6 = B_0D_0 \\
n_7 = A_2^2 - 2A_1 \\
n_8 = A_1^2 - D_1^2 \\
n_9 = -D_0^2
\end{cases}
\tag{D.3}
$$

四、式（6.33）的系数值

$$\begin{cases} m_{10} = 2n_7 - n_1^2 \\ m_8 = n_7^2 - n_4^2 + 2n_8 - 2n_1n_2 \\ m_6 = 2n_9 + 2n_7n_8 - 2n_1n_3 - 2n_4n_5 - n_2^2 \\ m_4 = n_8^2 - n_5^2 + 2n_7n_9 - 2n_2n_3 - 2n_4n_6 \\ m_2 = 2n_8n_9 - 2n_5n_6 - n_3^2 \\ m_0 = n_9^2 - n_6^2 \end{cases} \qquad (\text{D.4})$$

参 考 文 献

［1］艾兴政，张越，李晓静，等．延保服务的供应链收益共享合同选择［J］．系统工程学报，2018，33（4）：500－510.

［2］谌龙，王德石．陈氏混沌系统的非反馈控制［J］．物理学报，2007，56（1）：91－94.

［3］黄亚．零售商竞争环境下延保服务协调策略研究［D］．北京：电子科技大学，2016.

［4］霍艳芳，李思睿．考虑政府补贴的制造商再制造延保决策［J］．工业工程与管理，2018，23（6）：72－79.

［5］乐成．时滞微分方程的稳定性和 Hopf 分岔分析［D］．甘肃：兰州交通大学，2016.

［6］李真，朱弘鸣，孟庆峰，等．基于消费者互动网络的绿色产品竞争扩散［J］．系统工程，2018，36（4）：106－112.

［7］廖晓昕．稳定性理论、方法和应用［M］．武汉：华中科技大学出版社，2010.

［8］罗定军，张祥，董梅芳．动力系统的定性与分支理论［M］．北京：科学出版社，2001.

［9］罗建强，李昊，彭永涛．基于延迟策略的服务型制造系统决策模型［J］．计算机集成制造系统，2018，24（10）：2559－2566.

［10］马建华，艾兴政，唐小我．基于延保服务的竞争供应链纵向渠道结构选择［J］．系统工程学报，2015，30（4）：539－574.

［11］马建华，艾兴政，赵海霞，等．基于零售商延保服务的竞争供应

链销售回扣合同 [J]. 系统工程学报, 2018, 33 (4): 520 – 535.

[12] 马军海, 吴可菲. 中国啤酒市场的四寡头价格博弈及其延迟决策 [J]. 系统工程学报, 2013, 28 (6): 717 – 728.

[13] 慕艳芬, 马祖军, 聂佳佳. 碳税政策下竞争性企业低碳技术选择和技术分享研究 [J]. 软科学, 2017, 31 (9): 115 – 119.

[14] 潘新宇. 云制造环境下制造能力共享的动态策略分析 [J]. 工业技术经济, 2016, 5: 16 – 29.

[15] 孙迪, 余玉苗. 绿色产品市场中政府最优补贴政策的确定 [J]. 管理学报, 2018, 15 (1): 118 – 126.

[16] 田虹, 陈柔霖. 绿色产品创新对企业绿色竞争优势的影响: 东北农产品加工企业的实证数据 [J]. 科技进步与对策, 2018, 35 (16): 38 – 46.

[17] 王大海, 段坤, 张驰等. 绿色产品重复购买意向研究: 基于广告诉求方式的调节效应 [J]. 软科学, 2018, 32 (2): 134 – 138.

[18] 魏俊杰, 王洪滨, 蒋卫华. 时滞微分方程的分支理论及应用 [M]. 北京: 科学出版社, 2012.

[19] 易余胤, 梁家密, 谭燕菲. 基于公平偏好的供应链延保服务模型研究 [J]. 系统工程理论与实践, 2017, 37 (12): 3066 – 3078.

[20] 易余胤, 张永华, 姚俊江. 考虑网络外部性和渠道权力结构的供应链延保服务模式研究 [J]. 管理工程学报, 2018, 32 (3): 92 – 104.

[21] 于维生, 董瑞, 张志远. 延迟决策下动态斯坦科尔伯格推测变差模型及其复杂性分析 [J]. 系统工程, 2013, 31 (7): 59 – 63.

[22] 张克勇, 侯世旺, 周国华. 不确定需求下供应链定价延迟策略研究 [J]. 管理工程学报, 2014, 28 (1): 195 – 201.

[23] 张玉行, 王英. 考虑顾客偏好与绿色敏感度的竞争企业定价策略研究 [J]. 软科学, 2018, 32 (8): 59 – 62.

[24] 郑斌, 卞亦文, 牟立峰, 等. 两级供应链中延保服务与基础质保服务交互策略 [J]. 中国管理科学, 2018, 26 (6): 85 – 94.

[25] 郑晨. 制造商提供延保服务下竞争型供应链合同机制设计 [D]. 北京: 电子科技大学, 2018.

[26] 郑君君, 王璐, 王向民, 等. 考虑消费者环境意识及企业有限理

性的生产决策研究 ［J］. 系统工程理论与实践，2018，38（10）：2587 –
2599.

［27］国家信息中心分享经济研究中心. 中国制造业产能共享发展年度
报告（2018）［R］. 2018.

［28］朱雪颖. 考虑延保服务销售努力的供应链模型研究 ［D］. 广州：
暨南大学，2016.

［29］祝本木. 神经网络延迟微分方程的 Hopf 分支及其数值逼近 ［D］.
哈尔滨：哈尔滨工业大学，2008.

［30］Agliari A，Naimzada A K，Pecora N. Nonlinear dynamics of a Cournot
duopoly game with differentiated products ［J］. Applied Mathematics and Computa-
tion，2016，281（4）：1 – 15.

［31］Aloui C，Jebsi K. Platform optimal capacity sharing：Willing to pay
more does not guarantee a larger capacity share ［J］. Economic Modelling，2016，
54（4）：276 – 288.

［32］Andaluz J，Elsadany A A，Jarne G. Nonlinear Cournot and Bertrand-
type dynamic triopoly with differentiated products and heterogeneous expectations
［J］. Mathematics and Computers in Simulation，2017，132（2）：86 – 99.

［33］Askar S S，Elettreby M F. The impact of cost uncertainty on Cournot ol-
igopoly games ［J］. Applied Mathematics and Computation，2017，312（11）：
169 – 176.

［34］Askar S S. The impact of cost uncertainty on Cournot oligopoly game with
concave demand function ［J］. Applied Mathematics and Computation，2014，232
（4）：144 – 149.

［35］Askar S S. The rise of complex phenomena in Cournot duopoly games
due to demand functions without inflection points ［J］. Commun Nonlinear Sci Num-
er Simulat，2014，19（6）：1918 – 1925.

［36］Bagchi A，Mukherjee A. Technology licensing in a differentiated oligop-
oly ［J］. International Review of Economics and Finance，2014，29（1）：455 –
465.

［37］Bakó B，Simon A K. Price discrimination in asymmetric Cournot oligopoly [J]. Economics Letters, 2012, 116 (3): 301 – 303.

[38] Bao B S, Ma J H. Dynamic game behavior of retailers considering the quality of substitute products based on delay decision [J]. International Journal of Bifurcation and Chaos, 2017, 27 (13): 1 – 21.

[39] Bian J S, Lai K K, Hua Z S, et al. Bertrand vs. Cournot competition in distribution channels with upstream collusion [J]. International Journal of Production Economics, 2018, 204 (10): 278 – 289.

[40] Blohmke J L. Technology complexity, technology transfer mechanisms and sustainable development [J]. Energy for Sustainable Development, 2014, 23 (12): 237 – 246.

[41] Bolatan G I S, Gozlu S, Alpkan L, et al. The impact of technology transfer performance on total quality management and quality performance [J]. Procedia-Social and Behavioral Sciences, 2016, 235 (11): 746 – 755.

[42] Bouguerra S, Chelbi A, Rezg N. A decision model for adopting an extended warranty under different maintenance policies [J]. International Journal of Production Economics, 2012, 135 (2): 840 – 849.

[43] Bozkurt F. Hopf bifurcation and stability analysis for a delayed logistic equation [J]. International Journal of Modeling and Optimization, 2013, 3 (3): 288 – 292.

[44] Cánovas J S, Guillermo M M. On the complexity of economic dynamics: An approach through topological entropy [J]. Chaos, Solitons & Fractals, 2017, 103 (10): 163 – 176.

[45] Çelebi D, Yörüsün A, Işık H. Bicycle sharing system design with capacity allocations [J]. Transportation Research Part B: Methodological, 2018, 114 (8): 86 – 98.

[46] Chai Q F, Xiao Z D, Lai K H, et al. Can carbon cap and trade mechanism be beneficial for remanufacturing? [J]. International Journal of Production Economics, 2018, 203 (9): 311 – 321.

[47] Chan H K, Yee R W Y, Dai J, et al. The moderating effect of environmental dynamism on green product innovation and performance [J]. Interna-

tional Journal of Production Economics, 2016, 181 (11): 384 - 391.

[48] Chang R, Hwang H, Peng C H. Technology licensing, R&D and welfare [J]. Economics Letters, 2013, 118 (2): 396 - 399.

[49] Chang W L, Lin J. Optimal maintenance policy and length of extended warranty within the life cycle of products [J]. Computers and Mathematics with Applications, 2012, 63 (1): 144 - 150.

[50] Chen C, Lo C, Weng T. Optimal production run length and warranty period for an imperfect production system under selling price dependent on warranty period [J]. European Journal of Operational Research, 2017, 259 (2): 401 - 412.

[51] Chen H, Hwang H, Mukherjee A, et al. Tariffs, technology licensing and adoption [J]. International Review of Economics and Finance, 2016, 43 (5): 234 - 240.

[52] Chen X, Luo Z, Wang X J. Impact of efficiency, investment, and competition on low carbon manufacturing [J]. Journal of Cleaner Production, 2017, 143 (2): 388 - 400.

[53] Chen Y J, Sheu J B. Non-differentiated green product positioning: Roles of uncertainty and rationality [J]. Transportation Research Part E: Logistics and Transportation Review, 2017, 103 (7): 248 - 260.

[54] Chen Y W, Yang Y P, Wang L F S, et al. Technology licensing in mixed oligopoly [J]. International Review of Economics and Finance, 2014, 31 (5): 193 - 204.

[55] Chen Y Y, Yu J, Sun C J. Stability and Hopf bifurcation analysis in a three-level food chain system with delay [J]. Chaos, Solitons and Fractals, 2007, 31 (3): 683 - 694.

[56] Chern M S, Chan Y L, Teng J T, et al. Nash equilibrium solution in a vendor-buyer supply chain model with permissible delay in payments [J]. Computers & Industrial Engineering, 2014, 70 (1): 116 - 123.

[57] Ding Z W, Li Q, Jiang S M, et al. Dynamics in a Cournot investment game with heterogeneous players [J]. Applied Mathematics and Computation,

2015, 256 (4): 939 – 950.

[58] Ding Z W, Zhu X F, Jiang S M. Dynamical Cournot game with bounded rationality and time delay for marginal profit [J]. Mathematics and Computers in Simulation, 2014, 100 (6): 1 – 12.

[59] Elettreby M F. Dynamical analysis of a Cournot duopoly model [J]. Journal of the Egyptian Mathematical Society, 2016, 24 (4): 681 – 686.

[60] Elsadany A A. Dynamics of a Cournot duopoly game with bounded rationality based on relative profit maximization [J]. Applied Mathematics and Computation, 2017, 294 (2): 253 – 263.

[61] Fahimnia B, Sarkis J, Eshragh A. A tradeoff model for green supply chain planning: A leanness-versus-greenness analysis [J]. Omega, 2015, 54 (7): 173 – 190.

[62] Fan C H, Jun B H, Wolfstetter E G. Optimal licensing of technology in the face of (asymmetric) competition [J]. International Journal of Industrial Organization, 2018, 60 (9): 32 – 53.

[63] Fang Y E, Shou B Y. Managing supply uncertainty under supply chain Cournot competition [J]. European Journal of Operational Research, 2015, 243 (1): 156 – 176.

[64] Fanti L, Gori L, Sodini M. Nonlinear dynamics in a Cournot duopoly with isoelastic demand [J]. Mathematics and Computers in Simulation, 2015, 108 (2): 129 – 143.

[65] Fanti L, Meccheri N. Profits and competition under alternative technologies in a unionized duopoly with product differentiation [J]. Research in Economics, 2014, 68 (2): 157 – 168.

[66] Filomena T P, Náñez E C, et al. Technology selection and capacity investment under uncertainty [J]. European Journal of Operational Research, 2014, 232 (1): 125 – 136.

[67] Gao D, Zhao X B, Wei G. A delay-in-payment contract for Pareto improvement of a supply chain with stochastic demand [J]. Omega, 2014, 49 (12): 60 – 68.

［68］Gao J Z, Xiao Z D, Wei H X, et al. Active or passive? Sustainable manufacturing in the direct-channel green supply chain: A perspective of two types of green product designs ［J］. Transportation Research Part D: Transport and Environment, 2018, 65 (12): 332 - 354.

［69］Ghosh A, Saha S. Price competition, technology licensing and strategic trade policy ［J］. Economic Modelling, 2015, 46 (4): 91 - 99.

［70］Giri B C, Maiti T. Supply chain model with price-and trade credit-sensitive demand under two-level permissible delay in payments ［J］. International Journal of Systems Science, 2013, 44 (5): 1 - 12.

［71］Gordanier J, Miao C. On the duration of technology licensing ［J］. International Journal of Industrial Organization, 2011, 29 (6): 755 - 765.

［72］Gori L, Guerrini L, Sodini M. A continuous time Cournot duopoly with delays ［J］. Chaos, Solitons & Fractals, 2015, 79 (10): 166 - 177.

［73］Gori L, Guerrini L, Sodini M. Hopf bifurcation and stability crossing curves in a cobweb model with heterogeneous producers and time delays ［J］. Nonlinear Analysis: Hybrid Systems, 2015, 18 (11): 117 - 133.

［74］Guler S L, Cassidy M J. Strategies for sharing bottleneck capacity among buses and cars ［J］. Transportation Research Part B: Methodological, 2012, 46 (12): 1334 - 1345.

［75］Hafezalkotob A. Competition of two green and regular supply chains under environmental protection and revenue seeking policies of government ［J］. Computers & Industrial Engineering, 2015, 82 (4): 103 - 114.

［76］Hafezi M, Zolfagharinia H. Green product development and environmental performance: Investigating the role of government regulations ［J］. International Journal of Production Economics, 2018, 204 (10): 395 - 410.

［77］Hassard D D, Kazarinoff N D, Wan Y H. Theory and applications of Hopf bifurcation ［M］. Cambridge: Cambridge University Press, 1981.

［78］Hattori K. Optimal combination of innovation and environmental policies under technology licensing ［J］. Economic Modelling, 2017, 64 (8): 601 - 609.

[79] He P, Zhang W, Xu X Y, et al. Production lot-sizing and carbon emissions under cap-and-trade and carbon tax regulations [J]. Journal of Cleaner Production, 2015, 103 (9): 241 – 248.

[80] Hermosilla M, Wu Y F. Market size and innovation: The intermediary role of technology licensing [J]. Research Policy, 2018, 47 (6): 980 – 991.

[81] Hong X P, Govindan K, Xu L, et al. Quantity and collection decisions in a closed-loop supply chain with technology licensing [J]. European Journal of Operational Research, 2017, 256 (2): 820 – 829.

[82] Hong Z F, Dai W, Luh H, et al. Optimal configuration of a green product supply chain with guaranteed service time and emission constraints [J]. European Journal of Operational Research, 2018, 266 (4): 663 – 677.

[83] Hong Z F, Guo X L. Green product supply chain contracts considering environmental Responsibilities [J]. Omega, 2019, 83 (3): 155 – 166.

[84] Hong Z F, Wang H, Gong Y M. Green product design considering functional-product reference [J]. International Journal of Production Economics, 2019, 210 (4): 155 – 168.

[85] Hong Z F, Wang H, Yu Y G. Green product pricing with non-green product reference [J]. Transportation Research Part E: Logistics and Transportation Review, 2018, 115 (7): 1 – 15.

[86] Huang Y S, Huang C D, Ho J W. A customized two-dimensional extended warranty with preventive maintenance [J]. European Journal of Operational Research, 2017, 257 (3): 971 – 978.

[87] Huang Y T, Wang Z J. Closed-loop supply chain models with product take-back and hybrid remanufacturing under technology licensing [J]. Journal of Cleaner Production, 2017, 142 (1): 3917 – 3927.

[88] Huang Y T, Wang Z J. Information sharing in a closed-loop supply chain with technology licensing [J]. International Journal of Production Economics, 2017, 191 (9): 113 – 127.

[89] Hummert S, Bohl K, Basanta D, et al. Evolutionary game theory: cells as players [J]. Molecular Biosystems, 2014, 10 (12): 3044 – 3065.

[90] Jackson J E, Munson C L. Shared resource capacity expansion decisions for multiple products with quantity discounts [J]. European Journal of Operational Research, 2016, 253 (9): 602 – 613.

[91] Jamali M B, Morteza R B. A game theoretic approach for green and non-green product pricing in chain-to-chain competitive sustainable and regular dual-channel supply chains [J]. Journal of Cleaner Production, 2018, 170 (1): 1029 – 1043.

[92] Jørgensen J S, Sigué S P, Zaccour G. Dynamic cooperative advertising in a channel [J]. Journal of Retailing, 2000, 76 (1): 71 – 92.

[93] Jung K M, Park M, Park D H. Cost optimization model following extended renewing two-phase warranty [J]. Computers & Industrial Engineering, 2015, 79 (1): 188 – 194.

[94] Kadziński M, Tervonen T, Tomczyk M K, et al. Evaluation of multi-objective optimization approaches for solving green supply chain design problems [J]. Omega, 2017, 68 (4): 168 – 184.

[95] Kuznetsov Y A. Elements of Applied Bifurcation Theory [M]. Springer-Verlag, New York, 1998.

[96] Laari S, Töyli J, Ojala L. Supply chain perspective on competitive strategies and green supply chain management strategies [J]. Journal of Cleaner Production, 2017, 141 (1): 1303 – 1315.

[97] Lam Y, Lam P K W. An extended warranty policy with options open to consumers [J]. European Journal of Operational Research, 2001, 131 (3): 514 – 529.

[98] Li B, Zhu M Y, Jiang Y S, et al. Pricing policies of a competitive dual-channel green supply chain [J]. Journal of Cleaner Production, 2016, 112 (1): 2029 – 2042.

[99] Li G, Zheng H, Ji X, et al. Game theoretical analysis of firms' operational low-carbon strategy under various cap-and-trade mechanisms [J]. Journal of Cleaner Production, 2018, 197 (10): 124 – 133.

[100] Li K P, Mallik S, Chhajed D. Design of extended warranties in supply

chains under additive demand [J]. Production and Operations Management, 2012, 21 (4): 730 – 746.

[101] Li T Y, Yorke J A. Period three implies chaos [J]. The American Mathematical Monthly, 1975, 82 (10): 985 – 992.

[102] Li T, Ma J H. Complexity analysis of the dual-channel supply chain model with delay decision [J]. Nonlinear Dynamics, 2014, 78 (4): 2617 – 2626.

[103] Li X L, Wei J J. On the zeros of a fourth degree exponential polynomial with applications to a neural network model with delays [J]. Chaos, Solitons and Fractals, 2005, 26 (2): 519 – 526.

[104] Liu P, Yi S P. Pricing policies of green supply chain considering targeted advertising and product green degree in the Big Data environment [J]. Journal of Cleaner Production, 2017, 164 (10): 1614 – 1622.

[105] Lou W D, Ma J H. Complexity of sales effort and carbon emission reduction effort in a two-parallel household appliance supply chain model [J]. Applied Mathematical Modelling, 2018, 64 (8): 398 – 425.

[106] Lu Z, Shang J. Warranty mechanism for pre-owned tech products: Collaboration between E-tailers and online warranty provider [J]. International Journal of Production Economics, 2019, 211 (5): 119 – 131.

[107] Luo Z, Chen X, Wang X J. The role of co-opetition in low carbon manufacturing [J]. European Journal of Operational Research, 2016, 253 (2): 392 – 403.

[108] Ma J H, Guo Z B. The influence of information on the stability of a dynamic Bertrand game [J]. Commun Nonlinear Sci Numer Simulat, 2016, 30 (1): 32 – 44.

[109] Ma J H, Li T, Ren W B. Research on the complexity of dual-channel supply chain model in competitive retailing service market [J]. International Journal of Bifurcation and Chaos, 2017, 27 (7): 1 – 14.

[110] Ma J H, Pu X S. The research on Cournot-Bertrand duopoly model with heterogeneous goods and its complex characteristics [J]. Nonlinear Dynamics,

2013, 72 (4): 895 –903.

［111］Ma J H, Si F S. Complex dynamics of a continuous Bertrand duopoly game model with two-stage delay ［J］. Entropy, 2016, 18 (7): 1 –16.

［112］Ma J H, Tu H L. Analysis of the stability and Hopf bifurcation of money supply delay in complex macroeconomic models ［J］. Nonlinear Dynamics, 2014, 76 (1): 497 –508.

［113］Ma J H, Wu K F. Complex system and influence of delayed decision on the stability of a triopoly price game model ［J］. Nonlinear Dynamics, 2013, 73 (3): 1741 –1751.

［114］Ma P, Zhang C, Hong X P, et al. Pricing decisions for substitutable products with green manufacturing in a competitive supply chain ［J］. Journal of Cleaner Production, 2018, 183 (10): 618 –640.

［115］Mai D T, Liu T, Morris M D S, et al. Quality coordination with extended warranty for store-brand products ［J］. European Journal of Operational Research, 2017, 256 (2): 524 –532.

［116］Maniatis P. Investigating factors influencing consumer decision-making while choosing green products ［J］. Journal of Cleaner Production, 2016, 132 (9): 215 –228.

［117］Matsumoto A, Szidarovszky F. Nonlinear Cournot duopoly with implementation delays ［J］. Chaos, Solitons and Fractals, 2015, 79 (10): 157 – 165.

［118］Medeiros J F D, Ribeiro J L D, Cortimiglia M N. Influence of perceived value on purchasing decisions of green products in Brazil ［J］. Journal of Cleaner Production, 2016, 110 (1): 158 –169.

［119］Meng X G, Yao Z, Nie J J, et al. Low-carbon product selection with carbon tax and competition: Effects of the power structure ［J］. International Journal of Production Economics, 2018, 200 (6): 224 –230.

［120］Nabi K S, Mohsin M. The power of emotional value: Exploring the effects of values on green product consumer choice behavior ［J］. Journal of Cleaner Production, 2017, 150 (5): 65 –74.

［121］ Naimzada A K, Tramontana F. Dynamic properties of a Cournot-Bertrand duopoly game with differentiated products ［J］. Economic Modelling, 2012, 29（4）: 1436 – 1439.

［122］ Nakajima H, lto H, Ueda Y. Automatic adjustment of delay time and feedback gain in delayed feedback control of chaos ［J］. IEICE Transactions on Fundamentals of Electronics, Communications and Computer Science, 1997, E80 – A9: 1554 – 1559.

［123］ Noh J, Kim J S. Cooperative green supply chain management with greenhouse gas emissions and fuzzy demand ［J］. Journal of Cleaner Production, 2019, 208（1）: 1421 – 1435.

［124］ Petroni G, Verbano C, Bigliardi B, et al. Strategies and determinants for successful space technology transfer ［J］. Space Policy, 2013, 29（4）: 251 – 257.

［125］ Prud'homme D, Zedtwitz M V, Thraen J J, et al. "Forced technology transfer" policies: Workings in China and strategic implications ［J］. Technological Forecasting & Social Change, 2018, 134（9）: 150 – 168.

［126］ Qi Q, Wang J, Bai Q G. Pricing decision of a two-echelon supply chain with one supplier and two retailers under a carbon cap regulation ［J］. Journal of Cleaner Production, 2017, 151（5）: 286 – 302.

［127］ Ritter M, Schanz H. The sharing economy: A comprehensive business model framework ［J］. Journal of Cleaner Production, 2019, 213（3）: 320 – 331.

［128］ Dominguez R, Cannella S, Barbosa-Póvoa A P, et al. Information sharing in supply chains with heterogeneous retailers ［J］. Omega, 2018, 79（9）: 116 – 132.

［129］ Ruan S G. On the zeros of a third degree exponential polynomial with applications to a delayed model for the control of testosteron secretion ［J］. Journal of Mathematics Applied in Medicine and Biology, 2001, 18（3）: 41 – 52.

［130］ Sarker B R, Jamal A M M, Wang S J. Supply chain models for perishable products under inflation and permissible delay in payment ［J］. Computers &

Operations Research, 2000, 27 (1): 59 – 75.

[131] Seok H, Nof S Y. Dynamic coalition reformation for adaptive demand and capacity sharing [J]. International Journal of Production Economics, 2014, 147 (1): 136 – 146.

[132] Seydel R. Practical Bifurcation and Stability Analysis [M]. Springer-Verlag, New York, 1994.

[133] Shahanaghi K, Noorossana R, Naini S G J, et al. Failure modeling and optimizing preventive maintenance strategy during two-dimensional extended warranty contracts [J]. Engineering Failure Analysis, 2013, 28 (3): 90 – 102.

[134] Sheu J B, Chen Y J. Impact of government financial intervention on competition among green supply chains [J]. International Journal of Production Economics, 2012, 138 (7): 201 – 213.

[135] Si F S, Ma J H. Complex dynamics in a triopoly game with multiple delays in the competition of green product level [J]. International Journal of Bifurcation and Chaos, 2018, 28 (2): 1 – 24.

[136] Snyder B C, Gorder R A V, Vajravelu K. Continuous-time dynamic games for the Cournot adjustment process for competing oligopolists [J]. Applied Mathematics and Computation, 2013, 219 (12): 6400 – 6409.

[137] Souza J A, Takamoto L H. Lyapunov stability for impulsive control affine systems [J]. Journal of Differential Equations, 2019, 266 (7): 4232 – 4267.

[138] Stucki T, Woerter M, Arvanitis S, et al. How different policy instruments affect green product innovation: A differentiated perspective [J]. Energy Policy, 2018, 114 (3): 245 – 261.

[139] Su C, Wang X L. A two-stage preventive maintenance optimization model incorporating two-dimensional extended warranty [J]. Reliability Engineering & System Safety, 2016, 155 (11): 169 – 178.

[140] Suki N M. Consumer environmental concern and green product purchase in Malaysia: structural effects of consumption values [J]. Journal of Cleaner Production, 2016, 132 (9): 204 – 214.

［141］ Tian Y H, Govindan K, Zhu Q H. A system dynamics model based on evolutionary game theory for green supply chain management diffusion among Chinese manufacturers ［J］. Journal of Cleaner Production, 2014, 80 (10): 96 – 105.

［142］ Waltho C, Elhedhli S, Gzara F. Green supply chain network design: A review focused on policy adoption and emission quantification ［J］. International Journal of Production Economics, 2019, 208 (2): 305 – 318.

［143］ Wang C X, Zhuang Q, Zhao Y B. Impact of manufacturer and retailer's market pricing power on customer satisfaction incentives in supply chains ［J］. International Journal of Production Economics, 2018, 205 (11): 98 – 112.

［144］ Wang H W, Ma J H. Complexity analysis of a Cournot-Bertrand duopoly game with different expectations ［J］. Nonlinear Dynamics, 2014, 78 (4): 2759 – 2768.

［145］ Wang W B, Ferguson M E, Hu S S, et al. Dynamic capacity investment with two competing technologies ［J］. Manufacturing & Service Operations Management, 2013, 15 (4): 616 – 629.

［146］ Wang Y J, Chen W D, Liu B Y. Manufacturing/remanufacturing decisions for a capital-constrained manufacturer considering carbon emission cap and trade ［J］. Journal of Cleaner Production, 2017, 140 (1): 1118 – 1128.

［147］ Wu C H, Kao Y H. Cooperation regarding technology development in a closed-loop supply chain ［J］. European Journal of Operational Research, 2018, 267 (2): 523 – 539.

［148］ Wu C H. Price competition and technology licensing in a dynamic duopoly ［J］. European Journal of Operational Research, 2018, 267 (6): 570 – 584.

［149］ Wu S M, Longhurst P. Optimising age-replacement and extended nonrenewing warranty policies in lifecycle costing ［J］. International Journal of Production Economics, 2011, 130 (2): 262 – 267.

［150］ Xu J T, Qi Q, Bai Qi G. Coordinating a dual-channel supply chain with price discount contracts under carbon emission capacity regulation ［J］. Applied Mathematical Modelling, 2018, 56 (4): 449 - 468.

[151] Xu W, Ma J H. Study on the dynamic model of a duopoly game with delay in insurance market [J]. Wseas Transactions on Mathematics, 2012, 11 (7): 599 - 608.

[152] Xu X P, He P, Xu H, et al. Supply chain coordination with green technology under cap-and-trade regulation [J]. International Journal of Production Economics, 2017, 183, Part B: 433 - 442.

[153] Yang D Y, Xiao T J. Pricing and green level decisions of a green supply chain with governmental interventions under fuzzy uncertainties [J]. Journal of Cleaner Production, 2017, 149 (4): 1174 - 1187.

[154] Yap Y J, Luckraz S, KianTey S. Long-term research and development incentives in a dynamic Cournot duopoly [J]. Economic Modelling, 2014, 39 (4): 8 - 18.

[155] Yoon S W, Nof S Y. Affiliation/dissociation decision models in demand and capacity sharing collaborative network [J]. International Journal of Production Economics, 2011, 130 (2): 135 - 143.

[156] Yu W S, Yu Y. The stability of Bayesian Nash equilibrium of dynamic Cournot duopoly model with asymmetric information [J]. Communications in Nonlinear Science and Numerical Simulation, 2018, 63 (10): 101 - 116.

[157] Yu Y M, Saif B, Yigal G. Capacity sharing and cost allocation among independent firms with congestion [J]. Production and Operations Management, 2015, 24 (8): 1285 - 1310.

[158] Zhang F, Gallagher K S. Innovation and technology transfer through global value chains: Evidence from China's PV industry [J]. Energy Policy, 2016, 94 (7): 191 - 203.

[159] Zhang F, Wang C. Dynamic pricing strategy and coordination in a dual-channel supply chain considering service value [J]. Applied Mathematical Modelling, 2018, 54 (2): 722 - 742.

[160] Zhang L R, Li Y K, Jia Z J. Impact of carbon allowance allocation on power industry in China's carbon trading market: Computable general equilibrium

based analysis [J]. Applied Energy, 2018, 229 (11): 814 – 827.

[161] Zhang Q, Zhang J X, Zaccour G, et al. Strategic technology licensing in a supply chain [J]. European Journal of Operational Research, 2018, 267 (1): 162 – 175.

[162] Zhang W, He Y. Optimal policies for new and green remanufactured short-life-cycle products considering consumer behavior [J]. Journal of Cleaner Production, 2019, 214 (3): 483 – 505.

[163] Zhang Y F, Gao X. Equilibrium selection of a homogenous duopoly with extrapolative foresight [J]. Commun Nonlinear Sci Numer Simulat, 2019, 67 (2): 366 – 374.

[164] Zhang Z Z, Wang Y G, Ferrara M. Stability and Hopf bifurcation for a delayed computer virus model with antidote in vulnerable system [J]. Journal of Control Science and Engineering, 2017, 6: 1 – 9.

[165] Zhao D, Chen H M, Hong X P, et al. Technology licensing contracts with network effects [J]. International Journal of Production Economics, 2014, 158 (12): 136 – 144.

[166] Zhao R, Liu Y Y, Zhang N, et al. An optimization model for green supply chain management by using a big data analytic approach [J]. Journal of Cleaner Production, 2017, 142 (1): 1085 – 1097.

[167] Zhou Y W, Lin X G, Zhong Y G, et al. Contract selection for a multi-service sharing platform with self-scheduling capacity [J]. Omega, 2019, 86 (7): 198 – 217.

[168] Zhu J, Boyaci T, Ray S. Effects of upstream and downstream mergers on supply chain profitability [J]. European Journal of Operational Research, 2016, 249 (1): 131 – 143.

[169] Zhu W G, He Y J. Green product design in supply chains under competition [J]. European Journal of Operational Research, 2017, 258 (1): 165 – 180.